陈捷先 主编

# 光绪事典

刘耿生 编著

紫 禁 城 出 版 社
The Forbidden City Publishing House

# 出版说明

清朝史事纷繁，史料浩如烟海。读者阅读相关书籍，往往对里面的地名、人名、制度、事件感到十分陌生，不知从何查索。这套《清史事典》丛书，便以清朝历代皇帝为单位，用年表式开列其在位期间的重要大事，再以辞典式文字来详解人、事、时、地等内容，使人一目了然，轻松掌握清朝史实。

本书由台湾著名清史、档案学家陈捷先主编，延揽两岸清史权威分别执笔。它有别于目前市面上传记、编年、辞典等类别的清史书籍，可说是第一部结合传记、年表、辞典的工具书性读本。每册集中介绍一代皇帝及其制下的王朝，主要内容包含“皇帝小传”、“皇帝年表”和“皇帝辞典”三大部分。其中，“小传”简要评说这位皇帝的特色与经历，“年表”清晰地展现当朝的重大事件，“辞典”则条理清晰地介绍、解释走入重大事件中的人与事。书末还附有“后妃表”、“子女表”、“年代对照表”、“辞条索引”、“译名对照表”等，以便读者查阅检索。

这套书在台湾出版后，受到社会各界的广泛好评。为满足大陆读者的需要，经台北远流出版公司授权，本社特以简体字形式重新出版，不足之处敬请读者不吝指教。

紫禁城出版社

2010年7月

# 主编的话

陈捷先

清朝是帝制中国的最后一个朝代，也是中国专制与民主政体的分水岭，因此清朝在整个中国史中具有承先启后的地位，这是毋庸置疑的。在历史长河中，清朝确实也是中国由强变弱、由先进变为落后、由主权独立变为半殖民地的转折时刻，而日后中国的政治、经济、军事、外交、文化、民族等等的问题，又大都与清朝有着分割不了的关系：不是清朝演化的，就是清朝延伸的。这就使得清史研究至今仍有其学术与实用价值的主要原因。

然而清朝的史事纷繁，有宫廷的，有国内的，有边疆的，有国际的，有政经文教的，有军事外务的……真是不一而足，包罗万象。同时这些历史事象又能反映巨大世局的变化，更有深刻的历史内容，因此一个人若要研究清史，往往真有翻读《二十五史》的感觉——“不知从何开始”。清朝的史料也是浩如烟海，有汉文的，有满文的，有其它少数民族的，也有东洋与西洋的，要搜集、整理、编印、利用这些资料，实在不易。同时清朝史料还有内容失实的、伪造的、互相抵牾的、简略疏漏的，不经专家学者精心考证分析与去芜存菁，势必不能取得有益的、可信的素材，根本写不出让人共信的历史。

所幸近几十年来，清朝深宫大内的珍藏，中央与地方的档册，非汉文的多种国内外语文史料，逐渐编辑或翻译成书了，而专家学者们的研究成果也日新月异的陆续问世了，这给治清史的人提供了不少参考之资。不过这些学术论文、专书与史料汇编，有的过于专精艰深，有的分散不易获得，对研究、教学及一般人士的利用，仍有不便之处。台北远流出版公司为服务各界，特发起编纂《清史事典》丛书，邀约清史学者多人，分别执笔，以清朝历代皇帝为单位，用年表式开列其在位期间的重要大事，再以辞典式文字来详解人、事、时、地的内容，使读者一目了然，容易掌握当年的史实。本丛书出自多人之手，写作时间又不多，疏忽与错误之处在所难免，尚望方家君子不吝指教，以便再版时修正。

# 前言

我国最后一个封建王朝——清朝，在康熙、雍正、乾隆时代，像巨人般地屹立在世界东方，西方人只能在地球的另一角赞叹它。但是，欧洲经历产业革命，国力迅速增强，而中国则固守君主专制制度，故步自封，妄自尊大，毫无进步，全面落后于西方先进国家，到了晚清，尤为严重。

光绪一生，处于晚清末期，由于日本经过明治维新，顷刻成为军国主义国家，急于侵略和掠夺中国，其野蛮和凶狠程度，超过了西方列强，而极端腐朽的清王朝对日本的崛起，毫无认识，直到甲午战败，朝野才为之震惊，导致光绪坚持变法，度过了他屈辱一生中最辉煌而短暂的时期。由于他手中无权、缺乏经验、急于求成、能力有限及性格懦弱，加之以慈禧太后为首的顽固派势力过大，使得变法失败，光绪被囚禁至死。

光绪的悲剧，既是清王朝的悲剧，又是中华民族的悲剧，使中国失去再次富强繁荣的机会，造成中国陷入更加黑暗悲惨的深渊。光绪三十四年十月二十二日（1908年11月15日），英国伦敦的一家英文报纸以显著位置报导了光绪病死的消息，有一句话很值得人们深思：

> 如果这位已故皇帝所推行的改革获得成功，中国将会是另一番模样，可惜历史的机遇一旦错过，便无法挽回。

历史不能假设，但总结光绪的一生，在抚今思昔、仰天长叹之余，也可以思考：近代中国，为何既没有像日本那样，发展成为先进的现代化国家；也没有像印度那样，沦落为完全的殖民地？从这个意义上讲，光绪不仅是清代的一位希望有所作为的皇帝，亦是中国历史上有数的几个希望有所作为的皇帝之一。

历史是已经逝去的现实，现实是正在展开的历史。历史在不停地发展，叱咤风云的英雄，惊天动地的事业，俯仰之间，已为陈迹。历史不能重演，它不能像化学反应那样在实验室内反复实验。任何历史人物、历史事件，只能产生一次，一旦过去，即消失在漫漫的历史夜空中，后人不可能回到过去的年代，身临其境地对当时的历史进行考察和研究，但是，古往今来，人们所有的努力奋斗，无一不是在以史为诫，鉴往知来，用历史的经验和教训作为今人现实言行的准绳，所以我国自古以来非常重视修史，有着后朝修撰前朝史书的优良传统。因而，前代史学家给我们留下了卷帙浩繁的《二十五史》。但是，由于历史的因素，在清王朝灭亡近百年的今天，海峡两岸竟尚无一部权威的大清史，真是憾事。

司马光修《资治通鉴》先作《长编》和《丛目》，其体例和风格有些像我们今日的《清史事典》，“先后有伦，精粗不杂”，斟酌详略，比较异同，成为不朽史著之骨肉。远流出版公司和陈捷先教授对《清史事典》所付出的心血，必将为今后两岸乃至全世界范围清史的普及和研究，浇灌出丰硕的果实。

《光绪事典》的执笔者是我的几位研究生耿兴敏、李凡、潘月杰和杨冬艳，他们数年学习和研究清档及清史，学业有成，现已毕业。见到年轻一代茁壮成长，可喜可贺。本书最后由我审订，统其大成。希望清史专家及广大读者不吝赐教。

刘耿生

中国人民大学档案学院教授

# 凡例

1. 本书正文分为“小传”、“年表”和“辞条解释”三大部分，依年代先后编排，特别以黑体字标示出辞条条目。
2. 为了便于对照参阅，每一开页上半部的年表和下半部的辞条解释力求相互呼应，或可于前后页索得为准则。
3. 关于日期的表达方式，统一以阿拉伯数字代表阳历日期，以汉字代表阴历日期。日期不明确者，集中于该年之末，这部分的公元纪年以灰色字表示。
4. 每个辞条中，每个年号首次出现时均附加公元纪年，其余除日期明确或特殊情况外，不另行标注。
5. 人名、地名等因音译而有不同译名时，本书力求统一用法，以避免因混用而造成困扰。但于个别辞条解释中，再将不同的译名列出，供读者参考。
6. 本书共选取571个辞条。
7. 书末附录包含“光绪皇帝后妃表”、“年代对照表”、“辞条索引”及“译名对照表”等，方便读者查阅检索。

# 目录

【清德宗】

# 光绪皇帝小传

姓名：爱新觉罗·载湉

父亲：醇贤亲王奕譞

生母：醇贤亲王妃叶赫那拉氏

出生日期：同治十年六月二十八日子时

登极日期：光绪元年正月二十日

称帝年龄：4 岁

亲政日期：光绪十五年二月初三日

亲政年龄：19 岁

在位时间：34 年

薨逝日期：光绪三十四年十月二十一日酉刻

享年：38 岁

年号：光绪

谥号：景皇帝

庙号：德宗

陵名：崇陵

【清德宗】

# 光绪皇帝

光绪皇帝名爱新觉罗·载湉，同治十年六月二十八日（1871年8月14日）出生于北京宣武门太平湖东岸醇王府的槐荫斋。其父奕譞是道光皇帝旻宁的第七子，其母叶赫那拉氏是慈禧太后的胞妹。同治十三年十二月初五日（1875年1月12日），十九岁的同治皇帝载淳病逝，无子嗣，按清廷祖制，需从皇室近支的晚辈中选一人为同治立嗣，继承帝位，但这样一来，可能由同治皇后阿鲁特氏“垂帘听政”，慈禧太后则成了太皇太后，很难继续操纵政权。同治生前也有为自己立嗣的愿望，并选好了继承人。但慈禧置祖制及同治遗诏于不顾，力排众议，以她的外甥载湉继承大统，自己继续“垂帘听政”。当日，四岁的载湉被迎入宫中，正式即位，改明年为光绪元年。正月二十日（1875年2月25日），载湉在清宫太和殿举行了登基大典，成为清王朝入主中原后的第九位皇帝，建元光绪。他死于光绪三十四年十月二十一日（1908年11月14日），在位三十四年，终年三十八岁。

## 一、帝德教育

光绪入宫第二年四月二十一日（1876年5月14日），五岁的载湉开始接受启蒙教育，在紫禁城内斋宫右侧的毓庆宫读书，这里又称上书房，由学识渊博、思想开明的翁同龢、夏同善等授读。清朝入关共十帝，有五帝是儿童，他们当皇帝的年龄为：顺治六岁，康熙八岁，同治六岁，光绪四岁，宣统三岁。明朝多昏君，清朝鉴于明亡的教训，十分重视皇子的培养，当然更重视儿童皇帝的教育，除了同治，其它四人，从日后长大成人情况看，所受教育都还算是成功，并形成了一套制度。但是这种教育制度亦存在不少弊端。

以光绪为例，五六岁的儿童，经常在睡意朦胧中被太监唤醒，太监还念念有辞地告诫皇帝要“黎明即起、勤政爱民”之类的话，然后被太监送往毓庆宫，学习儒家经典、历代帝王治术、列朝实录、圣训等课程，并读诗作文，除了汉文功课，还有满洲师傅教授满文及蒙文，武臣传授“骑射技勇”。

光绪开始学习这些枯燥的课程肯定感到厌倦，尤其翁同龢是江苏人，夏同善是浙江人，其浓重的地方口音，更令幼年的光绪莫名其妙。慈禧发现光绪也对学习感到乏味，遂下令光绪的生父醇亲王奕譞到毓庆宫常川照料，天长日久，小皇帝适应了单调的学习生活，二位师傅也注意调整教学方法，光绪学业渐有起色。

光绪自幼是个性格温顺、脾气平和的“乖孩子”，加之四岁就失去了母爱，在慈禧的淫威下，终日战悚惊恐，因而养成了服服帖帖、懦弱沉默的作风。从档案记载可知，每年慈禧的生日在十月初十，宫中举办万寿庆典；六月二十八日是光绪生日，此外，还有新年、端午、中秋等大小节日，宫中张灯结彩，锣鼓喧天，年节光绪仍坚持学习。翁同龢在日记中写道：光绪黎明即“到书斋朗诵书史，作字，未尝间断”。光绪二年十月十二日（1876年11月27日），为给慈禧庆典，宫中演戏，六岁的光绪对翁师傅说：“钟鼓雅音，此等皆郑声，随从人皆愿听戏，余不愿也。”光绪三年正月初六日（1877年2月18日），别人过年看戏，光绪“略一瞻瞩，便至后殿读书写字”。光绪五年六月二十九日（1879年8月16日），光绪九岁生日翌日，慈禧夸赞他“实在好学，坐立卧皆诵书及诗”。当然，从光绪好学习的另一面，也可以清楚地看到光绪小小年纪，在长期受到慈禧对他的精神压抑后，已经失去了儿童应具备的本性，他凡事要仰承慈禧脸色而行事。慈禧担心光绪成年后不再驯服，她一方面将光绪塑造出唯唯诺诺、逆来顺受的品格；另一方面，她还高度重视对光绪的“帝德”教育，以人伦孝道束缚光绪的思想。

光绪的启蒙师傅翁同龢，是晚清一位杰出的思想家、政治家，对光绪的一生，产生了积极的影响，他极力希望将光绪培养成一位有作为的君主，并总结了同治不成材的教训，面对慈禧令他加强对光绪“帝德”的教育，他引导光绪树立爱民的思想，将《孔子家语》中所说的“君者舟也，庶人者水也；水可以载舟，亦可以覆舟”当作座右铭向光绪灌输。因此，在光绪小小的年纪中，“民惟邦本，兢兢求治”的观念就占据了他的思想，光绪懂得，历代帝王“或耽于安逸，或习于奢侈，纵耳目之娱而忘腹心之位者”，是水覆舟的重要原因。当皇帝的只有爱民，国家才能长治久安；人君只有孜孜求治，才会使天下臻于太平。光绪在少年时期的作文中写道：

> 为人上者，必先有爱民之心，而后有忧民之意。爱之深，故忧之切。忧之切，故一民饥，曰我饥之；一民寒，曰我寒之。凡民所能致者，故悉力以致之；即民所不能致者，即竭诚尽敬以致之。

翁同龢以自己的见闻，向光绪讲述地方官吏如何“用度奢靡，漏卮不塞”、“剥民以奉君，犹割肉以充腹”。光绪在深宫中，也能对外界的黑暗有所耳闻，他在评论唐玄宗理财一义中写道：

> 善理财者，藏富于民；不善理财者，敛富于国。国之富，民之贫也……以帝王之尊，而欲自营其筐箧之蓄，其为鄙陋，岂不可笑也哉。

光绪在翁师傅的熏陶下，逐渐树立了爱民思想，在他少年时期写的诗文中，有充分的反映，他写道“畿辅民食尽，菜色多辛苦”，想到“民食”已尽，人有“菜色”，进而发出了“遥怜村舍里，应有不眠人”的感叹。对于一个长年深居宫中，养尊处优、衣簇锦食，从未接触下层社会的少年皇帝来说，能写出这样的诗句，何等难能可贵！他还写过“知有锄禾当午者，汗流沾体趁农忙”的诗句，发出了“荷锸携锄当日午，小民困苦有谁尝”的感慨，显然这是他学了“锄禾日当午，汗滴禾下土；谁知盘中飧，粒粒皆辛苦”古诗后的有感之作。他终日在冰盘竹簟、云淡风轻的荫清斋里独坐纳凉，能想到“锄禾当午者”在“汗流沾体”，“小民困苦有谁尝”，在中国帝王中，屈指可数。在大雪纷飞、寒风凛冽的严冬，他端坐在温暖如春的殿堂里，思绪却飞向了小民的寒舍，飞向了百姓的茅棚，在这种思想驱使下，写了《围炉》诗：

西北明积雪，万户凛寒飞；
惟有深宫里，金炉兽炭红。

这种将宫廷的奢侈豪华生活同贫苦万户的生活强烈对比的诗文，是同龄的同治皇帝当年不可能写出来的。

儒家治国思想，重要的一条是“求贤若渴，破格用人”。翁同龢很认真地给光绪讲这个道理，他认为，天下之大，绝非一人所能治，“必得贤人而共治之”，“权者，人君所执以治天下者也，人君无权，则天下不可得而治，然使权尽归于人君，而其臣皆无权，则天下亦不可得而治”。这种思想已表明不主张把一切权力都集中在皇帝一人手中，但还不属于西方的民主思想，只是把选贤任能当作关乎国家长治久安、兴衰存亡的大事。

翁同龢还向光绪灌输了“惟才是举”和破格拔擢的用人思想，翁主张循名责实，反对论资排辈、循资提升以及凭门户取人的陈腐观念，光绪在翁师傅的教导下，于光绪十一年（1885年）他十五岁时，在《乙酉年御制文·停年格论》中写道：

> 用人之道，不拘资格，惟其贤而已矣。其人贤，即少年新进，亦不妨拔举之；其人不贤，既阅历已久，安得不除去之？此朝廷用人之权衡也。

尚未亲政的光绪，已经对当时权贵的尸位素餐、骄居白喜等作风非常不满，他凭着年轻人的正义感，对当朝老朽压制新生力量十分气愤，写道："为政者当综核名实，不次而拔之，不测而罚之，庶几可以磨砺而成大器。"他批评嫉贤妒能、践踏人才的佞臣和庸臣说："人臣之事君也，忠莫忠于推贤让能，奸莫奸于妨贤病国"。他的这种见解应该说是很正确的。

科举制度产生于隋朝，成熟于唐代，对于否定门阀制度及贵族特权，曾经有过进步作用。延至明清，科举制度依靠的八股文，已成为束缚书生思想的工具，光绪处于科举制度穷途末路之际，他也对这种开科取士的传统办法产生了怀疑：

> 今乡会试士子，皆历试三场，登诸甲科，然后服官，其于文字盖能通晓矣。至于德行政事，犹必明试而后知之。故艺文者，取士之权舆也。

光绪已经感觉到八股取士不过是"权舆"的办法，说明他看到科举制度的弊端，但在当时的历史条件下，也找不到更科学、更合理的"知人善用"的办法。鉴于此，光绪希望满朝上下皆能发现人才、启用人才，他说"欲作千间厦，应须大匠材"；要对天下人才"察之于言，洞之于微，考之于心术之隐”。

翁同龢身处晚清风雨飘摇之际，又是世界大发展之时，他在毓庆宫对光绪进行了十多年的教导，尽管这些教育仍然没有超出儒家鼓吹的“尧舜之君”的标准，仍在中世纪君主道德规范中徘徊；在教学方法上除死记硬背书本教条，也谈不到走出深宫看看外面的世界，但是，翁的开明思想无疑使光绪在以后的戊戌变法中，起到了相当大的作用。

## 二、亲政风波

光绪渐渐成长，距离亲政日期渐近，慈禧又在想方设法，尽力拖延将政权转移给光绪，以维持自己的权势。慈禧是个天生的政治动物，她在搞阴谋、玩权术上有超人的特异功能。早在光绪亲政之前的几年，慈禧就在考虑如何采取措施不使大权旁落。她见光绪软弱，似不足为虑，最令她警惕的，是已和洋人建立了广泛关系的奕䜣，他若支持侄儿光绪，那么慈禧必大权旁落，这个权力欲极强的太后，在不便违抗祖制，无法阻止光绪亲政的情况下，决定先翦除奕䜣的势力，以孤立光绪。

光绪十年（1884），载湉才十四岁，距亲政还有二年，慈禧就伺机动手了。三月初四日（1884年3月30日），奕䜣向慈禧奏报十月中为她庆贺五十大寿事，慈禧一反常态，借口法国正在边界进犯，责备奕䜣不该在此时谈祝寿事，罚奕䜣“跪至六刻，几不能起”。第二天，奕䜣等被召见时，仍请示为慈禧祝寿事，她责备奕䜣“心好则可对天，不在此末节以为尽力也”。詹事府左庶子盛昱发现有机可乘，于三月初八日（1884年4月3日）上奏，不点名地批评奕䜣“军机大臣贻误国事”。慈禧借题发挥，于十三日（1884年4月8日）令“恭亲王奕䜣等退出军机处，开去一切差使”。十四日（1884年4月9日），慈禧又降旨：“军机处遇有紧要事件，著会同醇亲王奕譞商办，俟皇帝亲政后再降懿旨。”慈禧让奕䜣之胞弟奕譞接替乃兄，这一招术很高明，奕譞误以为慈禧翦除奕䜣势力，是为了给光绪亲政铺平道路，让自己这个当父亲的辅佐儿子为政，实则，慈禧是在离间奕䜣、奕譞兄弟，以打击奕䜣。慈禧还令迂腐平庸的礼亲王世铎和孙毓汶等进入军机处，以便她自己从中控制，这一年为甲申年，史称“甲申易枢”。

光绪十二年（1886年），光绪已经十六岁了，慈禧仍在那里“垂帘听政”，有违祖制，六月初十日（1886年7月11日），她不得不降旨：“著钦天监于明年正月内选择吉期，举行亲政典礼。”十二日（1886年7月13日），奕譞为了讨好慈禧，奏请慈禧再“主持裁决”几年，起码等光绪二十岁时再归政。十八日（1886年7月19日），慈禧顺水推舟，再次降旨曰：“勉允醇亲王等所请，于皇帝亲政后再训政数年。”注定了光绪亲政后仍然是个傀儡皇帝。

光绪十三年正月十五日（1887年2月7日），光绪在紫禁城举行亲政仪式，在诏书中被迫强调慈禧“再训政数年”，因而，这一天实则是慈禧“训政”的开始，光绪并未实际亲政，根据祖制，光绪必须在大婚之后，才能算是成人，方可在形式上实际亲政，因而慈禧为了延长自己“训政”时间，一再拖延光绪婚事，直到光绪十九岁了，在盛行早婚的清代，这已经是“大龄”，才不得不为他立后。

即便如此，慈禧仍不放心，她为了进一步控制亲政后的光绪，又在他大婚上做文章，强行将自己弟弟、都统桂祥的女儿立为光绪的皇后，因光绪生母乃慈禧胞妹，光绪娶了自己亲舅舅的女儿，这种近亲婚姻之后果，不知慈禧是不懂，还是顾不得这些了，她的目的“一则于宫闱之间，可刺探皇帝之动作，一则为将来母族秉政张本”，既可以监视、控制光绪，又使帝后及其后代均有那拉氏血统。

光绪对这桩婚姻极为反感，他明白这是慈禧控制他之举，从后来隆裕皇后的照片看，其貌不扬，很难让光绪喜欢。光绪还选择了礼部左侍郎长叙的两个女儿为妃，即珍妃和瑾妃。光绪一生的悲剧在于他始终无力摆脱慈禧的阴影，只能逆来顺受。光绪十五年正月二十六日（1889年2月25日），十九岁的光绪大婚典礼，按大清礼制，在册立、奉迎典礼结束后，皇帝做新郎，在皇宫太和殿宴请皇后的父亲乃至整个皇后家族，由在京的王公百官陪同庆贺。光绪由于对这桩婚姻十分厌恶，竟然借口有病，撤消了这个盛大宴会，后来降旨把宴席分送在京的王公大臣时，竟然“未提及后父、后族”，朝野顿时议论帝后不和，自然引起慈禧对光绪的不满。

光绪婚后，慈禧不能再以任何借口“训政”，必须公开地还政于光绪，拟于二月初三日（1889年3月4日）正式举行光绪“亲政”大典，慈禧在大典之后，将移往花巨资扩充修建的颐和园，是谓“卷帘归政”。在“卷帘归政”前夕，慈禧急于布置光绪亲政后的“后事”，她授意礼亲王世铎等人上《酌拟归政事宜折》，核心一条是大臣给光绪上奏折，同时要另缮一份给慈禧，光绪不能先加朱批发表意见，要“皇上奏明皇太后，次日再颁谕旨”。慈禧对世铎的这个奏折批示“依议”，令军机处“永远存记”，世铎的奏折上未讲这种作法到何时结束，也就是说，一直到慈禧死都适用，显示了尽管光绪名义上“亲政”了，但任何“圣旨”，皆要经过慈禧同意才能发布执行，尤其委用四品以上大员，光绪必须经慈禧同意。这样，满朝重臣皆慈禧信任之人。

慈禧从“训政”到在颐和园“卷帘归政”，对光绪的控制在形式上不得不有所放松，但是她在“表面上虽不预闻国政，实则未尝一日离去大权；身虽在颐和园，而精神实贯注于紫禁城也”。满朝权贵皆慈禧提拔起来的，唯其“懿旨”是从，他们也看透了光绪无非一介傀儡，因而逐渐形成了以军机大臣孙毓汶、世铎、奕劻和徐桐等亲贵为核心的“后党”；同时，朝中一些“守正者”，有的对太后干政反感，有的希望光绪能有一番作为，而聚集在光绪周围，如帝师翁同龢、珍妃之胞兄礼部侍郎志锐、工部侍郎汪鸣銮、户部侍郎长麟等，形成了“帝党”。

夹在“后党”和“帝党”之间的奕譞，处境最为尴尬，慈禧处处做出姿态，表示依信他，他毕竟是慈禧的亲妹夫；但他又是光绪的生身之父，自然希望自己的儿子能够成为一个堂堂正正的国君。为此，他顶住朝野压力，以巨资修缮颐和园，使其成为现今世界上第一流的皇家园林，企图用风景如画的湖光山色，来转移慈禧对朝政的兴趣，但毫无效果，奕譞遂在郁郁中死去。

## 三、甲午战争

光绪二十年（1894）爆发的中日甲午战争，不仅对光绪本人，就是对中国、日本的命运，全起到了至深至巨的影响。

大清和朝鲜保持二百余年友好的贡奉关系。光绪二十年，朝鲜发生“东学党起义”，清王朝应朝鲜政府之请，派兵入朝鲜镇压东学党，日本以“保护使馆及侨民”以及“协助朝鲜平乱”为借口，先后派遣大批军队在仁川登陆，四五月份，日军数量已超过清军。东学党起义失败，清政府照会日本撤兵，日本非但不撤兵，反而以改革朝鲜内政为由，要求长期赖在朝鲜，并不断向清军挑衅滋事，企图寻机入侵中国。

主管清王朝洋务外交的直隶总督北洋大臣李鸿章，坚持“以夷制夷”方针，对英、俄等列强抱有幻想，立足于和，不做认真的战守准备。而面对日本的侵逼，光绪极力主战，五月二十八日（1894年7月1日）降谕旨，反映了他的态度：

> 现在倭焰愈炽，朝鲜受其胁迫，势甚岌岌，他国劝阻亦徒托之空言，将有决裂之势……我战守之兵及粮饷军火，必须事事确有把握，方不致临时诸形掣肘，贻误事机。

六月十四日（1894年7月16日），光绪在给李鸿章的上谕中，主张严厉回击日本挑起的战争：

> 现在倭韩情事，已将决裂，如势不可挽，朝廷一意主张，李鸿章身膺重寄，熟谙兵事，断不可意存畏葸……若顾虑不前，徒事延宕，训致贻误事机，定惟该大臣是问。

由于光绪旗帜鲜明，朝野上下主战的呼声日益高涨，同时，李鸿章幻想英、俄等国调停的愿望完全落空。六月二十三日（1894年7月25日），日本舰队在丰岛海域袭击中国的运兵船，中日战争升级。光绪曾提出“南北夹击”的战争主张，命令在朝鲜北方的清军与在牙山一带的南路清军叶志超部同心协力，夹击日军，使日军背腹受敌，难以应付，为此，他三令五申李鸿章电催平壤各军星夜兼程，直抵汉城，与叶部夹击日军。

七月初一日（1894年8月1日）光绪颁发对日宣战上谕，并“著李鸿章严饬派出各军迅速进剿”。而李鸿章为了保存淮军实力，声称要“先定守局，再图进取”，“步步稳慎，乃可图功”，在平壤的二十九军迟迟未南下接应，使得光绪的“南北夹击”作战计划未能施行。李鸿章对沙俄仍然抱有幻想，七月十六日（1864年8月16日），他电奏请求“联俄”。对此，光绪颁谕：“力言俄不能拒，亦不可联，总以我兵能胜倭为主，勿盼外援而疏本务。”光绪还在上谕中强调：

> 俄使喀西尼（Arthur Pavlovitch Cassini, 1835—？）留津商办，究竟彼国有无助我收场之策，抑另有觊觎别谋？李鸿章当沉机审察，勿致堕其术中，是为至要。

清王朝上下在当时对日本没有正确的认识，尤其不了解“明治维新”的意义，因而仍然存在盲目自大的“天朝大国”观念，藐视日本，光绪力主依靠中国自己的力量打败日军侵略，这种愿望无疑是正确的，但他对清王朝的腐败及日本的进步，缺乏真正的了解，因而他制订的战略，带有一定的空想成分。

因清军武备废弛，指挥失当，九月下旬，日军突破鸭绿江防线，侵入中国境内作战。十月，美国公使田贝出面调停，光绪反对，说：“冬三月倭人畏寒，正我兵可进之时，而云停战，得毋以计误我耶？”十月二十五日（1894年11月22日），日军攻占旅顺，并提出了苛刻的停战和谈条件，光绪不但反对停战，而且惩处作战不力、贻误大局的李鸿章，“拔去三眼花翎，褫去黄马褂，以示薄惩”，并告诫李鸿章说：

> 旅顺既为倭据，现又图犯威海，意在毁我战舰，占我船坞。彼之水师可往来无忌，其谋甚狡，敌兵扑犯，必乘我空隙之处，威海左右附近数十里内，尤为吃紧。著李鸿章、李秉衡飞饬各防军，昼夜梭巡，实力严防，不得稍有疏懈。

在甲午战争中，慈禧的态度，历来是史家感兴趣的话题。战前，慈禧像大多数中国人一样，轻视日本的军事力量，以为蕞尔岛国，根本不是“天朝大国”的对手，光绪召见军机大臣时就说过“朝廷一力主战，并传懿旨亦主战”，同时不许向外洋借债，慈禧仍然将日本和周边的朝鲜、越南、暹罗诸国等同看待，认为是区区小寇在造反，只要大清国赫然震怒，就会将小日本一鼓荡平。另外，甲午年（1894）是慈禧的六旬庆典，她满脑袋如何大肆庆贺一下，因而，最初她对于光绪向日宣战并不介意，甚至支持光绪的措施。

但是，随着清军在战场的失利，以及日军入侵我国，慈禧担心旷日持久的战事会影响到自己的庆典活动，感到当初的主战是决策错误，后党骨干孙毓汶一味仰承慈禧意旨，置国家利益于不顾，从反对帝党的立场出发，反对开战；李鸿章一贯主和，今李鸿章受到光绪惩戒，无疑是对后党的打击，光绪惩李引起慈禧不满。尤其令慈禧不能容忍的，是她觉察到在光绪周围，已经形成一股势力，并且敢于和她抗衡了，这些人除了翁同龢和汪鸣銮，还有志锐、文廷式、李盛铎等台馆诸臣，他们事事秉承光绪旨意，甚至敢于提出停办慈禧庆典的景点以移充军费的建议，这无异于公然在向慈禧挑战。

尤其珍妃的胞兄志锐，竟敢无所顾忌地攻击慈禧的宠臣孙毓汶、徐用仪，指斥军机大臣孙毓汶刚愎成性、任意指挥：

方日人肇衅之时，天下皆知李鸿章措置之失，独孙毓汶悍然不顾，力排众议，迎合北洋；及皇上明诏下颁，赫然致讨，天下皆闻风思奋，孙毓汶独泱泱不乐，退后有言，若以皇上为少年喜事者。

志锐还批评徐用仪性情柔滑，与孙毓汶狼狈为奸，要求将徐、孙立予罢斥，退出军机。志锐的这些言论，反映了光绪的意向。为了排除后党在对日战争中的干扰，光绪很希望将闲置已久的恭亲王奕䜣拉入自己的阵营。因慈禧急于和日本停战，八月底，她同意了光绪请求，让奕䜣"管理总理各国事务衙门，并在内廷行走"。然而，已经年过花甲的奕䜣，经历了慈禧历次打击，已经成了一个老态龙钟、唯唯诺诺的老人，很令光绪失望，因而，对日交涉最终还是按慈禧的意图发展。

光绪二十年十二月（1865年1月），在慈禧和李鸿章的意旨下，清廷派户部侍郎张荫桓和湖南巡抚邵友濂赴日求和，因当时日军正节节获胜，为攫取更多利益，日本以张、邵官小为由，傲慢地拒绝和谈。光绪二十一年正月十八日（1895年2月12日），日军攻陷刘公岛，清王朝经营数十年的北洋海军全军覆没，清王朝彻底失败了。

光绪事先没有料到如此结局，他不愿意接受屈辱的和谈，他甚至想到悬不次之赏，严后退之诛，重振军威，再与日本决战，不惜迁都再战，但是，慈禧、奕䜣及后党皆力主言和，割地赔款亦在所不惜，光绪陷入苦闷之中，翁同龢在日记中写光绪因“时事如此，战和皆无可一恃，言及宗社，声泪并发”，很是逼真。

光绪二十一年三月二十三日（1895年4月17日），清朝全权代表李鸿章与日本签订严重丧权辱国的《马关条约》，日本提出了极为苛刻的条件：赔偿日本军费二亿两白银，割让台湾及澎湖列岛，开放更多的口岸，日本可以在中国开设工厂等等。三月二十七日（1895年4月21日），条约文本送至北京，次日，孙毓汶“捧约逼上（光绪）批准，海盐（徐用仪）和之”。在翁同龢支持下，光绪坚决“不允”签约。

三月二十九日（1895年4月23日），光绪在养心殿召见军机大臣，孙毓汶主张“让台”，光绪说：“条约要割台湾，而台湾一割，天下人心皆去，朕何以为天下主？”孙氏奏曰：“前线屡战屡败，皇上如不签约，则倭人将犯京师，奈何？”光绪斥责道：“前敌屡败，皆由赏罚不严所致，此约关系重大，汝欲逼朕签约不成？应先请太后懿旨，再作定夺。”

四月初三日（1895年4月27日），光绪亲往颐和园欲面见慈禧，要求拒和废约，迁都再战。而慈禧不见光绪，令太监传旨：“今日偶感冒，不能见，　切请皇上旨办理。”老于世故的慈禧知道打不过日本，但又不愿承担签订《马关条约》之罪名，因而将这个难题推给光绪。光绪只得寄希望俄、德、法出面调解，但列强只关心自己的在华利益，对于台湾，无意过问。

四月初八日（1895年5月2日），由于慈禧和奕䜣已决意签约，光绪只好颁谕批准《马关条约》，当时，“众枢在直立候，上（光绪）绕殿急步约时许，乃顿足流涕，奋笔书之”。在召见军机大臣之后，光绪回到自己读书的毓庆宫，见到在那里等候的翁同龢，彼此“战栗哽咽”，“相顾挥涕”。开战之初，师徒二人本以为对日开战，既扬国威，又立君威，不料光绪亲政不久，即使国家蒙受史无前例的耻辱，翁同龢进呈陈炽写的《庸书》和汤震的《危言》，希望光绪励精图治，奋发振兴。

四月十四日（1895年5月8日），中日双方代表在烟台换约，《马关条约》正式生效。在此后十天，光绪度日如年，他昼不甘食，夜不安寝，在养心殿前的小院内独自徘徊：为何败于蕞尔日本手下？如何向臣工交代？今后怎么办？他写了朱谕向群臣宣示，他说群臣上奏“谓地不可弃，费不可偿，仍应废约决战”，而自己作为皇帝有“万不获已之苦衷”，“自去岁仓猝开衅”，“将少宿选，兵非素练”，因而“战无一胜”。“嗣后我君臣上下，惟当艰苦一心，痛除积弊，于练兵筹饷两大端，尽力研求……”从光绪的这道上谕，可看出他在当时的思想状态，十分痛苦，想有一番作为，却迎来奇耻大辱，但是，他仍然没有弄明白，日本自明治维新后，已将侵略中国作为国策，不是清王朝“仓猝开衅”的问题，而是日本肯定要主动侵略；另外，他战败后的反思也仅仅是“练兵筹饷”，仍然没有超出历代失败帝王的认识水平，还没有“变法”的思想高度。

七月初九日（1895年8月28日），李鸿章奉调入阁办事，被免去直隶总督兼北洋大臣之职，入朝陛见时，光绪指斥他“身为重臣，两万万之款从何筹措？台湾一省送予外人，失民心，伤国体”。中国战败，李鸿章应负很重要的责任，但是，关键是清政府极端腐朽，这才是失败的根本原因，这一点，光绪是在以后几年才逐渐领悟到的。

## 四、戊戌变法

戊戌变法仅一百天，却是光绪一生中最辉煌的时期。

《马关条约》签订后，大清朝野震动极大，赔二亿两白银，严重加重了人民负担；割让领土台湾，动摇了国本，满朝上下开始思考，千年来一直认为落后的日本，何能一举打败天朝上国？中国如何报仇雪恨，振兴朝政？光绪正在苦苦探求这些道理时，一股要求变法维新的思潮，在中国大地涌现出来，代表人物是康有为、梁启超。

早在光绪十四年（1888），三十岁的康有为目睹朝纲败坏，上兴土木之工，下习宴游之乐，他以布衣身分，伏阙上书，发出了国事蹙迫，“在危机存亡之间，未有若今日之可忧也”的警告，他在《上清帝第一书》中，除了指出英、俄、法在蚕食中国外，还很有远见地强调日本将是中国最危险的侵略者：

日本虽小，然其君臣自改纪后，日夜谋我，内治兵饷，外购铁舰，大小已三十艘，将翦朝鲜而窥我边。

康有为准确的预言，在当时没有引起任何人的重视，翁同龢见到了这件奏折，他也没有感觉到日本的威胁，担心这件奏折的内容公开后，可能引起外交纠纷，因而没有给光绪看，以致六年后日本突然袭击，中国无任何准备。后来，又出现了公交车上书，上千名举子联名上书，可惜，黑暗的制度，腐朽的官僚，致使此书始终没能让光绪看到，使光绪失去了注重防日、弃旧图新的好机会。

光绪二十一年（1895）五月，《马关条约》签订后，由于清廷开始关注日本动向，因而康有为的《上清帝第三书》较顺利的呈到光绪手中，康有为认为，“先事不图，临事无益，亡羊补牢，犹为未迟，中国只要当机立断，速图自强”，同样可以救国。光绪“揽而喜之……命即日抄四份……一存乾清宫南窗小箧，一存勤政殿备观览”。康有为受到鼓舞，又写了篇一万数千言的奏折，长达丈余。中国历来以“守成”为美德，无论是政权还是家业，非常保守，康有为在本折中猛烈的抨击了

“守成”，他说：

当以开创之势治天下，不当以守成之势治天下……盖开创则更新百度，守成率由旧章……不变法而割祖宗之疆土，驯至于危；与变法而光宗庙之威灵，可以强大。孰轻孰重，必能辨之者……非变通旧法，无以为治。

六天后，顺天府胡燏芬亦上《条陈变法自强事宜折》，请“急求雪耻之方”，“求皇上一心振作，破除成例，改弦更张，咸与维新”。光绪又从各地臣工奏折中选出了南书房翰林张百熙《急图自强敬陈管见折》等七篇奏折，从不同角度提出了变法维新主张，光绪甚为赞赏，令军机处将康、胡、张的条陈发至全国将军、督抚进行议论。

光绪二十一年闰五月十五日（1895年7月7日）发布上谕，以求振兴，曰：

近中外臣工条陈时务，如修铁路、铸钞币、造机器、开矿产、折南漕、减兵额、创邮政、练陆军、整海军、立学堂，大抵以筹饷练兵为急务，以恤商惠工为本源，皆应及时兴举。至整顿厘金、严核关税、稽查荒田、汰除冗员，皆于国计民生多所裨补。直省疆吏应各就情势，筹酌办法以闻。

此乃光绪表示要变法图强之开始，他此时的思想已经超出仅仅“练兵筹饷”的水平，而要“恤商惠工”，他急于在中国建立近代工商业，这是他思想的飞跃，亦是戊戌变法的序曲。

光绪二十三年（1897）十月，德国借口山东巨野发生教案，出兵侵占了胶州湾；沙俄随即强占旅顺、大连，对光绪的思想产生了猛烈的冲击，变法图强之心更切，梁启超写道：

（光绪）既无权则惟以读书为事，故读书极多。昔岁无事，旁及宋、元版本，皆置懋勤殿左右，以及汉学经说，并加披览。及胶、旅变后，上怒甚，谓此皆无用之物，命左右焚之，太监跪请不许。大购西人政书览之，遂决变政。

此时，康有为再次来北京，进呈《上清帝第五书》，请求皇上“及时发愤，革旧图新”，“下发愤之诏，先罪己以励人心，次明耻以激士气，集群才咨问以广圣听，求天下上书以通下情，明定国是，与海内更始”，“以俄国大彼得之心为心法，以日本明治之政为政法”，“大集群才，而谋变政”。光绪见后，感慨很深，决定召见康有为，但奕䜣以“本朝成例，非四品以上官不能召见”为借口，阻拦召见。康有为万般无奈，决定再回广州万木草堂去讲学教书。

光绪二十三年十一月十八日（1897年12月11日）清晨，翁同龢来到康有为在北京的住所：宣武门外米市胡同的南海会馆，翁看了康的《上清帝第五书》，表示赞同康的见解，转达光绪亦对康十分赞赏的言词，挽留康住在北京，不要南下。康有为看到了希望，决意在京鼓吹变法。

光绪二十四年即戊戌年正月初八日（1898年1月29日），康有为上《应诏统筹全局折》（即《上清帝第六书》），明确指出，“观万国之势，能变则全，不变则亡；全变则强，小变仍亡”，核心是要“大变”。康有为还将自己写的《日本变政考》和《俄彼得变政记》随折呈上，向光绪介绍日本明治维新及沙俄彼得大帝改革的事迹。光绪读后，眼界大开，令翁同龢找来黄遵宪的《日本国志》及英人李提摩太（Timothy Richard, 1845－1919）编译的《泰西新史揽要》、《列国变通兴盛记》等书，“置御案，日加披览”。这些著述使光绪明白面对“各国环处，凌迫为忧”的局势，“非实行变法，不能立国”。

是年春季，康有为等在北京成立“保国会”，提出“保国、保种、保教”的口号，还利用这年春天各省举人来京会试的机会，鼓动他们到都察院上书，吁请朝廷早日变法。

国内要求变法维新的呼声日高，引起了顽固派的仇视，纷纷上奏攻击康有为。御史文悌弹劾康有为“招诱党羽，因而犯上作乱”，“名为保国，势必乱国”。光绪反驳道：“会为保国，岂不甚善！”围绕变法，帝党与后党又展开了激烈的争斗。慈禧的心腹除了不时向在颐和园的太后密报京城变法动态外，还亲自出马攻击变法。荣禄扬言：“康有为立保国会，现在许多大臣未死，尚不劳他保也。其僭越妄为，非杀不可！”军机大臣刚毅奏曰：“我朝成法尽善尽美，皇上仍应遵祖宗旧制，不可轻易更张，而驱入夷狄之教。”

光绪曾让庆亲王奕劻转告慈禧：“太后若仍不给我事权，我愿退让此位，不甘作亡国之君。”面对列强企图瓜分中国，慈禧也感到了一种前所未有的危机感，她仔细阅读了光绪转呈的康有为的奏折及《日本变政考》、《俄彼得变政记》等书，觉得康有为所言亦有道理，因为“措天下于盘石之安”，也是慈禧的愿望，于是她同意了光绪要变法的请求，声称“苟可致富强者，儿自为之，吾不内制也”。在慈禧的首肯下，光绪才有可能宣布变法。

光绪二十四年四月二十三日（1898年6月11日），光绪颁布《明定国是》诏，正式宣布变法维新：

> 数年以来，中外臣工讲求时务，多主张变法自强……朕惟国是不定，则号令不行，极其流弊，必至门户纷争，互相水火，徒蹈宋明积习，于时政毫无裨益……用特明白宣示，嗣后中外大小诸臣，自王公以及士庶各宜努力向上，发愤为雄……须博采西学

之切于时务者，实力讲求，以救空疏迂谬之弊，专心致志，精益求精，毋徒袭其皮毛，毋竟腾其口说，总期化无用为有用，以成通经济变之才。

第二天，光绪帝即下令各省整顿商务矿务、广开利源；尔后又在京师设立了农工商总局、铁路矿务局。为了培养人才，广开风气，劝励工艺，奖募创新，他还颁布了振兴工艺给奖章程，对各省士民著有新书及创行新法、制成新器果系堪资实用者，悬赏奖励，量其才能，或授以实职，或赐以章服，表以殊荣。所制新器，颁给执照，准其专利售卖。光绪甚至不惜触动旗人的寄生特权，让他们自食其力，准许自谋生计，废除以前的计口授田成案，光绪的这一决策是极应称道的。

光绪宣布变法后，“举国欢欣”，“臣民捧读感泣，想望中兴”。光绪威望迅升，引起了慈禧的警觉，担心光绪利用变法，夺去政权。加之顽固派“哭求太后劝阻”光绪变法。慈禧没有从正面阻止变法，她还要看看事态的发展，但是她于四月二十七日（1898年6月15日）连发四道上谕，以约束光绪，并为万一光绪夺权事先做好准备：一、以“渐露揽权狂悖”的罪名将翁同龢革职，逐出京城，使光绪失去一位得力助手；二、令二品以上文武大臣具折后，直接向慈禧谢恩陛见，以控制朝政及人事大权；三、令亲信荣禄署理直隶总督，兼领北洋三军，以防不测；四、秋天由光绪“恭奉”太后到天津“阅操”，梁启超认为“此实幽废皇上，诛捕帝党之先声”。

光绪不为所动，仍坚持变法，四月二十八日（1898年6月16日），他打破皇帝不召见四品以下官员的成例，在颐和园仁寿殿召见工部主事康有为，命康“在总理各国事务衙门章京上行走”，康有为的奏折以前是由别人代递，今后有“专折奏事”之权。

自四月二十三日（1898年6月11日）颁布《明定国是》诏，至八月初六日（1898年9月21年）变法失败，光绪共发布维新诏令一百八十条之多，宣布变法的具体措施，内容非常广泛，涉及政治、经济、军事、文教等各方面。主要内容为：荐才用才，谕各省督抚学政及三品以上京官保荐通达时务之才，不论官大官小，破格任用；兴学育人，在京城筹办京师大学堂，各省、府、厅、州、县的大小书院及民间祠庙，“一律改为兼习中学西学之学校”，省会设高等学校，郡城设中等学校，州县设小学校，以便“广育人才”；废除八股，乡会试及生童岁科各试，一律改试策论，以选拔通达时务的人才；改革行政，裁机构，减冗员，改定行政规章，切实整顿吏治，以除积弊而行新政；广开言路，准许各省藩（布政使）、臬（按察使）、道、府、州、县官及士民上书言事；提倡办报、译书以“开广见闻”；鼓励游学，选派宗室王公出国“游历”，青年学生出国留学，以“开通风气”，造就通才；振兴工、农、商及交通各业，设立铁路矿务、农工商总局和提倡私人办企业；整顿民事，改革财政，严禁各级官吏“扰民”，命户部编制每年的财政预算表；裁减旧军，重练新式陆海军，以期富国强兵等等。

从戊戌变法上述内容可以看出，它既是一场带有资本主义性质的政治、经济改革运动，又是一场带有启蒙性质的思想解放运动。光绪是这场运动的组织者和领导者，由于他缺乏一位政治家、思想家的眼光和才能，加之顽固派的干扰，他的改革上谕大多停留在一纸空文上，没有任何实效。但是，在一个闭塞愚昧、令人窒息的封建专制社会，毕竟吹进了一股清新爽快、令人振奋的新鲜空气。

进入农历七月之后，光绪变法心切，步伐加快，他不顾守旧官僚的强烈反对，大刀阔斧地精简庞大的政府机构，将无用的詹事府、通政司、光禄寺、鸿胪寺、太仆寺、大理寺等在京城各衙门裁撤，并令各地将“候补捐纳”冗员等在一个月内裁汰。晚清大员多“贪劣昏庸”，为追逐“高爵厚禄”不择手段，而“置国事于不问”，光绪十分憎恶这帮官吏，七月初十日（1898年8月26日），他严厉谴责两江总督刘坤一和两广总督谭锺麟对新政“意存观望”，“此谕虽明责谭、刘，实则深恶荣禄”。七月十九日（1898年9月4日），他把阻挠新政的礼部尚书怀塔布，许应骙等六堂官全部革职。第二天，他谕令拥护新政且有才识的内阁侍读杨锐、内阁候补中书林旭、刑部候补主事刘光第和江苏候补知府谭嗣同加四品卿衔，在军机章京上行走，史称“以国政系于四卿，名为章京，实则宰相也。后此新政，皆四人行之，密诏传授，亦交四人焉”。七月二十二日（1898年9月7日），他又降旨开去李鸿章和敬言在总理各国事务衙门行走之职。两天后，他颁谕：为了“妙选才能，以议庶政”，在中央设置三、四、五品卿和三、四、五、六品学士，以广招支持新政之人。

七月二十六日（1898年9月11日），支持变法，多次代康有为递奏折的礼部右侍郎徐致靖上《保荐袁世凯折》，实则代表康有为的意思，康认为，“袁世凯夙驻高丽，知外国事，讲变法，昔与同办强学会，知其人与董（福祥）、聂（士成）迥异，拥兵权，可救上者，只此一人”。在奏折中请光绪召见袁世凯“加官优奖之”，“请抚袁以备不测”。老奸巨猾的袁世凯一时还拿不准变法能否成功，因而施展其一贯的两面手法，在维新派面前表示支持新政，迷惑了康有为，使维新派在生死存亡关头，铸成大错。遍布朝廷的慈禧党羽，立即将这一消息密报慈禧，慈禧担心光绪以袁世凯武力支持变法，达到夺权之目的，七月二十八日（1898年9月13日），荣禄奉懿旨调聂士成武毅军入天津，调董福祥甘军驻北京西南的长辛店，说明慈禧不仅在防范，而是在作政变的军事部署了。

康有为曾建议依照先朝懋勤殿故事，以议制度，并策划由王照、徐致靖分别举荐康有为、黄遵宪、康广仁、梁启超、麦孟华、宋伯鲁、徐致靖等十人入懋勤殿，日夕讨论如何变法。光绪恐太后不允，令谭嗣同引康熙、乾隆、嘉庆三朝谕旨拟诏。七月二十九日（1898年9月 14日），光绪到颐和园见慈禧，“太后不答，神色异常，（光绪）惧而未敢申说”。

光绪感到大事不妙，立即写密诏交给杨锐，即为后人称之谓的“衣带诏”，戊戌变法后，康有为宣传这个“衣带诏”是光绪令杨锐交给康的，康出示的“衣带诏”内容广为流传，史家多以为据。但是，近来从清宫档案中发现“衣带诏”原件，乃宣统元年杨锐之子杨庆旭上交都察院，庆亲王奕劻见后，令国史馆收藏而保存下来的，与康有为宣传的文字、日期皆不同，故录原文以正视听:

> 近来朕仰窥皇太后圣意，不愿将法尽变，并不欲将此辈老谬昏庸之大臣罢黜，而登用通达英勇之人，令其议政，以为恐失人心。虽经朕累次降旨整饬，而并且由随时几谏之事，但圣意坚定，终恐无济于事。即如十九日之朱谕，皇太后已以为过重，故不得不徐图之，此近来之实在为难之情形也。朕亦岂不知中国积弱不振，至于阽危，皆由此辈所误，但必欲朕一旦痛切降旨，将旧法尽废，而尽黜此辈昏庸之人，则朕之权力实有未足。果使如此，则朕位且不能保，何况其它？今朕问汝，可有良策，俾旧法可以全变，将老谬昏庸之大臣尽行罢黜，而登进通达英勇之人，令其议政，使中国转危为安，化弱为强，而又不致有拂圣意。尔其与林旭、刘光第、谭嗣同及诸同志等妥速筹商，密缮封奏，由军机大臣代递，候朕熟思，再行办理。朕实不胜十分焦急翘盼之至。特谕。

光绪发现自己的帝位“且不能保”了，想起康有为推荐的袁世凯，决定靠袁世凯的新军支持自己，遂于八月初一日（1898年9月16日）召见直隶按察使袁世凯，立即擢升为侍郎，命专办练兵事务。八月初二日

（1898年9月17日），光绪再次召见袁世凯，说："人人都说你练的兵、办的学堂甚好，此后可与荣禄各办各事。"意为可以不听荣禄指挥。

光绪重用袁世凯，是有其历史背景的。七月底，盛传太后将于九月天津阅兵时废光绪帝位，因之康有为等亦谋废太后，策划以袁世凯之新建陆军围颐和园，以毕永年率百余敢死队入园捕杀慈禧。八月初一日（1898年9月16日），毕永年见到谭嗣同，谈及此事，谭云："此事甚不可，而康先生必欲为之，且使皇上面谕，我将奈何之？"晚八时，康有为、梁启超正晚餐，忽听到光绪召见袁世凯，康乃拍案叫绝："天子真圣明，较我等所献之计，尤觉隆重，袁必喜而图报矣。至袁统兵围颐和园时，汝（毕永年）则率百人奉诏往执西后而废之可也。"毕永年感到自己势孤力单，建议唐才常进京同谋。康、梁同意，找谭嗣同，获准，康、梁给唐才常发电报，令其进京。

八月初三日（1898年9月18日），是决定变法命运及光绪本人命运的一天。光绪两见袁世凯，使慈禧明白光绪要借助武力夺权了，是日，她以迅雷不及掩耳之速度，宣布取消光绪独立处理政务的权力，规定一切章奏均须呈慈禧后方可定夺，这一举动预示着变法运动正在走向失败。

康有为还不知道慈禧这一决定，他企图利用日本前首相伊藤博文访华，挽救变法。伊藤于七月二十九日（1898年9月14日）自天津进京，幼稚的维新派对他寄予厚望，希望聘其为顾问。八月初三日（1898年9月18日）下午，康有为往日本公使馆访伊藤，请伊藤劝慈禧，"感动太后回心转意"。

八月初三日（1898年9月18日）夜，已闻知慈禧夺回权力的谭嗣同，未及深思熟虑，去访袁世凯，冒失地说："荣禄近日向太后献策，废去皇上，你知道吗？初五日（1898年9月20日）你见皇上时，希望向皇上讨一道朱谕，令你带兵到天津，见荣禄出朱谕宣读，立即正法，即以你代为直隶总督，然后带兵包围颐和园。"袁世凯说："我杀荣禄如杀一条狗一样，但是我营皆旧人，枪弹火药皆在荣禄处，且小站距北京二百余里，隔于铁路，考虑不周容易事泄。皇上九月即将巡幸天津，等到那时，军队都集合起来，只要皇上在一寸纸条上写下命令，谁敢不遵，又何事不成？”谭嗣同在此冒犯了和袁“交浅言深”的错误，他毕竟是个少不更事的年轻书生，他和袁世凯夙无往来，对老袁的为人知之甚少，风风火火地要袁世凯带他那一点点兵，去杀荣禄、围太后，这在当时都是灭门九族的死罪，老袁何等狡猾，怎么能去送死？

八月初三日（1898年9月18日）傍晚，慈禧听说康有为见到了伊藤博文，她深恐维新派借此引日本为援，决定在光绪召见伊藤之前，立即发动政变，不使日本插手此事。遂于八月初四日（1898年9月19日）黎明，慈禧突然自颐和园回到城内皇宫，闯入光绪寝宫，将大臣上的奏折搜括而去，怒斥光绪说：“我养了你二十余年，你却听信小人之言算计我？”吓得光绪“战栗不发一语，良久嗫嚅曰：‘我无此意。’太后唾之曰：‘痴儿，今日无我，明日安有汝乎？’”慈禧传旨，称光绪患病，不能理朝，恢复太后“训政”。是日，光绪例行上早朝时，对群臣说：“朕不在乎自己的安危得失，死生听天，你们要激发天地良心，顾全祖宗基业，保全新政，朕死无憾。”自此，光绪失去自由。

老谋深算的袁世凯已风闻慈禧重新训政，在八月初五日（1898年9月20日）光绪按原计划召见他时，老袁亦知光绪身边皆乃慈禧耳目，因而一改腔调，大谈变法之不易，他先说：“古今各国变法非易，非有内忧，即有外患，请忍耐待时，步步经理，如操之太急，必生流弊。”他在谈到“变法尤在得人”的问题上，先是吹捧慈禧欣赏的张之洞：“必须有真正明达时务、老成持重如张之洞者，赞襄主持，方可仰答圣意。”接着，他借机攻击维新派，以讨好慈禧：“至新进诸臣，固不乏明达猛勇之士，但阅历太浅，办事不能慎密，倘有疏误，累及皇上，关系极重。”光绪听了，没有回答，大约心中在想：袁世凯这家伙真会见风转舵！

是日，光绪按原安排接见伊藤博文，因光绪已无权，又在慈禧严密监视之下，因之未能深谈日本维新经验，会见草草结束。

八月初五日（1898年9月20日），袁世凯被光绪召见后，即乘火车回天津，傍晚到津，马上见荣禄，简单介绍一下北京形势，和荣禄一起痛斥维新派，攻击变法，正巧有客来访荣禄，袁世凯只好先退。次日早上，袁世凯再访荣禄，御史杨崇伊在座，出示慈禧训政之电报，老袁知道光绪及维新派彻底失败了，遂向荣禄出卖了谭嗣同夜访时讲的话。

八月初六日（1898年9月21日）上午，就在袁世凯向荣禄告发谭嗣同的同时，清廷宣布慈禧训政，但仍以光绪名义发布诏旨。此后召见大臣，慈禧与光绪并坐，大臣上奏，光绪不发一言，有时慈禧让光绪发言，光绪不过说一两句敷衍一下，这种状态至光绪终生。慈禧还将光绪囚禁于皇宫西侧南海瀛台之涵元殿，令李莲英选派二十名太监监管光绪。瀛台为一小岛，四面是水，本有一木桥，慈禧令拆去，太监要乘小舟到岸上，传说光绪在冬季踏冰上岸，为太监所阻。光绪在颐和园住玉澜堂，慈禧故意令在东西厢房内砌上砖墙，让光绪明白，纵贵为天子，亦被囚禁，以从精神上折磨光绪。光绪见一太监屋有《三国演义》，长叹“朕不如汉献帝也”。

八月十三日（1898年9月28日），清廷在菜市口杀害谭嗣同、林旭、刘光第、杨锐、杨深秀、康广仁，史称“戊戌六君子”。康有为、梁启超逃往日本，戊戌变法失败，中国失去一次振兴图强的机会。

史称系袁世凯出卖维新派，导致慈禧发动政变，但从清宫档案及史家考证看，慈禧八月初四日（1898年9月19日）政变在前，袁世凯初六日（1898年9月21日）向荣禄出卖在后，慈禧发动政变和袁世凯出卖谭嗣同没有关系，但这亦是袁世凯在历史舞台上首次恶劣表演。

## 五、庚子祸乱

戊戌变法失败后，慈禧想废掉光绪，她令太医捏造光绪病情，企图以光绪患病为借口，谋废立之事，不料遭到反对，列强坚持派西医给光绪治疗，使得慈禧暂时放弃了废帝计划。光绪二十五年（1899）冬，在慈禧授意下，顽固派载漪、崇绮、徐桐等上奏请求废立，慈禧征求荣禄意见后，决定以载漪之子溥儁继承同治皇帝，溥儁的祖父惇亲王奕諒是道光的第五子，咸丰的亲弟弟，慈禧的亲小叔子。溥儁的父亲载漪，娶慈禧哥哥桂祥的女儿为妻，溥儁的母亲即是慈禧的亲侄女·慈禧颇喜欢载漪，封他总理衙门大臣，掌管神机营，握军事外交大权，尽管溥儁“愚呆且鄙”，因慈禧与他母亲的特殊关系，仍坚持立溥儁，各列强仍然支持光绪。慈禧曾希望借庆贺新年之际，让大阿哥溥儁与各国公使见面，各国公使拒绝出席以示杯葛。

此间义和团运动已自山东发展到京津一带，载漪利用义和团盲目排外的情绪，企图从中让儿子顺利当上皇帝。自戊戌政变后，朝中有识之士几被赶尽杀绝，所余皆迂腐愚昧之人，他们面对义和团和八国联军开战之事，只能频出荒唐可笑之下下策，导致义和团攻打北京外国使馆以及八国联军入侵我国。面对这种形势，慈禧召集臣工对洋人是“战”与“和”问题征求意见，光绪数次发言，这是他自戊戌政变至去世前唯一的一次有违慈禧意旨的公开表态，说明在国难当头之时，他不计个人安危。

光绪二十六年五月二十日（1900年6月16日）午刻，慈禧召臣僚四十余人于中南海仪銮殿东暖阁，室中跪满，后至者跪门外，慈禧、光绪背窗而坐。光绪首先责备诸臣“不能弹压乱民”，神色甚严厉，有的大臣希望令董福祥镇压义和团，载漪依仗自己儿子是大阿哥，不客气地打断，说：“好！此即失人心第一法！”大家明白，载漪在影射光绪，光绪反驳道：“人心何足恃？只能添乱。今人喜欢言兵，然自朝鲜之后，创巨痛深，后果有目共睹，何况西洋各国之强，十倍于日本，列强联合而谋我，中国以何御之？”载漪仗着慈禧支持，顶撞光绪曰：“董福祥剿回民叛乱有功，用他御洋人，当无敌。”光绪反驳道：“董福祥骄悍难用，洋兵武器厉害而且兵精，非回民可比也。”慈禧说：“我就靠董福祥了。”表明要向列强宣战，否决了光绪的意见。

五月二十一日（1900年6月17日）未刻，慈禧再召群臣到仪銮殿，由光绪首先诘问总理衙门大臣、兵部尚书徐用仪，是和是战？徐用仪本是后党，戊戌变法期间被光绪革去军机大臣之职，此次徐主和，和慈禧相左，他圆滑世故，不敢表态，光绪本来就厌恶他，拍着桌案厉声斥道：“你仍然如此搪塞，难道就可以了事了吗？”慈禧本想利用徐用仪反驳光绪，她鼓励徐道：“皇上意在和，不想用兵，我的心很乱，今日廷议，可对皇上畅所欲言。”徐用仪才敢大声言道：“用兵非中国之利，且不能由中国先开战。”光绪见徐主和，与自己意见一致，遂和缓道：“对列强宣战不是不能说，但是要知道中国积弱，兵又靠不住，用乱民以求一逞，能够有结果吗？”载漪又反驳光绪：“人心一解，国家还靠谁？”光绪一听载漪又提“人心”，斥曰：“义和团乱民皆乌合之众，能以血肉之躯和洋枪洋炮相搏吗？况且空谈人心，难道以民命为儿戏？”此次御前会议没有结果。

五月二十二日（1900年6月18日）申刻，慈禧第三次召集御前会议，坚持对列强宣战，群臣不敢反对，光绪只好请荣禄劝慈禧，光绪说：“我兵全不可依靠，事情要审慎，好在兵权在你手中，希望像太后那样知己知彼，不宜鲁莽宣战。”荣禄没有表示，他明白慈禧已决定开战，劝也无用。

五月二十三日（1900年6月19日）未刻，慈禧再次召群臣到仪銮殿，这一次不是听取意见，而是宣布开战，命许景澄通知各国使臣。光绪对许说："朕一人死不足惜，但是天下生灵怎么办？不要轻易开战，要好好商量一下。"慈禧斥责光绪："皇上放手，不要误事。"光绪叹曰："可惜十八省数万万之生灵，将遭涂炭。"

八国联军入侵，清廷守土有责，下令宣战，本为正义之举，但慈禧、载漪希望靠义和团法术制敌，以保住大阿哥，其出发点错误，加之毫无抵抗准备，一连串决策失误，导致八国联军侵占北京，慈禧胁迫光绪逃往西安，光绪为摆脱慈禧，以与外国公使会谈为由，请求留在北京，慈禧就担心洋人支持光绪，坚持光绪同行。清廷派李鸿章与奕劻为全权大臣，与列强签订了丧权辱国的《辛丑条约》，光绪二十七年十一月二十八日（1902年1月7日），慈禧、光绪才回到北京，慈禧被迫废去大阿哥溥儁。据记载，光绪随慈禧逃出北京后，他终日郁郁寡欢，每到一地都喜欢独自"坐地作玩耍，尤好于纸上画成大头长身各式鬼形无数，仍拉杂扯碎之。有时或画成一龟，于背上填写袁世凯姓名，粘之壁间，以小竹弓向之射击，即复取下剪碎之，令片片作蝴蝶飞"，可见他对袁世凯叛变他之深仇大恨。

## 六、光绪之死

光绪三十四年十月二十一日（1908年11月14日），光绪结束了三十四年傀儡皇帝生涯，含着无限屈辱和遗憾的心情，"崩于瀛台之涵元殿"；时隔不到二十小时，慈禧亦"崩于中南海之仪銮殿"。慈禧死时七十四岁，而光绪死时仅三十八岁，人们多认为是慈禧自知将死，先害死光绪，自己再死，此说影响甚广。但是，从光绪死前的脉案分析，他是患病而死。

光绪自四岁开始失去母爱，在慈禧狠毒管束下战战兢兢度日，没有童年快乐，没有家庭温暖，心情抑郁，孤独恐惧。戊戌政变后，遭到软禁，身体迅速恶化。他在婚姻生活上也很不幸，慈禧给他指定的隆裕皇后，他不感兴趣，只爱珍妃。珍妃姓他他拉氏，光绪十四年（1888），年仅十三岁的珍妃与其姊瑾妃同时选为嫔，光绪二十年（1894），因慈禧六旬庆典，姊妹同升为妃。珍妃聪颖活泼，深得光绪宠爱。珍妃手下太监在外胡作非为，卖官鬻爵，事发，慈禧正在恼怒自己的外甥女隆裕皇后失宠，遂借机杖责珍妃，严惩其违法太监。戊戌变法中，因珍妃胞兄志锐支持变法，被慈禧贬斥到乌里雅苏台。更有甚者，戊戌政变后光绪长期被囚禁，断绝了与珍妃的来往，慈禧在光绪二十六年七月二十一日（1900年8月15日）逃出北京当天，下令将珍妃推入皇宫内宁寿宫外井中溺死。光绪知道后，“悲愤之极，至于战栗”，内心受到巨大创伤。光绪因此患严重的精神官能症、肺结核、心血管疾病及肾结核，在当时皆乃不治之症。

脉案记载，光绪三十三年八月二十二日（1907年9月29日），他相继出现“潮热、盗汗、咳嗽、心悸、失眠、头晕、耳鸣、健忘”等症，且已进入晚期。光绪三十四年（1908）三月，西藏活佛达赖喇嘛请求于秋天来京陛见，李莲英鉴于光绪病重，认为活佛与皇帝同居一城，必有一人不利，建议慈禧取消此事，慈禧却说：“皇帝之病，已知必不能愈，活佛来京与否，无所关涉”，说明光绪死数已定，无须人害。此后，曾召集全国名医为光绪诊治，均无效。

十月十七日（1908年11月10日），光绪死前四天，他生命已垂危，这一天有三名御医入诊，一致认为他“元气大亏，病势危笃已极”。江苏名医杜钟骏参加抢救，光绪哭问御医：“你有何法救我？”杜问：“皇上大便如何？”光绪说：“九日不解。”御医退出说：“此病不出四日，必出危险。”十月二十日（1908年11月13日）脉案记载，光绪已是“目睑微而白珠露，嘴有涎而唇角动”，此乃中枢神经症状，人处弥留之际，次日死亡。若系被害死，不会拖这么久。1982年（民国七十一年），开其陵墓，化验其遗骨，亦诊断为病逝，无中毒迹象。

光绪死前，遗嘱很简单：“杀袁世凯。”光绪躺在冰冷的涵元殿，隆裕皇后跪在尸体前哭诉自己的忏悔，但是光绪已经听不到了。在文艺作品中多写隆裕如何成为慈禧爪牙和鹰犬，但在档案中，未发现她有何劣迹，清宫严禁后妃干政。隆裕也很不幸，和光绪没有感情，没有夫妻生活，她怨恨光绪宠珍妃，但她又担心慈禧废去光绪，她的皇后也就不存在，她就在矛盾中生活。

光绪死后，无儿女，满朝希望立一个年长些的国君，以应付多事之秋，但慈禧却立三岁的溥仪继承同治，是谓中国最后一个皇帝——宣统皇帝。慈禧目的不言而喻，她要继续执政。慈禧在死前二小时还下令“所有军国政事，悉秉承予之训示，裁度施行”，说明她要当太皇太后，继续掌权，不认为自己死期已至。但是，光绪死后第二天，慈禧一颗日日提防光绪的紧张心情，猛然松弛下来，很自然又想到亲子同治之死，一个老太婆的心理无法承受这种变化，“精神萎顿”；加之宫中自十月初十日（1908年11月3日）开始为慈禧祝寿，一连六天演戏，慈禧劳累，咳嗽、腹泻，突然死亡。三年后，大清亡国。

宣统元年（1909）正月，谥光绪曰：“同天崇运大中至正经文纬武仁孝睿智端俭宽勤景皇帝”，庙号德宗。七月，葬于河北易县西永宁山崇陵。

# 光绪皇帝事典

年　表（1875–1908）

辞条解释（571 条）

| 公元 | 年号 | 大事记 |
| --- | --- | --- |
| 1875 | 光绪元年 | 正月初一日，以吏部尚书英翰、兵部尚书**沈桂芬**为**协办大学士**。 |
| 1875 | 光绪元年 | 正月初十日，废除内地民人渡台禁例。 |
| 1875 | 光绪元年 | 正月初十日，**沈葆桢**奏请在台湾府为明末延平郡王朱成功（**郑成功**）建立专祠，以使“台民知忠义之大可为”。 |

**沈桂芬**（1818—1881）　字经笙，顺天宛平（今北京）人。道光进士。同治二年（1863），署山西巡抚。时因鸦片弛禁，山西种植罂粟甚多，民食不敷，粮价陡增，他刊发章程，饬属严禁。同治六年，任军机大臣，兼总理各国事务衙门大臣。光绪五年（1879），崇厚与俄人议订条约，丧权辱国，举国哗然，他从中委曲调停，易使往议，改订条约。

**协办大学士**　官名。清代自雍正后，于内阁满、汉大学士各二人之外，增设协办大学士满、汉各一人，官阶仅次大学士一级，从一品。其职务待遇均与大学士相同。亦别称中堂。又称“协揆”。自雍正七年（1729）军机处成立后，大学士、协办大学士逐渐成为封授各部尚书和外省督抚的荣誉虚衔。

**沈葆桢**（1820—1879）　字幼丹，福建侯官（今福州）人。道光进士。初任监察御史、知府等职。娶林则徐之女为妻。后入湘军幕，参与镇压太平军，受曾国藩赏识。咸丰十一年（1861），升江西巡抚。同治三年（1864），捕杀幼天王、洪仁玕等。同治五年，任福建船政大臣，主办福州船政局。他扩充厂房，增添设备，创办学堂，派遣留学生出国

| | | |
|---|---|---|
| 1875 | 光绪元年 | 正月十二日，准在台湾琅峤添设恒春县。 |
| 1875 | 光绪元年 | 正月十六日，英国驻华使馆翻译官**马嘉理**于云南永昌府（今保山市）被杀死。 |
| 1875 | 光绪元年 | 正月十六日，命督办新疆军务景廉、前宁夏将军**金顺**务当规划全局，收复乌鲁木齐。 |

学习，取得一定成效。同治十三年，日本寻衅琉球，他受命巡视海防，加强了对台湾的管辖、防务和经济开发，为维护海疆安全做出了一定贡献。光绪元年（1875），任两江总督、兼南洋通商大臣，参与经营轮船招商局。著有《沈文肃公政书》。

**郑成功**（1624－1662） 字明俨，号大木，原名福松，又名森，泉州南安（今福建南安）人。清初民族英雄。南明隆武年间，受唐王宠遇，赐姓朱，改名成功，时称“国姓爷”。顺治三年（1646），清军南下入闽，他起兵反清，永历政权封他为延平郡王。十六年，兵败，退回沿海。十八年，率军渡台湾海峡，于鹿耳门（今台湾台南市西北）登陆，在台湾人民支援下，逐出荷兰侵略军。康熙元年（1662），总攻台湾府城（今台湾台南市）。殖民头目揆一被迫出降，自此收复台湾。后即着手建立政权，整顿法纪，安定社会，实行军屯，又推广大陆先进生产技术，促进了台湾地区的经济发展。不久病死。

**马嘉理**（Augustus Raymond Margary, 1846－1875） 英国领事官。1867年（同治六年）来华，历任驻台湾、烟台等地领事。1874年，调往上海英国领事馆。同年，奉令赴云南迎接由缅甸入滇的英国探路队。1875年1月，他与探路队头目柏郎

| | | |
|---|---|---|
| 1875 | 光绪元年 | 正月十七日，内阁学士广安奏，请饬廷臣会议，颁立铁券，明定将来光绪帝若生皇子即承继**同治帝**为嗣。 |
| 1875 | 光绪元年 | 正月二十日，**光绪帝**登极典礼行于紫禁城太和殿。翌日，颁诏大赦天下。 |

（Colonel Horace Albert Browne, 1832－1914）在缅甸八莫会齐。2月初，他先柏郎两日启程，21日（光绪元年正月十六日），在云南被杀。这件事被称为“马嘉理事件”，亦称“云南事件”或“滇案”。他死后出版有《汉口大理之行杂录》。

**金顺**（？－1885）　伊尔根觉罗氏，字和甫，满州镶黄旗人。初授骁骑校尉。太平天国起义，随多隆阿转战湖北、安徽。同治二年（1863），任协领。后参加围剿陕甘回民起义，授镶黄旗汉军副都统。同治五年，任宁夏副都统。八年，暂代宁夏将军。十年，擢升乌里雅苏台将军，不久因过革职。十二年，复职。经陕甘总督左宗棠保奏，率兵二十营，驻守乌鲁木齐，任正白旗汉军都统。帮办新疆军务，讨伐阿古柏。先后收复乌鲁木齐等五座城市。光绪元年（1875），调伊犁将军。四年，攻克西四城。七年，奉命接收伊犁，按约划界。十一年，返京时病死甘肃。

**同治帝**（1856－1875）　即爱新觉罗·载淳。咸丰帝之子。满族。在位十三年（1862－1875）。即位时年仅六岁，由生母慈禧太后掌握实权。统治期间，实行“借洋兵助剿”政策，镇压太平天国起义和捻军、回民、苗民、彝族人民等起义。十九岁时病死，庙号穆宗。

**光绪帝**（1871－1908）　即爱新觉

| | | |
|---|---|---|
| 1875 | 光绪元年 | 正月二十九日，总理衙门请饬在廷诸臣会议海防事宜。 |
| 1875 | 光绪元年 | 二月初三日，密谕陕甘总督**左宗棠**就海防、塞防之争奏陈意见。 |
| 1875 | 光绪元年 | 二月十二日，英使**威妥玛**就**马嘉理案**照会总理衙门，提出六点要求。 |

罗·载湉。在位三十四年（1875–1908）。年号光绪。醇亲王奕譞之子，道光帝之孙。同治帝死无嗣，遂入继为帝。因年幼，长期由慈禧太后垂帘听政。光绪十三年（1887）亲政后，朝政仍操纵在慈禧太后的手里。中日甲午战争中主战。《马关条约》签订后，民族危机空前严重，表示不愿做“亡国之君”，开始接近维新派。光绪二十四年四月二十三日（1898年6月11日），下《定国是诏》，许官民上书言事，裁撤冗员，裁减绿营，发展工商业，改革考试制度，办学堂，设译局、报馆，奖励新发明等，史称“戊戌变法”。遭到顽固派的极力反对。八月初六日（1898年9月21日），慈禧太后发动政变，被幽禁于中南海瀛台。此后虽名为皇帝，实为傀儡。二十六年，义和团运动兴起后，力主镇压，反对西太后对外宣战。八国联军迫近北京时，被慈禧太后挟持，逃往西安。光绪三十四年十月二十一日（1908年11月14日），先慈禧太后一日死于北京。庙号德宗。

**左宗棠**（1812–1885）　字季高，一字朴存，湖南湘阴人。道光举人。咸丰十年（1860），由曾国藩推荐，率湘军赴江西、皖南与太平军作战。同治元年（1862）初，升浙江巡抚。旋即与法国组织“常捷军”，进攻浙江太平军。

| | | |
|---|---|---|
| 1875 | 光绪元年 | 二月十四日，命云南巡抚岑毓英查办马嘉理案，并防英人藉此寻衅。 |
| 1875 | 光绪元年 | 二月十八日，颁赏琉球国入贡使臣毛精长等缎匹，并赏赐该国王缎匹文绮如例。 |
| 1875 | 光绪元年 | 二月二十日，同治帝后嘉顺皇后卒。 |

五年，创办福州船政局，成为洋务派首领之一。六年，调任陕甘总督，率湘军先后镇压西部捻军和陕甘回民起义。创办兰州制造局、兰州机器织呢局等企业。光绪元年（1875），任钦差大臣督办新疆军务。次年，出兵新疆，击败俄、英支持的阿古柏侵略军，收复除伊犁以外的天山南北各地。他主张加强边防，开发新疆，并率军出屯哈密，力图收复伊犁。光绪七年，升军机大臣，调两江总督兼通商事务大臣。十年，中法战争时，督办福建军务，力主出兵抗法。次年，病死福州。著有《左文襄公全集》。

**威妥玛**（Sir Thomas Francis Wade，1818—1895） 英国外交官、汉学家。又译韦德。1841年（道光二十一年），参加鸦片战争。1852年（咸丰二年），任英国驻上海副领事。1854年，英、法、美三国攫取上海海关管理权后，任上海江海关第一任外人税务司。1855至1871年，任英驻华使馆汉文正使（汉务参赞）。1871年（同治十年），任英国驻华公使。1876年（光绪二年），借口马嘉理案，强迫清政府签定《烟台条约》。1883年，回国。1888年，任剑桥大学首任汉语教授，设计拉丁字母拼写汉字，这种拼法成为“威妥玛式”。著有《语言自迩集》、

| | | |
|---|---|---|
| 1875 | 光绪元年 | 二月二十七日，礼亲王**世铎**等奏报会议海防事宜情形，认为海防为最要之图。 |
| 1875 | 光绪元年 | 三月初七日，左宗棠复奏海防塞防意见，认为二者不可偏废。 |
| 1875 | 光绪元年 | 三月十八日，云南巡抚岑毓英奏报，派员护送缅甸贡使来京。 |
| 1875 | 光绪元年 | 三月二十日，命东三省整顿驻防旗兵。 |
| 1875 | 光绪元年 | 三月二十一日，**总理衙门**请饬滇省持平办理 |

《寻津录》等。

**马嘉理案** 即“马嘉理事件”。见“马嘉理”条。

**世铎** 清宗室，封礼亲王。光绪十年（1884），中法战争爆发，奕䜣因兵败被逐出军机处，他代为领班军机大臣，但一切均受醇亲王奕譞操纵。二十一年，奕䜣复任领班军机大臣，他仍留在军机处内。宣统三年（1911），任宗人府宗令，兼奕劻内阁弼德院顾问。

**总理衙门** 全称“总理各国事务衙门”，又简称为“总署”、“译署”。咸丰十一年（1861）初，奕䜣等奏请设立。是清政府办理对外事务的中央机构。设立总理大臣，下设总办章京、帮办章京、章京和额外章京。职责是办理外交事务，选派驻各国公使，兼管通商、海防、关税、厂矿、铁路、军工、译文和派遣留学生等事务，并管辖南北洋通商大臣。光绪二十七年（1901），改为外务部，班列各部之首。

**丁宝桢**（1820—1886） 字稚璜，贵州平远（今织金）人。咸丰进士。咸丰四至六年间

| | | |
|---|---|---|
| | | 马嘉理案。 |
| 1875 | 光绪元年 | 三月二十八日，命左宗棠为钦差大臣督办新疆军务。 |
| 1875 | 光绪元年 | 四月十二日，山东巡抚**丁宝桢**代奏候补同知**薛福成**所上条陈“治平六策”及“海防密议十条”。 |
| 1875 | 光绪元年 | 四月二十四日，命浙江**学政**胡瑞澜复审杨乃武与葛毕氏案。 |

（1854—1856），在平远、平越等地参与镇压教军和苗民起义。十年，授湖南岳州府知府。同治二年（1863），授山东按察使。五年，升山东巡抚，镇压宋景诗、捻军起义；以诛杀慈禧太后宠信太监安德海名噪一时。光绪元年（1875），筹办渤海海防，创办山东机器局。次年，调任四川总督，建四川机器局，改革都江堰水利工程。光绪十一年，英国占领缅甸、侵犯西藏时，筹划西南防务，不久，病死。有《丁文诚公奏稿》。

**薛福成**（1838—1894）　字叔耘，号庸庵，江苏无锡人。清末外交家、改良主义思想家。初入曾国藩幕府，后随李鸿章办外交。光绪五年（1879），著《筹洋刍议》，主张改革政治，发展资本主义。光绪十年，中法战争期间，任浙江宁绍道台，与提督欧阳利见在镇海击退法舰进攻。十五年，以左副都御史出使英、法、比、意四国。有《庸庵全集》等。

**学政**　官名。清代“提督学政”的简称，俗称学台，亦称督学使

| | | |
|---|---|---|
| 1875 | 光绪元年 | 四月二十六日，派**李鸿章**为督办北洋海防大臣、沈葆桢为两江总督兼南洋大臣。 |
| 1875 | 光绪元年 | 四月二十六日，令在台湾、磁州（今河北磁县）试办煤铁之矿业。 |
| 1875 | 光绪元年 | 四月，北洋大臣李鸿章与税务司**赫德**议定向 |

者。由朝廷派往各省，专管生员的考试黜陟，按期到各府厅视察考试，称为“案临”。学政由朝廷在进士出身的侍郎、京堂、翰林、科道、部署各官中选拔，任期三年。任职期间，无论官阶大小，一律与督抚平行。光绪三十二年（1906），改为提学使，归督抚节制，主管所在省的教育。辛亥革命后撤销。

**李鸿章**（1823—1901）　字少荃，安徽合肥人。道光进士。咸丰三年（1853），在籍办团练，继而投靠曾国藩。十一年，编练淮军；次年，调至上海，在英、法、美支持下与太平军作战，升任江苏巡抚。同治四年（1865），署两江总督。次年，继曾国藩任钦差大臣，先后镇压了东、西捻军。同治九年，继曾国藩任直隶总督兼北洋大臣，掌管外交、军事、经济大权。为了挽救清朝统治，大办洋务，开办了一批近代军事工业和民用工业，并借此扩充淮军势力，建立了北洋舰队。在历次对外交涉和对外战争中，力主妥协退让，导致对外战争失败，与外国侵略者签订了一系列丧权辱国的条约，如：《烟台条约》、《中法新约》、《马关条约》、《中俄密约》、《辛丑条约》等。光绪二十七年（1901），病死。有《李文忠公全集》。

**赫德**（Sir Robert Hart，1835—1911）　英国人，字鹭宾。1854年（咸丰四年），抵香港，任职

| | | 英国订购炮艇四艘。 |
|---|---|---|
| 1875 | 光绪元年 | 五月初一日，**福州船政局**所造第十六艘木壳蒸汽推进轮船“元凯”号下水。 |
| 1875 | 光绪元年 | 五月初六日，命前江苏巡抚**丁日昌**赴天津，帮同李鸿章办理海防事务。 |

英国商务监督公署。1855年，任宁波领事馆翻译。1858年，调任广州领事馆助理。1589年，任粤海关副税务司。1863年（同治二年），继李泰国为中国海关总税务司。制订了一套由外国人管理的半殖民地海关制度，推行于中国各口岸。控制中国的财政收入，干涉中国的内政外交，扩展列强特别是英国的侵华权益。1866年，提出《局外旁观论》，要求清政府遵守不平等条约，建议引进西方资本主义工业技术和新式武器。次年底，支持卸任的美国公使蒲安臣（Anson Burlingame，1820—1870）担任“办理各国中外交涉事务大臣”，率领中国使团出访欧美各国。1876年（光绪二年），配合英国公使威妥玛迫使清政府签《烟台条约》。中法战争期间，暗助法国迫清廷签《中法新约》，法国授其“荣誉团大公”称号。1901年，支持各国胁迫清政府签订《辛丑条约》。1908年，请假回国，加尚书衔。控制中国海关达四十八年之久。著有《中国论集》等。

**福州船政局**　又称“马尾船政局”，清政府创办的规模最大的船舶修造厂。同治五年（1866），左宗棠于福州设立。中法战争中，船厂遭到严重破坏，后经修复继续生产。辛亥革命后，改称“海军造船所”。该厂附设有新式学堂，并派遣留学生出国留学。

**丁日昌**（1823—1882）　字禹

| | | |
|---|---|---|
| 1875 | 光绪元年 | 五月十三日，寄谕督办新疆军务左宗棠当一意西征。 |
| 1875 | 光绪元年 | 五月十四日，准总理衙门保荐陈兰彬、李凤苞、何如璋、徐建寅、许钤身、许景澄等“才堪出使”。 |
| 1875 | 光绪元年 | 五月十六日，派湖广总督**李瀚章**赴云南查办马嘉理案。 |
| 1875 | 光绪元年 | 五月十七日，岑毓英奏报所查马嘉理案情形。 |
| 1875 | 光绪元年 | 六月初四日，命两广总督英翰、广东巡抚张兆栋查禁“闱姓赌局”。 |
| 1875 | 光绪元年 | 六月初十日，总理衙门拟每年为南北洋海防 |

生，又作雨生，广东丰顺（今丰顺北）人。贡生出身。初在籍办团练镇压潮州人民起义。咸丰九年（1859），任江西万安知县，后入曾国藩幕。同治元年（1862），被李鸿章调往上海主办洋炮局（后并入江南制造总局）。四年，升任苏松太道。七年起，历任江苏、福建巡抚（兼台湾学政和兼督船政）。后因贪污被劾，称病辞职。有《抚吴公牍》等。

**李瀚章**（？－1888） 安徽合肥人，李鸿章之兄。历任湖南永定、益阳、善化知县。咸丰元年（1851），参加镇压太平军。任江西吉南赣宁道、广东督粮道、按察使、布政使。同治四年（1865），任湖南巡抚。率兵进攻太平军余部李世贤部，镇压贵州苗民暴动。六年，授江苏巡

| | | |
|---|---|---|
| | | 经费拨银四百万两。 |
| 1875 | 光绪元年 | 六月十三日，派丁日昌为中秘（秘鲁）换约大臣，并与该国再商华工保护事宜。 |
| 1875 | 光绪元年 | 六月二十七日，命黑龙江练兵一万名，由山东等省每年拨给**地丁**等银八万四千两。 |
| 1875 | 光绪元年 | 七月初二日，威妥玛于天津和李鸿章谈马嘉理案。 |
| 1875 | 光绪元年 | 七月初八日，英使威妥玛派使馆汉文正使（翻译参赞）梅辉立（William Frederick Mayers, 1831 — 1878）来见李鸿章，表示愿在天津商议**滇案**，并提出六点要求。 |

抚，未任，旋署湖广总督。七年，任浙江巡抚。再署湖广总督。光绪元年（1875），任四川总督。次年，回任湖广。因丁忧，居家六年。后再任漕运总督，未几调任两广总督。广东旧有闱姓赌局，官抽捐四成充饷。广东巡抚马丕瑶以其有碍政体，奏请革除。李瀚章为筹军饷，主张维持旧例。为舆论所不满，寻借疾告归，数年后病死。

**地丁** 清初实行“摊丁入地”后田赋和丁银的合称。明初，赋、役分别征收。实行“一条鞭法”后，徭役一般折成丁银，逐渐并入田赋，但丁银和田赋仍是两个税目。清代普遍施行“摊丁入地”的办法，地丁合一，过去所征各项钱粮名目不再通行，统称“地丁”或“地丁钱粮”。

| | | |
|---|---|---|
| 1875 | 光绪元年 | 七月初九日，左宗棠奏与俄人订立购粮合同。 |
| 1875 | 光绪元年 | 七月初十日，命自明年开始，每年由户部拨银七十万两，作为“东三省练饷”。 |
| 1875 | 光绪元年 | 七月初十日，命两广总督英翰等严禁澳门等处以招工名义拐骗华人贩卖出洋。 |
| 1875 | 光绪元年 | 七月十四日，准沈葆桢雇用洋人开采台北鸡笼煤矿（**基隆煤矿**），并谕以务须委员妥为经理，即有需洋人之处，仍当权自我操，勿任彼族搀越。 |
| 1875 | 光绪元年 | 七月二十八日，派**郭嵩焘**为出使英国大臣， |

**滇案** 即“马嘉理事件”。见“马嘉理”条。

**基隆煤矿** 中国近代最早使用机器开采的煤矿。初为手工采掘。光绪元年（1875），由两江总督沈葆桢奏请开办后，聘英国矿师翟萨选定台湾（今基隆）矿区，并从英国购置机器，雇佣技师和工匠。次年，凿井开钻。经费由福州船政局筹拨，每年约五至十万，雇工多时千余人。光绪四年，正式投产；七年，年产量为五万四千吨。主要供应福州船政局，也有部分出售市场。十年，中法战争时，遭严重破坏，战后生产日益衰落。二十一年，中日《马关条约》签订后被日本侵占。抗日战争胜利后，由国民政府接收。

**郭嵩焘**（1818－1891） 字伯琛，号筠仙，湖南湘阴人。道光进士。咸丰三年（1853），曾协助曾国藩创建湘军，镇压太平军。同治二年（1863），升广东

| | | |
|---|---|---|
| | | 许钤身为副使。 |
| 1875 | 光绪元年 | 七月二十八日，沈葆桢奏台湾不宜另设一省。 |
| 1875 | 光绪元年 | 八月初二日，命将两广总督英翰开缺来京（因擅自弛禁粤省闱姓赌局），交部议处。 |
| 1875 | 光绪元年 | 八月初二日，以**刘坤一**为两广总督、刘秉璋为江西巡抚。 |
| 1875 | 光绪元年 | 八月初八日，派前江苏巡抚**薛焕**赴云南，帮同李瀚章查办马嘉理案。允明发派郭嵩焘等出使英国之上谕。 |

巡抚。后任兵部侍郎。光绪二年（1876），出使英国。四年，兼驻法公使。在处理马嘉理案中，附和李鸿章妥协方针，与副使刘锡鸿不合，辞职归国。他积极参与洋务运动，主张允许私人开办企业，反对官办垄断。著述颇丰，有《礼记质疑》、《大学中庸质疑》、《订正家礼》、《周易释例》、《毛诗约义》、《诗文集》等。

**刘坤一**（1830—1902） 字岘庄，湖南新宁人。廪生出身。初入刘长佑幕，镇压太平军。同治元年（1862），任广西布政使。四年，升江西巡抚。光绪元年（1875），擢两广总督。五年，调任两江总督兼南洋通商大臣，长达二十多年。曾与李鸿章等倡办洋务。中日甲午战争后期，被任命为钦差大臣，率湘军出山海关与日军作战，经辽河一役，全线溃败。二十二年，重任两江总督。二十六年，义和团运动

| | | |
|---|---|---|
| 1875 | 光绪元年 | 八月初八日，沈葆桢奏，拟将船政局造第十七、十八号轮船名“艺新”及“登瀛洲”。 |
| 1875 | 光绪元年 | 八月十九日，英使威妥玛照会总署，称中国办理滇案“丝毫未见实心”，“本大臣现当陈明本国，不日将带同僚属南下”。 |
| 1875 | 光绪元年 | 八月二十一日，**“江华岛事件”**发生。 |
| 1875 | 光绪元年 | 八月二十九日，准各部院大臣与外国驻京公 |

中，与张之洞发起所谓“东南互保”。有《刘坤一遗集》。

**薛焕**（1815—1880）　字觐堂，四川兴文人。举人出身。咸丰三年（1853），以捐班知府带领川勇镇压上海小刀会起义。五年，任苏松太道。十年，太平军攻克常州、苏州时，升任江苏巡抚署两江总督，与吴煦、杨坊等勾结美国人华尔（Frederick Townsend Ward，1831—1862）组织洋枪队，镇压太平天国起义；并引英、法军队入上海，阻止太平军进上海。同治元年（1862），任通商大臣，转授礼部左侍郎、总理衙门大臣。光绪元年（1875），赴云南办理马嘉理案。六年，病死于原籍。

**江华岛事件**　先是，日本明治政府成立伊始，由于朝鲜李朝政府拒绝接受其带有“皇”、“敕”字样之国书（朝鲜说只知道有中国大清皇帝，而不知其它），其权要人物木户孝允等即借机煽动所谓“征韩论”。此后又有另一权要西乡隆盛为首一批人坚持要把“征韩论”立即付诸实施，因与“缓征派”岩仓具视等意见分歧，竟愤而辞职，以至不惜发动内乱。1875年9月20日（光绪元年八月二十一日），日本军舰“云扬”号未经许可，擅自闯入朝鲜

| | | |
|---|---|---|
| | | 使有所往来。 |
| 1875 | 光绪元年 | 九月十一日，命各省督抚对持有总署所给护照之外国人，必须妥为保护。 |
| 1875 | 光绪元年 | 九月十六日，第四批留美幼童三十名由上海出洋。 |
| 1875 | 光绪元年 | 九月十七日，光绪帝与**慈安太后**、**慈禧太后**送同治帝及孝哲皇后灵柩赴东陵。 |

仁川附近水域测量航路，并以寻找淡水为名派舢板向江华岛炮台靠近，遭到炮台鸣炮警告，该舰长井上良馨少佐即下令发炮攻击，将炮台打毁，复派陆兵登岸攻陷永宗城，劫掠一空，又放火焚毁，然后退回舰上，是为“江华岛事件”（日方谓之“云扬号事件”）。事件发生后，日本官方及其国内舆论咸以朝鲜无礼，“征韩论”再度甚嚣尘上。

**慈安太后**（1837—1881） 清咸丰帝后。满洲镶黄旗人。钮祜禄氏。咸丰帝病死后，六岁的载淳即位，1862年起改元“祺祥”。尊为母后皇太后。又上徽号“慈安”。因住东宫，俗称东太后。在那拉氏（即慈禧太后）怂恿下，参与密谋废除八大臣辅政的政变计划。政变成功后与那拉氏共同垂帘听政。改元“同治”，实权实际上操于慈禧太后之手。光绪七年三月初十日（1881年4月8日）崩，尊谥“孝贞显皇后”。

**慈禧太后**（1835—1908） 清咸丰帝妃。同治、光绪两朝实际统治者。叶赫那拉氏，满洲正黄旗人。咸丰元年（1851），被选入宫。十年，咸丰帝死，其子载淳六岁即位，被尊为圣母皇太后，又上徽号“慈禧”。因住西宫，俗称西太后。同年十月，

| | | |
|---|---|---|
| 1875 | 光绪元年 | 十月初一日，山东巡抚丁宝桢奏筹设机器局，制造子弹弹药。 |
| 1875 | 光绪元年 | 十月十九日，刘坤一奏江苏有“安清道友”、“哥老会”两大会党。 |
| 1875 | 光绪元年 | 十月三十日，定福建巡抚“冬春驻台湾，夏秋驻福州”之制。 |
| 1875 | 光绪元年 | 十一月初一日，准以济咙呼图克图阿旺班垫曲吉坚赞代办商上事务。 |
| 1875 | 光绪元年 | 十一月初五日，以广西巡抚**刘长佑**为云贵总督，严树森为广西巡抚。 |

伙同恭亲王奕䜣发动宫廷政变（亦称“辛丑政变”、“祺祥政变”），垂帘听政。十三年，同治帝死，又立五岁侄载湉为帝，年号光绪，仍行听政。光绪十五年（1889），名义上归政于光绪帝，但仍控制军政实权。二十四年，发动戊戌政变，幽禁光绪帝，公开执政，直至三十四年，病死。统治期间，对内残酷镇压人民的反抗、维新变法运动以及资产阶级活动；对外妥协投降，与帝国主义签订了一系列丧权辱国的条约，是近代半殖民地化中国腐朽势力的代表。

**刘长佑**（1818－1887） 字印渠，湖南新宁人。拔贡出身。咸丰二年（1852）后，随江忠源率乡勇至广西参与围剿太平军。九年，与李续宾打败石达开军。次年，升任广西巡抚。同治元年（1862），擢升直隶总督。二

| | | |
|---|---|---|
| 1875 | 光绪元年 | 十一月十二日，李瀚章、薛焕奏报查办马嘉理案情形，请将地方官吴启亮革职。 |
| 1875 | 光绪元年 | 十一月十四日，命陈兰彬、容闳均加二品**顶戴**，允出使美国、日国（西班牙）、秘鲁三国钦差大臣。 |
| 1875 | 光绪元年 | 十一月十四日，以丁日昌为福建巡抚，并督办福州船政局事务。 |
| 1875 | 光绪元年 | 是年，丁宝桢在济南创办山东机器局。 |
| 1876 | 光绪元年 | 十二月十二日，两宫太后懿旨，派署侍郎内阁**大学士翁同龢**、侍郎夏同善于明年三月在毓庆宫授读光绪帝。 |

年，镇压宋景诗起义军。六年，因屡战失利被革职。十年，又被起用，历任广东巡抚、云贵总督等职。有《刘武慎公遗书》。

**顶戴**　清代区别官员级别的帽子上顶珠质色。官员礼帽帽顶均缀红色之缨，帽顶中央为珠形帽饰，以珊瑚、蓝宝石、青金石、水晶、砗磲、金、铜等制成，按品级而分质色，一、二品红色，三、四品蓝色，五、六品白色，六品以下用铜黄色。通常皇帝可赏给无官之人某品顶戴，亦可对次一品等的官员赏以较高的顶戴，以示恩宠。如总督为从一品，若赏加头品顶戴，即可按正一品待遇。

**大学士**　官名。清初，在内三院，即内国史院、内秘书院、内弘文院，各设大学士一人。后将内三院改为内阁，大学士即成为内阁主官。定额满、汉各两人，

| | | |
|---|---|---|
| 1876 | 光绪元年 | 十二月十四日，命将杨乃武与葛毕氏案提交刑部审讯。 |
| 1876 | 光绪元年 | 十二月二十日，准于台湾添设台北府、淡水县、宜兰县，将原淡水厅改设新竹县，噶玛兰厅通判一缺改为台北府分防通判，移扎鸡笼，台湾南路同知驻扎卑南（今台东）。 |
| 1876 | 光绪元年 | 十二月二十二日，予盛京将军以**总督**体制。 |
| 1876 | 光绪元年 | 十二月二十八日，日使森有礼与李鸿章在保定会谈中朝、中日、日朝关系等问题。 |

正一品，以殿阁之名入衔，即保和殿、文华殿、武英殿、体仁殿、文渊阁、东阁大学士。别称中堂。自雍正七年（1729）军机处成立后，内阁不再握实权，大学士逐渐成为优礼各部尚书和外省督抚的荣誉虚衔。

**翁同龢**（1830－1904）　字叔平，江苏常熟人。咸丰状元，光绪帝师傅，为帝党首领。历任户部侍郎，都察院左都御史，刑部、工部、户部尚书等职。于光绪八年（1882）、二十年，两入军机处，兼总理各国事务衙门大臣。光绪二十年中日战起，他力主抗战。《马关条约》签订后，欲扶光绪帝亲政，筹思革新，支持康有为变法主张，并向光绪帝密荐康有为。二十四年四月，光绪帝宣布变法后四天，被慈禧下令开缺回籍。戊戌政变后被革职，交地方官管束。有《翁文恭公日记》、《瓶庐诗文稿》。

**总督**　官名。明代始以总督为最高地方长官。清制，总督主管一省或二、三省军民要政，别称制

| | | |
|---|---|---|
| 1876 | 光绪二年 | 正月初七日，命南洋大臣沈葆桢筹借洋款一千万两作为西征军饷。 |
| 1876 | 光绪二年 | 正月二十八日，刘锦棠统兵往肃州准备出关收复新疆。 |
| 1876 | 光绪二年 | 二月初二日，日本与朝鲜签订《**江华条约**》。 |
| 1876 | 光绪二年 | 二月初三日，准送两只“四不像”（麋鹿）给德国，以示友好。 |
| 1876 | 光绪二年 | 二月十八日，威妥玛照会总署，要求允许上海英商修造**吴淞铁路**。 |

府、制台、制军，地位略高于巡抚，例兼兵部（光绪末改为陆军部）尚书、都察院右都御史衔。官阶正二品，加尚书衔者为从一品。此外设有专管漕运的漕运总督和专管河道堤防、疏浚的河道总督。

**江华条约**　该条约宣称“朝鲜为自主之邦，保有与日本平等之权利”（此语系针对朝鲜与中国之传统宗藩关系而然，意在否认中国对于日本侵略朝鲜行为之干预权），并规定日本可以派使臣驻朝鲜京城（汉城）；朝鲜在京畿、忠清、全罗、庆尚、咸镜等五道之中对日开放通商口岸两处；日本船只可以在朝鲜任何港口停泊避风或购买需要之物；朝鲜国之沿海岛屿、沿礁应准日本航海业者自由测量以编制图志；两国商民任意贸易，官吏不得干涉；日本国人在朝鲜口岸侨居地犯罪而与朝鲜人有关者，由日本官吏审理。是为朝鲜近代史之开端。

**吴淞铁路**　外国人擅自在中国修筑的第一条铁路。同治十一年至

| | | |
|---|---|---|
| 1876 | 光绪二年 | 三月初一日，左宗棠奏报西征粮运、关外敌情及进兵布置方略。 |
| 1876 | 光绪二年 | 三月初四日，李鸿章函告总署拟派卞长胜等七人赴德国学习军事。 |
| 1876 | 光绪二年 | 三月初七日，命顺天府府尹吴赞诚开缺充督办福建船政大臣。 |
| 1876 | 光绪二年 | 三月十五日，命景廉在**军机大臣**上学习行走、涂宗瀛为广西巡抚。 |
| 1876 | 光绪二年 | 三月十八日，命沈葆桢等阻止英商在上海擅造铁路。 |
| 1876 | 光绪二年 | 三月二十八日，擢四川布政使文格为云南巡抚。 |
| 1876 | 光绪二年 | 四月初十日，准直隶将军减免税厘。 |

光绪二年间（1872—1876），未经清政府同意，英美合资公司“吴淞铁路公司”修筑的铁路，从上海到吴淞。光绪二年闰五月十二日（1876年7月3日），正式通车。九月初八日（1876年10月24日），清政府与英、美议定《收买吴淞铁路条款》，规定清政府以二十八万五千两白银买回该路。光绪三年，拆毁。

**军机大臣**　见“军机处”条。

**传胪**　科举制度中，在殿试（或廷试）后由皇帝亲临宣布登第进士名次的典礼。古代以上传语告

| | | |
|---|---|---|
| 1876 | 光绪二年 | 四月十二日，准廓尔喀（尼泊尔）按期呈进表贡。 |
| 1876 | 光绪二年 | 四月二十五日，太和殿**传胪**。 |
| 1876 | 光绪二年 | 五月初四日，大学士文祥卒，予谥“文忠”。 |
| 1876 | 光绪二年 | 五月十一日，威妥玛提出议结滇案“**六条办法**”。 |
| 1876 | 光绪二年 | 五月十五日，威妥玛于议结滇案“六条办法”之外又提出“划定口界”等苛刻条件。 |
| 1876 | 光绪二年 | 闰五月初五日，因英使罢议出京有意要挟，命南北洋大臣等布置防务。 |
| 1876 | 光绪二年 | 闰五月十五日，命四川预行筹拨西藏军饷，嗣后作为定章。 |
| 1876 | 光绪二年 | 六月初八日，派大学士直隶总督李鸿章为全权大臣，往烟台与威妥玛会商事务。 |

下为胪，即唱名之意。

**六条办法** 内容有：（一）由总署上奏惋惜马嘉理，并转述英使请勿惩办各犯（指李珍国、而通凹等）之意，并请旨晓谕各处保护洋人，张贴告示；（二）英方可派员赴各处查看是否张贴；（三）凡有中国人伤害英国人案件，英国派员观审；（四）双方派人商议滇缅边界通商事宜；（五）英国在云南大理、四川重庆派驻领事官；（六）增开通商口岸，如奉天大孤山、湖南岳州、湖北宜昌、安徽芜湖及安

| | | |
|---|---|---|
| 1876 | 光绪二年 | 六月二十八日，刘锦棠、金顺两军攻克古牧地，随后收复乌鲁木齐。 |
| 1876 | 光绪二年 | 七月二十六日，**《中英烟台条约》**签字。 |
| 1876 | 光绪二年 | 八月初九日，以**曾国荃**为山西巡抚，调闽浙总督李鹤年为河东河道总督。 |
| 1876 | 光绪二年 | 八月十三日，命许钤身为出使日本国大臣，**何如璋**为出使日本国副使。 |

庆、江西南昌、浙江温州、广东北海等处，且各项洋货在本口完纳正税后即不再重征，入内地则请领税单再完半税。

**中英烟台条约**　亦称《滇案条约》或《芝罘条约》。英国为实现侵入我国西南边疆的野心，借口马嘉理被杀事件，强迫清政府订立的不平等条约。光绪二年七月初三日（1876年8月21日），中、英双方代表李鸿章与威妥玛在烟台开始谈判；七月二十六日（1876年9月13日），正式签订条约，共三部分十六款，附有《另议专条》。主要内容是：（一）增辟宜昌、芜湖、温州、北海四处为通商口岸；（二）凡遇内地各省地方或通商口岸有涉及英人生命财产的案件，英国可派员“观审”；（三）租界内免收洋货厘金；（四）洋货运入内地，不论华商洋商，都只纳子口税，全免各项内地税；（五）英国派官员调查滇缅边界贸易情况；（六）英国派员从北京出发经甘肃、青海、或经四川，前往西藏，转赴印度，也可派员由印度进入西藏。

**曾国荃**（1824—1890）　字沅甫，湖南湘乡人。曾国藩九弟。优贡生出身。咸丰六年（1856），太平军进军江西，他受命从湖南募勇三千增援江西吉安，号称

| | | |
|---|---|---|
| 1876 | 光绪二年 | 八月十五日，命刘锡鸿为出使英国大臣（副使）。 |
| 1876 | 光绪二年 | 九月初八日，吴淞铁路案议结。 |
| 1876 | 光绪二年 | 九月十一日，以何璟为闽浙总督，丁宝桢为四川总督，李瀚章为湖广总督，文格为山东巡抚，实授**潘鼎新**为云南巡抚。 |

"吉字营"，为湘军嫡系部队。次年，陷吉安，擢知府。十年二月，围安庆，屡败陈玉成等部援军。次年八月，陷安庆。同治元年（1862）四月，进围天京。三年六月，陷天京后，血洗全城，纵火七日不熄。五年，调任湖北巡抚，旋因对捻军作战失败，称病退职。光绪元年（1875）起用，历任陕西、山西巡抚，署两广总督。十年，升两江总督。

**何如璋**（1838—1891） 字子峨，广东大埔（今大埔北人。）同治进士。光绪三年（1877），任驻日本公使。十年，任福建船政大臣。中法战争时，不积极备战，甚至将法军的挑战书匿而不发，致使福建水师遭受惨败，后被革职。

**潘鼎新**（？—1888） 字琴轩，安徽庐江人。清代淮军将领。道光举人。初在安徽办团练，咸丰十一年（1861），募勇创淮军鼎字营。次年，随李鸿章到上海镇压太平军。同治四年（1865），又赴山东镇压捻军。不久，升任山东布政使。光绪九年（1883），署湖南巡抚。次年，调广西巡抚。中法战争时，在李鸿章指使下，对法国侵略军不事备战堵击，失谅山、镇南关后，逃回龙州。十一年，被革职。

| | | |
|---|---|---|
| 1876 | 光绪二年 | 九月十二日，总理衙门奏呈《**出使章程**》。 |
| 1876 | 光绪二年 | 九月十二日，令成都将军魁玉等妥查川省教案。 |
| 1876 | 光绪二年 | 九月十八日，谕实录馆将自咸丰十一年七月十七日至同治十三年十二月初五日期间与外国交涉事件照咸丰朝实录撰写之例，另为一书。 |
| 1876 | 光绪二年 | 九月二十一日，金顺等军攻克玛纳斯南城，北疆除伊犁之外全部收复。 |
| 1876 | 光绪二年 | 十月十二日，自英定购之两炮舰“龙骧”、“虎威”号驶抵大沽。 |
| 1876 | 光绪二年 | 十月二十六日，命**李鸿藻**、景廉在总理各国事务衙门行走。 |

**出使章程**　共十二条，主要内容有：颁发出使各国大臣铜印各一颗，印由吏部铸造，文曰“大清钦差出使大臣关防”；出使任期，自到某国之日起以三年为限（副使亦然）；各出使大臣分为头等、二等、三等，所带参赞、领事、翻译等员，由该大臣酌定其人数；在任期间，重大事件随时奏陈，寻常事件函告总署转奏；有兼摄数国事务者，由该大臣酌定何时应驻何国；出使薪俸及一切经费，均由江海关（即沪关）按年汇寄。

**李鸿藻**（1820—1897）　字寄云，号兰孙，直隶（今河北）高阳人。咸丰进士，同治帝师傅。历任工、吏、兵、礼等部尚书，

| | | |
|---|---|---|
| 1876 | 光绪二年 | 十月二十六日，署盛京将军崇实卒。 |
| 1876 | 光绪二年 | 十月二十八日，命金顺为伊犁将军，英翰为乌鲁木齐都统。 |
| 1876 | 光绪二年 | 十月二十八日，因江北地方旱灾严重，命从江苏、安徽、山东粮道库存项下提款各五万两，解交**漕运**总督文彬。 |
| 1876 | 光绪二年 | 十一月初十日，命左宗棠筹划新疆旗丁屯田事。 |
| 1876 | 光绪二年 | 是年，求志书院在上海县创办。 |
| 1876 | 光绪二年 | 是年，开平矿务局创立。 |
| 1877 | 光绪二年 | 十一月二十五日，准左宗棠于明春进兵南疆。 |

军机大臣，是清政府中的守旧派官僚。同治七年（1868），为镇压捻军积极出谋划策。曾策划清流派弹劾洋务派李鸿章。反对崇厚擅自签订《里瓦几亚条约》。中法、中日战争时均主战，反对求和。光绪十三年（1887），郑州黄河决口，他奉命前往督办，以治河无方受革职处分。由于深得慈禧信任，不久复职。

**漕运**　本意指水路运输，后专指封建王朝将所征粮食解往京师或其它指定地点的运输。道光年间，运河淤塞，以海运为主，并逐渐改征折色（不收实物，改收钱钞或其它物品，减少运量）。同治十一年（1872），用海轮运漕粮后，河运停止。宣统三年

| | | |
|---|---|---|
| 1877 | 光绪二年 | 十二月初二日，派何如璋为出使日本国**钦差大臣**，知府张斯桂为副使。 |
| 1877 | 光绪二年 | 十二月初五日，命湖北、江西、浙江拨银一百万两收购美国**旗昌洋行**船产。 |
| 1877 | 光绪二年 | 十二月十六日，因葛品莲案余杭知县刘锡彤革职。 |

（1911），辛亥革命后，漕粮全征折色，漕运废除。

**钦差大臣** 官名。清袭明制，由皇帝委派并授权专办重大事务的高级官员。颁授关防，权威很大。一般简称钦使，统兵者称钦帅。后派驻国外的外交使节也称钦差出使某国大臣。

**旗昌洋行**（Russell & Co.） 美国殖民者对旧中国进行经济侵略最早设立的机构。总行设在美国波士顿（Boston），分行设在广州（道光四年，1824年）、上海（道光二十六年，1846年）。初期向中国武装贩运鸦片。光绪四年（1878），在上海设旗昌丝厂（光绪十七年，由法商接办，改名宝昌丝厂）。十四年，在台北设旗昌机器焙茶厂。此外还在中国设立轮船公司，并在沿海私设海底电线，侵犯中国领海权。十七年，停闭。

**杨乃武与葛毕氏案** 晚清一大公案。葛品莲原为浙江余杭城一豆腐店伙计，同治十一年（1872）春，娶毕秀姑为妻。秀姑貌颇清秀，喜穿绿色衣服，系白色围裙，绰号“小白菜”。婚后租举人杨乃武房屋一间，比邻而居。时杨丧妻不久，两家来往无间。日久，葛怀疑其妻葛毕氏与杨乃武有染，其母葛喻氏从中

| | | |
|---|---|---|
| 1876 | 光绪二年 | 是年，长江以北各省普遍旱灾。 |
| 1877 | 光绪三年 | 正月初四日，赏济咙呼图克图“达善”名号。 |
| 1877 | 光绪三年 | 二月初八日，郭嵩焘奏请严禁鸦片。 |
| 1877 | 光绪三年 | 二月初九日，孚郡王奕譓卒，谥曰“敬”。 |
| 1877 | 光绪三年 | 二月十六日，**杨乃武与葛毕氏案**审结，浙江巡抚杨昌濬等革职。 |

拨弄，但无实据。后葛品莲忽于同治十二年初冬暴病身亡，葛喻氏旋向余杭县控告葛毕氏谋杀亲夫。县令得状，轻信浮言，在仵作草率验尸之后，臆断葛品莲是中毒丧命，将葛毕氏押衙刑讯，葛毕氏不堪捶楚之苦，伪供与杨早有奸情，合谋杀夫。杨乃武遂被拘到堂，杨矢口否认，县令刚愎自用，随将不实之验尸情况上报杭州府。杭州府据此对杨施加酷刑，杨屈认从药店买得砒霜作案。府又报省，并拟定葛毕氏凌迟处死，杨乃武斩首示众。浙江巡抚杨昌濬曾亲自审讯，葛毕氏、杨乃武已料难翻案，屈供如前。杨昌濬虽派员调查，但不深究，仍照杭州府所拟罪名上报清廷刑部。十三年，到刑部复核本案时，悬而未决，指派浙江学政胡瑞澜承办，胡不顾案情破绽，仍据不实情事，日夜熬审人犯，葛毕氏、杨乃武继续诬服。直到光绪元年（1875），给事中边宝泉上奏异议，浙籍京官联名上书请勘，清廷下令刑部复查，移棺京师，当众开棺验尸，验明葛品莲并非中毒，实系病亡。这一轰动朝野、历时二年余的案件始得大白，杨昌濬以下审办官员均受处分。此案传说颇多，所云各异。后来编成《杨乃武与小白菜》戏曲。

| | | |
|---|---|---|
| 1877 | 光绪三年 | 二月十八日，湖北宜昌、安徽芜湖、浙江温州开埠。 |
| 1877 | 光绪三年 | 二月十九日，广东北海开埠。 |
| 1877 | 光绪三年 | 二月二十二日，盛京将军**崇厚**奏，拟于奉省添设宽甸、怀仁、通化三县，请将昌图厅改设府治，添设奉化厅、怀德县。 |
| 1877 | 光绪三年 | 二月二十八日，派驻英副使**刘锡鸿**为驻德国使臣，停设驻英副使。 |

**崇厚**（1826—1893）　字地山，完颜氏，满洲镶黄旗人。道光举人。曾任知州、监运使等职。咸丰十年（1860），协助奕䜣和英、法等国签订丧权辱国的《北京条约》。十一年，任牛庄、天津、登州三口通商大臣。同治六年（1867），天津教案完结后，被派赴法国道歉。光绪四年（1878），出使俄国交涉归还伊犁问题。次年，擅自签订《里瓦几亚条约》，被撤职治罪。十年，复职。

**刘锡鸿**　广东番禺人。字云生。咸丰年间，任刑部员外郎。同治年间，极力反对仿造外洋船炮，训练新式军队，发展工商业。光绪二年（1876），任驻英副使，与正使、洋务派官员郭嵩焘思想分歧，遇事攻讦。四年，与郭一起被清廷召回。回国后，任光禄大夫，依旧坚持顽固立场，反对兴建铁路等一切革兴措施。七年，奏劾李鸿章“跋扈不臣，俨然帝制”，以“妄言”获罪被革职。著有《刘光禄遗稿》、《英轺日记》等。

**刘步蟾**（？—1895）　清末海军

| | | |
|---|---|---|
| 1877 | 光绪三年 | 二月，福州船政局学生郑清濂等十六人赴法学习制造，**刘步蟾**、方伯谦、严宗光（严复）等十二人赴英学习驾驶，马建忠随同赴欧。 |
| 1877 | 光绪三年 | 三月初六日，刘锦棠率老湘军二十九营克复达坂城。 |
| 1877 | 光绪三年 | 三月初八日，张曜、徐占彪两军收复吐鲁番城。 |
| 1877 | 光绪三年 | 三月十六日，**刘锦棠**收复托克逊。 |

将领。福建侯官（今福州）人。毕业于福建船政学堂。光绪元年（1875），被送往英国学习枪炮、水雷等技。回国后，由李鸿章推荐，升游击，会办北洋操防，协助制订海军军制、营规。十一年，赴德国购定远舰，后为该舰管带。十四年，赴欧购领船舰，任北洋水师右翼总兵。二十年，中日战起，黄海战役中丁汝昌受伤，他代为督战指挥，鏖战三时许，多次击中敌舰。次年，在威海卫海战中英勇抗敌，以身殉国。

**刘锦棠**（1844—1894） 湖南湘乡人。字毅斋，刘松山之侄。青年时即随刘松山转战各地，对太平军、捻军、回民军作战。同治九年（1870），刘松山在宁夏被回民军击毙，他接统老湘军。十年，击败金积堡回民起义军，捕杀马化龙。次年，又击灭西宁回民军。继随左宗棠赴新疆。光绪二年（1876），占领乌鲁木齐，歼灭天山北路的妥明等部。次年，攻占达坂、托克逊等城，阿古柏惧罪自杀。继下库车、拜城、喀什噶尔等地。阿古柏之子

| | | |
|---|---|---|
| 1877 | 光绪三年 | 三月二十五日，台湾鸡笼老寮坑井看见煤层。 |
| 1877 | 光绪三年 | 三月二十六日，命吉林将军铭安随时监视“韩边外”等聚众淘金者。 |
| 1877 | 光绪三年 | 四月初三日，福州船政局所造第一号铁胁轮船“威远”号下水。 |
| 1877 | 光绪三年 | 四月十二日，左宗棠覆奏京师旗人移驻新疆屯田之议。 |
| 1877 | 光绪三年 | 四月，山西、河南旱灾严重，粮价昂贵。 |
| 1877 | 光绪三年 | 四月二十五日，太和殿传胪。授王仁堪、余联沅、朱赓扬分别为**翰林院**修撰、编修，赐进士及第。 |
| 1877 | 光绪三年 | 五月初十日，密谕左宗棠奏陈英人为阿古柏伪政权游说意见。 |
| 1877 | 光绪三年 | 五月十四日，命驻日使臣何如璋相机办理日 |

伯克胡里和白彦虎等，由布鲁特逃入俄国境内。十年，新疆建省，任第一任新疆巡抚，死于任所。

**翰林院**　官署名。清袭明制，设翰林院，掌编修国史，记载皇帝言行的起居注，进讲经史以及草拟册文、封诰等文书。其长官为掌院学士，满、汉各一人，所属职官有侍读学士、侍讲学士、侍读、侍讲、编撰、编修、检讨、庶吉士等，统称翰林。

**使西纪程**　书名。清郭嵩焘撰。

| | | |
|---|---|---|
| | | 本阻止琉球入贡事。 |
| 1877 | 光绪三年 | 五月，阿古柏自杀，其长子伯克胡里西走喀什噶尔。 |
| 1877 | 光绪三年 | 六月初四日，免予十二世达赖喇嘛之呼毕勒罕（转世灵童）金瓶掣签。 |
| 1877 | 光绪二年 | 六月初六日，伊犁将军金顺奏，与俄订立合同，购粮一千万斤。 |
| 1877 | 光绪三年 | 六月十一日，令毁郭嵩焘所著**《使西纪程》**书版。 |
| 1877 | 光绪三年 | 七月初二日，左宗棠因英人为阿古柏伪政权游说事，强调地不可弃，兵不可停。 |
| 1877 | 光绪三年 | 七月初四日，命李鸿章借拨北洋海防军费赈济山西。 |
| 1877 | 光绪三年 | 七月初五日，令**布政使**葆亨暂署福建巡抚。 |

二卷。系作者出使英国旅程日记。记述其自光绪二年十月十七日至十二月初八日（1876年12月2日－1877年1月21日），历新加坡、暹罗、波斯、土耳其、希腊、意大利、法国、埃及、摩洛哥等十八国，涉及地理位置、山川形势、风土人情、宗教等。亦包括在香港参观学馆、监狱等情况。对《瀛环志略》误记或漏记之地，亦有所补订。

**布政使** 官名。全称为承宣布政

| | | |
|---|---|---|
| 1877 | 光绪三年 | 七月十七日，刘锦棠军进兵库尔勒等地，开始收复南疆东四城之行动。 |
| 1877 | 光绪三年 | 七月二十日，明谕不准前藏已革额尔德蒙诺们罕再行转世。 |
| 1877 | 光绪三年 | 八月三十日，命云南巡抚潘鼎新来京候用，云南布政使杜瑞联署理巡抚。 |
| 1877 | 光绪三年 | 九月初一日，刘锦棠军收复库尔勒、喀喇沙尔。 |
| 1877 | 光绪三年 | 九月初四日，派翰林院编修**吴大澂**赴津，帮同办理晋豫赈灾事。 |
| 1877 | 光绪三年 | 九月初六日，派阎敬铭为稽查山西赈务大臣， |

使司布政使。明朝始设，清沿明制，于各省置承宣布政使司，设布政使一人（唯江苏设两人），别称藩台、藩司，尊称方伯，从二品。主管一省的财政、民政和人事，隶属于各省督抚。辛亥革命后，逐步裁撤。

**吴大澂**（1835－1902）　字清卿，号恒轩，又号宁斋，江苏吴县（今苏州）人。同治进士。光绪十年（1884），会办北洋军务，驻天津。十一年，诏赴吉林，同俄使交涉珲春黑顶子边界，收复沙俄侵占之地。翌年，升广东巡抚。十四年，郑州黄河决口，派往治河，授河道总督。十八年，出任湖南巡抚。二十年，中日甲午战争时，自请率湘军赴前线作战，因兵败革职。他擅长文学、金石学和古文字学，颇有创见。著述有《说文古籀补》十四卷、《字说》、《斋集

| | | |
|---|---|---|
| | | 令其迅速启程。 |
| 1877 | 光绪三年 | 九月初九日，命将山东省本年冬漕拨山西、河南各八万石。 |
| 1877 | 光绪三年 | 九月十二日，刘锦棠收复库车。 |
| 1877 | 光绪三年 | 九月十四日，李鸿藻丁忧解任，以**都察院**左都御史贺寿慈为工部尚书。 |
| 1877 | 光绪三年 | 九月十五日，派河东河道总督李鹤年（后袁保恒代之）周历河南灾区、稽查赈务。 |
| 1877 | 光绪三年 | 九月十五日，令陕西巡抚**谭锺麟**查明陕西各属灾区轻重。 |

古录》、《恒轩古金录》、《权衡度量考》、《古玉图考》。

**都察院**　官署名。汉代后历代都设有御史台。明朝初年改设都察院，最高长官为左、右都御史，下设左、右副都御史，左、右佥都御史。又分全国省区为十三道，每道设置监察御史，巡视州县，考察官吏，俗称巡按。清代裁撤佥都御史，设左都御史（满、汉各一人），左副都御史（满、汉各二人），下设有六科（吏、户、礼、兵、刑、工）给事中，十五道监察御史，统称科道官，是清代的最高监察、弹劾机关。其右都御史、右副都御史例为总督、巡抚的兼衔。

**谭锺麟**（1822—1905）　湖南茶陵人，字云觐，号文卿。咸丰进士。历任杭州知府、署杭嘉湖道、河南按察使。同治十年（1871），授陕西布政使；次

| | | |
|---|---|---|
| 1877 | 光绪三年 | 九月十八日，刘锦棠收复拜城、阿克苏、乌什，南疆东四城全告收复。 |
| 1877 | 光绪三年 | 九月二十五日，驻英使臣郭嵩焘请于新加坡设立领事馆，以道员胡璇泽充之。 |
| 1877 | 光绪三年 | 十月初二日，令沈葆桢劝谕各商捐输。 |
| 1877 | 光绪三年 | 十月十三日，**《古巴华工保护条约》**订立。 |
| 1877 | 光绪三年 | 十一月十一日，降河南巡抚李庆翱三级，以涂宗瀛为河南巡抚，杨重雅为广西巡抚。 |
| 1877 | 光绪三年 | 十一月十三日，刘锦棠军收复喀什噶尔。 |

年，曾护理陕西巡抚，设局发行纸币，供应左宗棠西征粮饷。光绪元年（1875），授陕西巡抚。五年，调任浙江巡抚。七年，迁陕甘总督。十七年，授吏部左侍郎兼署户部左侍郎，兼管三库事务。次年，署工部尚书，旋授闽浙总督。二十年，调四川总督；次年，改两广总督。二十四年，百日维新中，抵制新法。次年，因病免职。

**古巴华工保护条约**　先是，西班牙属地古巴拐诱中国闽、粤等省人民，“贩卖至该岛佣当苦工，种种苛虐，殆非人理”。同治十三年（1874），驻美留学监督陈兰彬奉命前往调查，遂有立领事以保护华工之议。至光绪三年十月十三日（1877年11月17日），由总署大臣沈桂芬等与西班牙公使伊巴理（Cárlos Antonio de España, ？—1880）订立此条约，主要内容为：日国（即西班牙）商人不得诱迫华工出洋；已在古

| | | |
|---|---|---|
| 1877 | 光绪三年 | 十一月十七日，刘锦棠军收复叶尔羌、英吉沙尔等城，南疆各城全部收复。 |
| 1877 | 光绪三年 | 是年，直隶保定、河间等处遭蝗、旱灾。 |
| 1877 | 光绪三年 | 是年，台湾基隆八斗煤矿建成投产，为中国第一座以西法开采之近代化煤矿。 |
| 1877 | 光绪三年 | 是年，英商创办台湾樟脑压制厂。 |
| 1878 | 光绪三年 | 十一月二十八日，川督丁宝桢奏，拟设**四川机器局**制造枪炮。 |
| 1878 | 光绪三年 | 十二月二十三日，令将记名提督左宝贵交**军机处**记名，待机简放。 |

巴之华人，应与各国之人同等看待；华人自愿前往佣工者，应先在中国口关报名注册，发给护照；到古巴后，由中国领事查验护照；中国即派领事官前去古巴夏湾拿（哈瓦那）驻扎，并详细调查在古之华人状况，分别发给护照；华人在古巴享有与各国人平等之诉讼权利。

**四川机器局**　清政府经营的军用工厂之一。光绪三年（1877），由四川总督丁宝桢创设于成都。规模不大，开办费仅七万七千两，设备简陋。常年经费从土货厘金项下提拨。利用城内金水河水力发动机器，冬春水枯，始用锅炉。所制枪、炮、子弹、火药，除供应四川省军用外，也接济云南等地。光绪五至六年间，一度停办。七年，复业，并添设火药厂。三十一年，川督锡良奏请扩充，向德国订购机器，建设新厂，并选派学生赴德国学习机器制造。宣统元年（1909），新

| | | |
|---|---|---|
| 1878 | 光绪四年 | 正月二十一日，以出使英国大臣郭嵩焘兼充出使法国大臣。 |
| 1878 | 光绪四年 | 正月二十三日，两广总督刘坤一奏，拨解山西、河南、陕西赈银各五万两。 |
| 1878 | 光绪四年 | 正月二十八日，浙江巡抚梅启照奏光绪三年该省共一千一百四十六万五千七百丁口。 |
| 1878 | 光绪四年 | 二月初一日，川督丁宝桢奏筹款修都江堰水利。 |

厂建成正式开工，称兵工总厂，原机器局称兵工分厂。辛亥革命后，改称四川兵工厂。

**军机处** 官署名。清代辅佐皇帝决策和处理军政要务的机构。雍正七年（1729），清政府用兵西北，设军机房；十年，改称为办理军机处，简称军机处。在军机处任职的无定员，最多时达六、七人，由皇帝指定亲王、大学士、尚书、侍郎等满汉大员兼任，称军机大臣，俗称“大军机”。其僚属称为“军机章京”，俗称“小军机”，掌缮写谕旨、记载档案、查核奏议。乾隆时，定为满、汉两班，各八人，后增四班三十二人，每班有领班、带领班各一人。军机处的职掌是秉承皇帝旨意，处理军政要务、官员任免和一切重要奏章，用面奉谕旨的形式对全国各部门各地方的负责官员发布指令。宣统三年（1911）四月，皇族内阁成立后，军机处被撤销。

**东乡滥杀无辜案** 光绪元年（1875）五月间，四川东乡县（今宣汉县）农民不堪当地官绅浮派苛敛，公推袁廷蛟等人赴县算帐。署知县孙定扬以“土匪作乱”为由，具禀请兵镇压，川督

| | | |
|---|---|---|
| 1878 | 光绪四年 | 二月初一日，诏命丁宝桢复核四川**东乡滥杀无辜案**，并令前两江总督李宗羲查明具奏。 |
| 1878 | 光绪四年 | 二月初五日，调湖南巡抚**王文韶**署兵部左侍郎，在军机大臣上学习行走。 |
| 1878 | 光绪四年 | 二月十二日，命予左宗棠晋为二等侯爵，刘锦棠晋二等男爵，提督余虎恩等各赏叙有差。 |

吴棠派记名提督李有恒等率兵勇数营前往。李等既到东乡，乃不问情由，纵兵滥杀，竟至杀毙尖峰寨等处平民五百余人（一说千余人）之多。此前，袁廷蛟来京控告，被巡视北城御史奎光以“潜逃匪首”罪名捕获。至是，奎光将袁之“供词”录呈奏上。谕称：前据文格（护理四川总督）等奏报，四川东乡县“匪徒滋事”，首犯袁廷蛟在逃未获；嗣据御史吴镇奏提督李有恒滥杀无辜，当经谕令文格查明究办。兹据奎光等奏袁廷蛟潜逃来京，现经拿获。据供称，上年（光绪元年）因该县官绅苛敛难堪，率众赴局算帐，该县以民变禀请剿办，李有恒滥杀无辜，掳掠妇女，恳请代诉等情。袁廷蛟着即交刑部审讯，暂行监禁，其所供各节着李瀚章等确实查明，不得稍涉回护。

**王文韶**（1830—1908）　字夔石，号耕娱，晚号退圃。浙江仁和（今杭州）人。咸丰进士。光绪二十一年（1895），署理直隶总督、北洋大臣，曾列名强学会。二十四年，以户部尚书入赞军机处。光绪帝下诏变法时，表面上秉承帝命办新政，暗中却进行阻挠。义和团运动期间，力主

| | | |
|---|---|---|
| 1878 | 光绪四年 | 二月十四日，总理衙门奏，各省洋枪队教练所用口号宜全用中国语文。 |
| 1878 | 光绪四年 | 二月十四日，命各省购买外洋军火须划一办理。 |
| 1878 | 光绪四年 | 二月十九日，命户部再拨库款银二十万两并续拨南漕十六万石赈济晋豫。 |
| 1878 | 光绪四年 | 三月初九日，因湖南巡抚卫荣光**丁忧**解任，调湖北巡抚邵亨豫为湖南巡抚，湖北布政使潘霨署湖北巡抚。 |
| 1878 | 光绪四年 | 三月十三日，谕令江苏、安徽等十省筹银协济山西、河南。 |
| 1878 | 光绪四年 | 四月初七日，以督办船政大臣**吴赞诚**署理福建巡抚。 |

“外衅不可启”。八国联军攻陷北京后，随慈禧太后西逃，授体仁阁大学士。二十七年，任外务部会办大臣，参与中俄条约的谈判。后充政务处大臣，督办路矿大臣，转文渊阁大学士，晋武英殿大学士。

**丁忧**　旧时称遭父母之丧为“丁忧”。清代制度，官吏丁忧，须离职守制。

**吴赞诚**（？—1884）　安徽庐江人，字存甫。拔贡出身。咸丰二年（1852），授广东永安知县。七年，补德庆知府、署惠潮嘉道。同治四年（1865），与太平军余部对抗。旋调天津制造局，补天津道。后历任顺天府尹，督办福建船政。光绪四年（1878），

| | | |
|---|---|---|
| 1878 | 光绪四年 | 四月初十日，令苏、皖等十省各筹拨银六万两解赴山西。 |
| 1878 | 光绪四年 | 四月十三日，刑部左侍郎、稽查河南赈务袁保恒卒，诏命从优赐恤，予谥“文诚”。 |
| 1878 | 光绪四年 | 四月二十一日，宣示山西得雨。 |
| 1878 | 光绪四年 | 四月二十九日，因购办西征军火出力并捐款赈灾，命予道员**胡光墉**交部议叙并赏穿黄马褂。 |
| 1878 | 光绪四年 | 五月初二日，因赈济有功，命予翰林院编修吴大澂赏加侍读学士衔。 |
| 1878 | 光绪四年 | 五月十九日，调万青藜为吏部尚书，**徐桐**为礼部尚书，翁同龢为都察院左都御史。 |

署福建巡抚，旋以病辞。后被李鸿章招至天津办理水师学堂。

**胡光墉**（1823—1885） 字雪岩。安徽绩溪人。初在钱肆学徒，后入浙江巡抚王有龄幕，为清军运饷械镇压太平军。同治元年（1862），受左宗棠指使，与法国组织“常捷军”。五年，协助左宗棠开办福州船政局。六年，左宗棠调任陕甘总督，他在上海为左大借外债，购运军需物品镇压捻、回起义。又依仗湘军权势，于各省设金银号，经营丝茶业，设典库于江浙两湖等地二十三处。在杭州设有胡庆余堂中药铺，并经营出口丝业，操纵江浙商业，资金最高达二千万元以上。光绪十年（1884），受洋商

| | | |
|---|---|---|
| 1878 | 光绪四年 | 五月十九日，命沈桂芬兼任翰林院掌院学士。 |
| 1878 | 光绪四年 | 五月十九日，福州船政局第二号铁胁船“超武”建成下水。 |
| 1878 | 光绪四年 | 五月二十二日，派崇厚为出使俄国钦差大臣，办理索还伊犁等事。 |
| 1878 | 光绪四年 | 六月初二日，**奕山**卒，命照例赐恤。 |
| 1878 | 光绪四年 | 六月初五日，总理衙门奏，议定日本阻止琉球入贡事交涉办法。 |
| 1878 | 光绪四年 | 六月二十一日，诏予出使俄国大臣崇厚作为 |

排挤破产。

**徐桐**（1820－1900）　字荫轩，汉军正蓝旗人。道光进士。曾任翰林院编修、检讨等职，后为同治帝师傅，旋即授礼部侍郎、尚书等职。光绪五年（1879），反对崇厚与沙俄所订《里瓦几亚条约》，并力主严惩之。十五年，又以吏部尚书兼协办大学士，后升体仁阁大学士，竭力反对康、梁变法，宣称“宁可亡国，不可变法”。他赞成荣禄废光绪立溥儁为大阿哥的主张，深得慈禧宠信。二十六年，八国联军侵占北京后，自缢死。有《治平宝鉴》等。

**奕山**（1790－1878）　爱新觉罗氏。字静轩。满洲镶蓝旗人。道光帝之侄。侍卫出身。道光二十一年（1841），任靖逆将军督师广州，拒纳林则徐的战守建议，叫嚷“防民甚于防寇”，污蔑抗英人民为“汉奸”。闰三月，广州被围，他树白旗投降，并派

| | | |
|---|---|---|
| | | 全权大臣，便宜行事。 |
| 1878 | 光绪四年 | 六月二十五日，**开平矿务局**正式开局。 |
| 1878 | 光绪四年 | 七月初四日，命各省裁革陋规。 |
| 1878 | 光绪四年 | 七月初四日，实授潘霨湖北巡抚；实授杜瑞联云南巡抚。 |
| 1878 | 光绪四年 | 七月二十三日，命王文韶、周家楣在总理各国事务衙门行走。 |
| 1878 | 光绪四年 | 七月二十七日，派**曾纪泽**为出使英、法两国钦差大臣。 |

余保纯向英军求和，旋订立《广州和约》。三元里人民痛歼英军时，又遣余保纯为英军解围。七月，英军再犯定海，两江总督裕谦奏请道光帝饬令他进攻香港，以资策应，他拒不出兵。鸦片战争后，被革职论罪。二十三年，被起用为和阗办事大臣。咸丰八年（1858），在黑龙江将军任内，屈服于沙俄的军事压力，签订《中俄瑷珲条约》。

**开平矿务局** 光绪三年（1877），李鸿章派轮船招商局总办唐廷枢在天津设立。次年，拟定章程，招商集股。四年，在直隶唐山开平镇正式成立“开平矿务局”；七年，全面投产。资本为二百万元左右，雇佣英国技师，雇工约三千人左右。八年，日产煤六、七百吨，年产煤三万八千吨，到二十四年，年产煤增至七十三万吨。所产煤，主要供应轮船招商局和天津机器局使用，剩余出售，获利颇厚。二十六年，八国

| | | |
|---|---|---|
| 1878 | 光绪四年 | 七月二十七日，命**李凤苞**署理出使德国钦差大臣。 |
| 1878 | 光绪四年 | 八月初九日，严饬各省整顿吏治。 |
| 1878 | 光绪四年 | 八月十七日，黑龙江呼兰城守尉**惠安与法国传教士斗殴案**发生。 |
| 1878 | 光绪四年 | 八月二十九日，命闽省妥办福州教堂被毁案。 |
| 1878 | 光绪四年 | 九月十二日，清廷驻日使臣何如璋照会日本外务省，抗议其阻止琉球入贡。 |

联军入侵时，实行中外合办，改名“开平矿务有限公司”，在英国注册。该矿长期为英人霸占。

**曾纪泽**（1839－1890）　字劼刚，湖南湘乡人。曾国藩长子。精通小学、乐律，兼通泰西文字。光绪四年（1878），出使英、法。六年，兼任驻俄公使。次年，代替崇厚赴俄京彼得堡，与俄国重新谈判，修订《中俄伊犁条约》。中法战争时，主张抗法。后与英人议定洋药税厘，为清政府每年增加几百万两收入。十一年，海军衙门成立，任会办，采购军舰，助李鸿章建立北洋海军。十二年以后，历任总理各国事务衙门行走，户、刑、吏等部侍郎。有《曾慧敏公全集》。

**李凤苞**（1834－1887）　字丹崖，江苏崇明（今上海崇明）人。李鸿章亲信。肄业于同文馆，精测绘。曾任江南制造局、吴淞炮台工程局编译和留学生监督。光绪三年（1877），赴英、法两国学习。次年，出使德国。不久，兼使奥、意、荷三国。十

| | | |
|---|---|---|
| 1878 | 光绪四年 | 九月十四日，准左宗棠借洋款，用于新疆裁勇改饷、兴办善后事宜。 |
| 1878 | 光绪四年 | 九月十七日，命续拨漕粮十二万石、银二十万两赈济山西。 |
| 1878 | 光绪四年 | 九月三十日，命鄂督李瀚章于湖北樊口兴修闸坝。 |
| 1878 | 光绪四年 | 十月初六日，命提督**冯子材**率兵赴越南平定李扬才起事。 |

年，在德国购买军舰，从中受贿银六十万两，遂被革职。有《四裔编年表》、《西国政闻汇集》、《文藻斋诗文集》等。

**惠安与法国传教士斗殴案** 呼兰城法籍天主教士讷依而然为教民财产之事，欲面见地方官，以行干预。光绪四年八月十七日（1878年9月13日），该教士带十余人骑马前来城守尉衙署，与该守尉惠安等致起殴斗，当地官兵将教民拿获。“惠安被打，头迷眼昏”，至患“恍惚病症”，嗣于十月初离署出走，不知去向。

**冯子材**（1818—1903） 字南干，号萃亭。广东钦州（今属广西）人，行伍出身。早年参加天地会起义。咸丰元年（1851），入清军，参与镇压太平天国和贵州苗民起义，累升至提督。光绪八年（1882），称病退职。十年，中法战争时，参加抗法。法军占领镇南关（今友谊关）后，受新任两广总督张之洞举荐，起用为广西关外军务帮办，率部在镇南关前修筑长墙，重新部署战备。

| | | |
|---|---|---|
| 1878 | 光绪四年 | 十月十六日，刘锦棠于玉都巴什大败阿古柏残匪。 |
| 1878 | 光绪四年 | 十月二十一日，以裕宽为福建巡抚。 |
| 1878 | 光绪四年 | 十月二十二日，派**吉林将军**铭安、刑部左侍郎冯誉冀查办惠安与法国传教士斗殴案。 |
| 1878 | 光绪四年 | 十一月初九日，左宗棠奏在新疆宜设行省，并请三年之内拨银五百万两。 |
| 1878 | 光绪四年 | 十一月十五日，驻日使臣何如璋奏，于横滨、 |

二月，在关前隘击败法军主力，并乘胜追击，收复谅山。旋因清政府下令停战，被迫撤回境内，受命会办广西军务。十二年，授云南提督，因病未赴任。中日甲午战争期间，奉命率军驻守镇江，战后回广西。二十七年，调任贵州提督；次年，因病去职。

**吉林将军**　官名。清代吉林地区最高军政长官。原称宁古塔将军。康熙十五年（1676），宁古塔将军移驻吉林；乾隆二十四年（1759），改称吉林将军。统掌吉林驻防旗营及地方的军民事务，综制文武、镇守封疆。将军衙门设主事、助教、笔帖式等员办理所属事务，并有理刑司、银库等机构。所辖有副都统六人，水师总管一人，火器营参领一人，以及驻防协领、佐领、防御、骁骑校等职，分掌驻防旗营各项事务。光绪三十三年（1907）裁，改设巡抚。

**领事**　一国根据国际惯例和协议派驻他国某城市或地区的外交代表。一般有总领事、领事、副领事和领事代理人。主要职责是：按照国际惯例和有关国家间的协

| | | |
|---|---|---|
| | | 神户、长崎等处分设**领事**。 |
| 1878 | 光绪四年 | 十一月二十四日，令各省督抚讲求吏治。 |
| 1878 | 光绪四年 | 十二月初七日，命盛京将军切实筹划防务，以防俄人窥伺东三省。 |
| 1878 | 光绪四年 | 是年，陕甘总督左宗棠倡办**兰州织呢局**。 |
| 1879 | 光绪四年 | 十二月十四日，命户部及各省停止捐纳，以肃吏治。 |

议，保护本国的国家利益；保护本国公民和法人的正当权益；管理本国侨民；办理护照、签证、公证、认证；协助和管理本国的船舶和飞机。以合法手段了解当地和领区的情况等。领事执行职务时，一般同驻在国地方有关机关联系。受本国外交部和驻在该国的外交代表领导。但鸦片战争后，西方列强依靠不平等条约派驻旧中国的领事，凌驾于中国政府之上，动辄对中国的内政外交指手划脚，与一般领事含意不同。

**兰州织呢局** 清末最早创办的官办机器毛纺织厂。光绪四年（1878），左宗棠在兰州开始筹建，投资官款三十万两白银。六年，正式开工生产。机器购自德国，并聘请十几名德国人为技师。共有线锭一千零八十枚，织机二十张。产品主要制作军用物品及普通衣料。九年，因锅炉爆炸，难于维持，继而停工。十年，陕甘总督谭钟麟将其裁撤。三十四年，清政府图谋恢复，改称“兰州织呢厂”。宣统二年（1910），官府不堪赔累，招商

| | | |
|---|---|---|
| 1879 | 光绪四年 | 十二月十五日，命各省协征西征饷银（每年七百余万两）解交左宗棠。自光绪五年起，三年内均按十成报解，俾资应用新疆善后事宜。 |
| 1879 | 光绪四年 | 十二月二十八日，以崇厚为都察院左都御史。 |
| 1878 | 光绪四年 | 是年，薛福成上《创开中国铁路议》。 |
| 1878 | 光绪四年 | 是年，海关设“**华洋书信局**”，江海关发行“海关大龙票”。 |
| 1879 | 光绪五年 | 正月十二日，刘锦棠再次大败阿古柏残匪。 |
| 1879 | 光绪五年 | 正月二十一日，裁撤**京捐局**。 |
| 1879 | 光绪五年 | 正月二十四日，调裕宽为广东巡抚，李明墀为福建巡抚。 |
| 1879 | 光绪五年 | 正月二十五日，贵州巡抚黎培敬降三级调用， |

经营，但仍连年亏蚀，终于在民国四年（1915）关厂停业。

**华洋书信局** 光绪四年（1878），海关总税司赫德与李鸿章商定，海关附设该局，仿欧洲办法，集股筹资，试办邮政，由江海关（即上海海关）印制发行第一种邮票，图案为龙，俗称“海关大龙票”。

**京捐局** 咸丰元年（1851），开捐后，各省纷纷设局，减成折收。咸丰四年（1854），户部设“捐铜局”，专办“暂开事例”（即于常捐之外，或因军务，或因河工等事，如经费不足，暂准捐纳实职，事竣即停）。同治十三年（1874），更名“京捐局”。为肃清吏治，光绪五年

| | | |
|---|---|---|
| | | **张树声**为贵州巡抚。 |
| 1879 | 光绪五年 | 正月二十七日，以翁同龢为刑部尚书，潘祖荫为都察院左都御史。 |
| 1879 | 光绪五年 | 二月初七日，令驻藏大臣松淮抚恤哲孟雄（锡金），以安边圉。 |
| 1879 | 光绪五年 | 二月初八日，命将山西吉州**知州**段鼎耀（侵贪赈款）正法。 |
| 1879 | 光绪五年 | 二月十二日，丁宝桢因“率更成法，致堤被水冲刷”，降为三品顶戴留任。 |
| 1879 | 光绪五年 | 三月初三日，日本侵入琉球。 |
| 1879 | 光绪五年 | 三月初四日，命将工部尚书贺寿慈（**张佩纶**、黄体芳参其交结商人）降三级调用。 |

（1879），将该局裁撤。

**张树声**（1824—1884）　字振轩，安徽合肥人。出身廪生。咸丰三年（1853），在乡办团练。同治元年（1862），随李鸿章率淮军赴上海镇压太平军。六年，参加镇压捻军。十一年，任江苏巡抚。光绪五年（1879），升两广总督，任内又镇压苗族起义。十年，中法战争时驻防越南，在李鸿章指使下率军撤退，被免职。有《张靖达公奏议》。

**知州**　官名。宋朝时为州一级的地方行政长官，称“权知某军州事”，简称知州，意为暂时主持某军州事务。明、清以知州为正式官名。直隶州的知州，地位略低于知府；其它属州（府辖的

| | | |
|---|---|---|
| 1879 | 光绪五年 | 三月初六日，吴元炳署两江总督。 |
| 1879 | 光绪五年 | 三月十一日，以**潘祖荫**为工部尚书，童华为都察院左都御史。 |
| 1879 | 光绪五年 | 三月十三日，日本宣布废灭琉球王国，改为日本国冲绳县。 |
| 1879 | 光绪五年 | 三月十五日，命李凤苞为出使德国大臣。 |
| 1879 | 光绪五年 | 三月十六日，嘉奖济咙呼图克图（办理西藏商上事务妥善），并令其照看十二世达赖喇嘛之呼毕勒罕（转世灵童）。 |
| 1879 | 光绪五年 | 三月二十一日，光绪帝赴东陵举行同治帝及皇后下葬典礼。 |
| 1879 | 光绪五年 | 三月二十八日，因日本吞灭琉球，命南洋大臣沈葆桢等筹办南洋防务。 |
| 1879 | 光绪五年 | 闰三月初二日，兵部尚书广寿奏所查山东巡 |

州）的知州，实际上等于知县。辛亥革命后废除。

**张佩纶**（1848—1903）　字幼樵。直隶（今河北）丰润人。同治进士。经常议论朝政，人称清流派。光绪十年（1884），中法战争时，任福建会办海疆大臣。法军侵入马尾港时，不加阻拦，致使福建水师全遭覆灭，遂被革职充军。获释后，为李鸿章幕僚。有《涧于集》、《涧于日记》。

**潘祖荫**（1830—1890）　字伯寅，江苏吴县人。咸丰进士。累迁侍读学士，除大理寺少卿。初

| | | |
|---|---|---|
| | | 抚**文格**收受礼物事，文格等三人降三级。 |
| 1879 | 光绪五年 | 闰三月初五日，命出使日本大臣何如璋仍留日本。 |
| 1879 | 光绪五年 | 闰三月十一日，周恒祺为山东巡抚，薛允升为山东布政使。 |
| 1879 | 光绪五年 | 闰三月十七日，命王大臣等会议吴可读遗疏"明降**懿旨**，预定将来大统之归"。 |
| 1879 | 光绪五年 | 闰三月二十日，总署照会日使，抗议日本改琉球为县。 |
| 1879 | 光绪五年 | 闰三月二十二日，令李鸿章认真整顿北洋海防，丁日昌赏加总督衔专驻南洋会同沈宝桢筹办海防（丁因病未到任）。 |
| 1879 | 光绪五年 | 闰三月二十三日，命丁日昌充兼总理各国事务大臣。 |

左宗棠被劾，罪不测，他上疏营救，并密荐其能，狱解，左因获起用，独领一军。他曾先后纠弹钦差大臣胜保，直隶总督文煜等。同治四年（1865），授大理寺卿，补礼部右侍郎。数迁工部尚书。光绪七年（1881），中俄《伊犁条约》签订，条陈善后策四事。官至军机大臣。

**文格**　清满洲正黄旗人，字式岩。道光进士。咸丰四年（1854），由衡永郴桂道迁广西按察使。十一年，升任湖南布政使，兼署巡抚。调任广东布

| | | |
|---|---|---|
| 1879 | 光绪五年 | 四月初三日，恩承等奏，审结四川东乡滥杀无辜案。 |
| 1879 | 光绪五年 | 四月初八日，美国前总统格兰特（Ulysses Simpson Grant, 1822 － 1885）到天津晤见直隶总督李鸿章。 |
| 1879 | 光绪五年 | 四月初十日，两宫太后懿旨：吴可读所请预定大统之归，实与本朝家法不合。皇帝将来诞生皇子，其继大统者即为**穆宗**嗣子。 |
| 1879 | 光绪五年 | 四月十二日，**恭亲王**会见并宴请格兰特，请其调处中日两国琉球争端。 |
| 1879 | 光绪五年 | 四月二十九日，调翁同龢为工部尚书，潘祖荫为刑部尚书。 |
| 1879 | 光绪五年 | 四月三十日，正式允四川盐务官运商销。 |
| 1879 | 光绪五年 | 五月十二日，甘肃阶州（今武都县）、四川西北、东南，陕西汉中、凤翔等地发生地震 |

政使。同治十一年（1872），任广西布政使。光绪元年（1875），改迁四川布政使。次年，擢云南巡抚，未赴任旋调山东巡抚。五年，被降三级调用。十年，任金州都统。

**懿旨**　清代皇太后或皇后的诏令。

**穆宗**　即同治帝。见“同治帝”条。

**恭亲王**　即奕䜣。见“奕䜣”条。

**王先谦**（1842－1918）　字益

| | | |
|---|---|---|
| | | （震级达里氏八级），人口伤亡严重。 |
| 1879 | 光绪五年 | 五月十四日，琉球紫巾官向德宏向李鸿章乞援，请救琉球“倾覆之危”。 |
| 1879 | 光绪五年 | 六月初二日，福州船政局第三号铁胁轮船“康济”建成下水。 |
| 1879 | 光绪五年 | 六月初七日，赏丁宝桢四品顶戴，署理四川总督。 |
| 1879 | 光绪五年 | 六月十七日，翰林院侍讲**王先谦**奏请“谨防前明朋党之祸”。 |
| 1879 | 光绪五年 | 六月二十三日，派令济咙呼图克图阿旺班垫曲吉坚赞等二人为达赖喇嘛（十三世）之教经师傅。 |
| 1879 | 光绪五年 | 七月初十日，总理衙门奏呈俄人所绘伊犁分界地图。 |
| 1879 | 光绪五年 | 八月初八日，崇厚赴黑海签订返还伊犁条约。 |

吾，湖南长沙人。同治进士。历官编修、国子监祭酒、江苏学政。甲午中日战后，主讲湖南岳麓书院时，联合乡绅叶德辉等，攻击维新派，阻挠湖南维新运动。后在江苏设书局，仿阮元《皇清经解》例，刊刻《续经解》一千四百三十卷。又兴办南菁书院。辛亥革命后，改名遁，迁居乡间。著述颇丰，有《尚书孔传参正》、《三家诗集义疏》、《汉书补注》、《荀子集

| | | |
|---|---|---|
| 1879 | 光绪五年 | 八月初九日，刘锦棠率军歼灭入寇之境外阿古柏残匪两千余人。 |
| 1879 | 光绪五年 | 八月十七日，崇厚与俄国签署《**里瓦几亚条约**》。 |
| 1879 | 光绪五年 | 九月初三日，广西提督冯子材平定李杨才之乱。 |
| 1879 | 光绪五年 | 九月初八日，以黎兆棠为督办福建船政大臣，**邵友濂**署出使俄国大臣。 |
| 1879 | 光绪五年 | 九月初八日，琉球耳目官毛精长来京吁请天朝救存。 |

解》、《日本源流考》、《外国通鉴》、《虚受堂诗文集》等。

**里瓦几亚条约** 又称《交收伊犁条约》。崇厚擅自签订。规定中国给俄国五百万卢布（合白银二百八十万两），作为“代守”伊犁的“偿金”，霍尔果斯河以西地区和伊犁南境的特克斯河流域等原属中国领土让与俄国。俄商在蒙古、新疆贸易免税；增辟俄商来华通商路线，其中包括由嘉峪关经西安或汉中到达汉口一线；俄国交还伊犁城等。清政府拒绝承认该条约，并将崇厚革职治罪。

**邵友濂**（？－1901） 原名维埏，字小村，浙江余姚人。同治举人。光绪四年（1878）冬，以道员充头等参赞，随崇厚赴俄；次年，署理驻俄钦差大臣。回国后，仍任职总署。八年，补授江苏苏松太道。中法战争爆发后，

| | | |
|---|---|---|
| 1879 | 光绪五年 | 九月二十三日，派户部左侍郎麟书、内阁学士崇礼在总理各国事务衙门行走。 |
| 1879 | 光绪五年 | 九月三十日，翰林院侍读王先谦以日本灭琉球事，奏请审敌情，振士气，筹经费，备船械。 |
| 1879 | 光绪五年 | 十月十五日，命将**阿古柏**子孙四名于甘肃省城牢固监禁。 |
| 1879 | 光绪五年 | 十月十八日，广西西林白苗王公起事，自称苗王。 |
| 1879 | 光绪五年 | 十一月初一日，命驻藏大臣松溎来京，以色楞额为办事大臣，维庆为驻藏帮办大臣。 |

奉命襄办台湾防务，后协助全权大臣曾国荃与法国谈判和约。十二年，补授河南按察使；次年，迁台湾布政使。十五年，晋湖南巡抚。十七年，调任台湾巡抚。二十一年初，甲午中日战争期间，清廷派他和张荫桓赴日和谈，被拒回国。后因病免职。

**阿古柏**（约1825—1877） 真字叫穆罕默德·亚库甫，号称“浩罕汗国陆军总司令”。同治三年（1864），新疆爆发各族人民的反清起义，各地相继出现封建割据政权。四年，中亚回教王国浩罕受喀什噶尔封建主之请，派阿古柏带兵进入南疆，攻占喀什。六年，阿古柏自立为汗，建立“哲德沙尔（七城之意）汗国”。该非法政权得到沙俄和英国在政治、军事、经济等方面的支持。清政府派钦差大臣左宗棠于光绪二年（1876）出兵新疆，

| | | |
|---|---|---|
| 1879 | 光绪五年 | 十一月初六日，两江总督兼南洋大臣沈葆桢卒，谥“文肃”。 |
| 1879 | 光绪五年 | 十一月十五日，调刘坤一为两江总督兼南洋大臣。 |
| 1879 | 光绪五年 | 十一月十五日，册封醇亲王**世袭罔替**。 |
| 1879 | 光绪五年 | 十一月十八日，李鸿章函总署谓西北军心不固，外强中干，主依崇厚约早日了结。 |
| 1879 | 光绪五年 | 是年，商人卫省轩在广东佛山创办**巧明火柴厂**。 |

清军在各族人民的配合下收复失地。阿古柏迅速失败，于三年服毒自尽。

**世袭罔替**　清制，凡世爵均有承袭次数，并逐次递降。若奉特旨加“世袭罔替”字样者，则不计次，世代相继。计次者，次尽则改给恩骑尉。

**巧明火柴厂**　商办企业。清光绪五年（1879），卫省轩创办于广东佛山。三十四年，改名巧明光记火柴厂。宣统二年（1910），资本达二万元，有工人二十名。1930年（民国十九年），改组为巧明公记火柴厂。

**马大夫医院**　英国伦敦会传教士马根济（一译玛申斯，John Kenneth Mackenzie, ？—1888）于光绪五年（1879）在天津建立。马氏于光绪元年来华，曾和美国美以美会女教士医生郝维德治愈李鸿章夫人之病，李捐地、筹款帮助马氏创设马大夫医院。并在其对面设立北洋医学堂（后改为海军学堂和海军医院），聘马根济任教。十四年，马氏卒后，由

| | | |
|---|---|---|
| 1879 | 光绪五年 | 是年，官督商办企业天平寨银矿在广西创立。 |
| 1879 | 光绪五年 | 是年，英国马根济在天津建立**马大夫医院**。 |
| 1880 | 光绪五年 | 十一月二十五日，《穆宗实录》及《圣训》成书，光绪帝至保和殿，行受书礼。 |
| 1880 | 光绪五年 | 十一月二十七日，**《内港江河行船免碰及救护赔偿审断专章》**签订于北京。 |
| 1880 | 光绪五年 | 十一月二十九日，**荣禄**因病解职，以礼部尚书恩承兼任步军统领。 |

英国传教士路博施接替。义和团运动中被毁。三十三年，重建（今天津人民医院旧址）。

**内港江河行船免碰及救护赔偿审断专章** 列强与清政府订立的不平等条约。光绪五年十一月二十七日（1880年1月8日），签于北京。包括行船、停船、救护、赔偿、审断五项，其中审断款项中规定：在中国水域外国船只相互碰撞，则须由中外官员“会审”。

**荣禄**（1836—1903） 字仲华，瓜尔佳氏，满洲正白旗人。荫生。慈禧亲信，后党核心人物。光绪初，任内务大臣兼步兵统领，旋升任工部尚书。光绪二十一年（1895）后，授兵部尚书、协办大学士。二十四年，维新变法起，他极力反对阻挠，声称“祖宗之法不能变”。同年，授文渊阁大学士、直隶总督、兼充办理通商事务北洋大臣。遂与慈禧发动政变，软禁光绪帝，捕杀维新人物。二十六年，策划废光绪帝，立端王载漪之子溥儁为“大阿哥”。及八国联军入侵，

| | | |
|---|---|---|
| 1880 | 光绪五年 | 是年，李鸿章在天津至大沽、北塘炮台成功设置电报线路。 |
| 1880 | 光绪六年 | 正月初三日，以曾纪泽为出使俄国大臣。 |
| 1880 | 光绪六年 | 正月初三日，令**亲王**、**郡王**等会议崇厚罪名。 |
| 1880 | 光绪六年 | 正月二十一日，命沿海沿边各督抚严密布置防务。 |
| 1880 | 光绪六年 | 正月二十一日，命东三省各将军悉力经营练 |

命为留京办事大臣，后又奉诏诣西安。二十八年，回京后，加太子太保，转文华殿大学士。

**亲王**　爵位名。清代宗室封爵第一级称为和硕亲王，简称亲王。主要用以封皇子。和硕，满语为方隅（引申为部落）之意。封爵时，因人冠以名号，如恭亲王、庆亲王等。封爵可以世袭，加“世袭罔替”，子孙照原爵袭封，永远不降，如恭亲王奕䜣、醇亲王奕譞都加世袭罔替。余则降一级封袭，如亲王仅袭郡王，郡王仅袭贝勒之类。后蒙古贵族也有封亲王者。

**郡王**　爵位名。清代宗室封爵次亲王者称为多罗郡王，简称郡王。多罗，是满语美称之辞，相当于汉语的“礼”字，多冠于爵位之上。封爵时，因人冠以名号，如顺承郡王、端郡王等。

**宋庆**（1820－1902）　字祝三，山东蓬莱人。出身行伍。早年参与镇压捻军和回民起义，官至总兵、提督。中日甲午战争爆发后，先奉李鸿章命赴九连城，代叶志超任前方各军统率，因诸将皆不听节制，军队散乱无纪，致

| | | |
|---|---|---|
| | | 兵事宜，并谕户部筹拨东北边防经费，调宋庆一军赴奉天驻扎。 |
| 1880 | 光绪六年 | 二月初一日，命曾纪泽力持定见，慎重办理与俄事务。 |
| 1880 | 光绪六年 | 二月二十一日，订立《**中德续修条约**》。 |
| 1880 | 光绪六年 | 三月十二日，总署电示曾纪泽以改订伊犁条约要旨。 |

使旅顺失陷。后佐刘坤一守营口，又为日军所败，丧失辽河以东的大片国土，受革职留任处分。光绪二十四年（1898），移守山海关，所部毅军三十营改称武卫左军。二十六年，八国联军由天津进犯北京，他在北仓败退。后病死。

**中德续修条约** 咸丰十一年（1861），所订中德条约内有"满十年再行续修"之语，故自同治十年（1872）起，驻京德使臣即开始与总署进行修约谈判。因德方提出添开大东沟为口岸等要求，为总署拒绝，迄未达成协议。光绪六年（1880）二月，中俄关系紧张，为避免德、俄两国协以相逼，旨授沈桂芬、景廉为全权大臣，于二月二十一日（1880年3月31日），与德国驻华使臣巴兰德（Maximilian August Scipio von Brandt, 1835—1920）订立该条约。全文共九款，主要内容为：中国允添江苏吴淞口一处为通商口岸，四个月内不再重征；德国允中国派领事官驻扎德国各地准许设领之处，"按最优之礼相待"。

| | | |
|---|---|---|
| 1880 | 光绪六年 | 四月十八日，左宗棠率兵赴哈密，以就近布置新疆防务。 |
| 1880 | 光绪六年 | 四月二十五日，太和殿传胪。授一甲黄思永、曹诒孙、谭鑫振翰林院修撰、编修，赐进士及第。 |
| 1880 | 光绪六年 | 五月初一日，左宗棠奏预拟新疆改设行省建置大要。 |
| 1880 | 光绪六年 | 六月初五日，巴西公使喀拉多（Eduardo Callado）到天津与李鸿章商议定约。 |
| 1880 | 光绪六年 | 六月初八日，命李鸿章为全权大臣与巴西使臣议约。 |
| 1880 | 光绪六年 | 六月二十四日，派曾国荃督办山海关防务， |

**鲍超**（？—1887） 字春霆，四川奉节人。行伍出身。初随向荣到广西镇压太平军。咸丰四年（1854），投湘军任水师哨长，骁勇、残忍，受曾国藩、胡林翼赏识，升为副将。十年，在安徽祁门救曾国藩脱险，旋升提督。所部号“霆军”，为湘军主力之一，纪律极坏，专事杀掠。同治六年（1867），因对捻军作战不力，遂革职，所部亦被遣散。光绪六年（1880），复授湖南提督。十年，中法战争爆发，调赴云南。不久回籍。

**戈登**（Charles George Gordon, 1833—1885） 英国陆军军官。早年毕业于英国军官学校。1860年（咸丰十年），在英国侵华军队中任工兵队指挥官，参与焚掠圆明园。1862年（同治元年），

| | | |
|---|---|---|
| | | 葆亨护理山西巡抚。 |
| 1880 | 光绪六年 | 六月二十四日，派总理各国事务衙门王大臣与日本使臣商办琉球案。 |
| 1880 | 光绪六年 | 七月初六日，命湖南提督**鲍超**带兵于天津、山海关择要扼扎。 |
| 1880 | 光绪六年 | 七月初七日，命开释崇厚。 |
| 1880 | 光绪六年 | 七月，**戈登**来华与李鸿章及总理衙门谈中俄之事。 |
| 1880 | 光绪六年 | 八月初一日，李鸿章在天津与巴西专使喀拉多订立《中巴通商条约》。 |
| 1880 | 光绪六年 | 八月十二日，因俄人调集兵轮，意图挟制，命前直隶提督**刘铭传**速来京。 |

至上海，率英军工兵队多次进攻上海附近的太平军。1863年，任“常胜军”统领。1864年5月，联合清军攻陷常州，清政府升他为提督，旋赏穿黄马褂。是年11月，返英。后任苏丹殖民总督。1885年1月，被苏丹人民起义军击毙于喀土穆。

**刘铭传**（1836—1895） 字省三，号大潜山人。安徽合肥人。咸丰四年（1854），举办团练，抗拒太平军。同治元年（1862），所部编入李鸿章淮军，号铭字营，开赴上海，长期在苏南、浙江同太平军作战。四年，率部赴山东镇压捻军。官至直隶提督，封一等男爵。七年，率部入陕西镇压回民起义，后因病归。光绪六年（1880），上疏提出兴修铁路的主张。中法战争期间督办台

| | | |
|---|---|---|
| 1880 | 光绪六年 | 八月十四日，李鸿章请设天津至上海间电报线。 |
| 1880 | 光绪六年 | 八月二十二日，谕刘锦棠署理钦差大臣督办新疆军务。 |
| 1880 | 光绪六年 | 八月二十八日，中俄彼得堡谈判重新开始。 |
| 1880 | 光绪六年 | 九月初三日，李鸿章创立天津电报学堂。 |
| 1880 | 光绪六年 | 九月初四日，命吴长庆赴山东驻防，加紧海防。 |
| 1880 | 光绪六年 | 九月初六日，两宫太后召见军机大臣、**醇亲王**、惇亲王、翁同龢、潘祖荫论俄事。 |
| 1880 | 光绪六年 | 九月十七日，曾纪泽断然拒绝俄方“伊犁永 |

湾军务，曾击退法军对台湾的侵犯，授福建巡抚。十一年，台湾改为行省后，任第一任巡抚，主持兴修铁路、电报及军事设施，并兴办学堂等。十六年，加兵部尚书衔，兼任海军衙门帮办。十七年，因病回籍。三十一年，病故。有《刘壮肃公奏议》等。

**醇亲王**（1840—1891）　即奕譞，同治十一年（1872），封醇亲王。宗室贵族。爱新觉罗氏。满族，道光帝第七子，光绪帝生父。迭授都统御前大臣、领侍卫内大臣，管神机营。咸丰十一年（1861），参与发动“辛酉政变”，深得慈禧太后信任。光绪十一年（1885），任总理海军衙门大臣。

**中美续修条约及续补条约**　光绪六年十月十五日（1880年11月17日），大学士宝鋆、署吏部尚书李鸿藻与美国驻华公使安吉

| | | |
|---|---|---|
| | | 交俄国管辖"之图谋。 |
| 1880 | 光绪六年 | 九月二十五日，总署奏请签押与日本所议定琉球条约。 |
| 1880 | 光绪六年 | 十月初四日，命李鸿章妥筹与日本议结琉球案。 |
| 1880 | 光绪六年 | 十月初九日，李鸿章奏议结琉球案事，认为"利益均沾"条款不宜轻许。 |
| 1880 | 光绪六年 | 十月十五日，**《中美续修条约及续补条约》**在京订立。 |
| 1880 | 光绪六年 | 十一月初一日，以**许景澄**为出使日本国钦差大臣。 |

立（James Burrill Angell, 1829－1916）、专使帅腓德（John F. Swift, 1829－1891），在京订立中美《续修条约》及《续补条约》。条约规定，两国禁止贩运洋药（鸦片）入对方国家；两国民人之诉讼案件，被告人系何国之人即归何国之官员审理。《续补条约》则限制华工赴美，赴美华工之人数、年数可由美国定限，但并非禁止，且不得对华工"稍有凌虐"；已在美之华工及其它华人，"美国应尽力设法保护"。

**许景澄**（1845－1900） 字竹筠，浙江嘉兴人。同治进士。光绪九年（1883），越南事起，他建议清政府严加防范。十年，任出使法、德、意、荷、奥五国大臣，向德国订购军舰并建立海军。十六年，出使俄、德、奥、荷四国大臣。他精通西北边疆地理，故在交涉中俄帕米尔边界

| | | |
|---|---|---|
| 1880 | 光绪六年 | 十一月初二日，刘铭传奏请试办铁路。 |
| 1880 | 光绪六年 | 十一月十一日，曾纪泽赴俄晤俄外务大臣**格尔思**，该臣称“今本国已答应交还帖（特）克斯川，在中国已属十分光彩”。 |
| 1880 | 光绪六年 | 十一月二十九日，李鸿章奏，拟派丁汝昌、**邓世昌**、林泰曾等赴英验收并驾驶所订两快船“超勇”、“扬威”号来华。 |
| 1880 | 光绪六年 | 是年，**天津电报总局**设立。 |

时，能据理力争。二十四年，任总理衙门行走，时值意大利欲索浙江之三门湾，因他极力反对，其事未遂。二十六年，力主镇压义和团运动，反对围攻使馆，被人弹劾处死。著述颇丰，有《许文肃公遗稿》、《奏疏录存》、《出使函稿》、《帕米尔图说》、《西北边界地名考》等。

**格尔思**（Michail Nikolajevitch de Giers，1856—1924） 俄国外交官。光绪二十四年（1898），任驻华公使。二十六年三月，他向清政府提出，要趁义和团“还没有强固和还没有在集于北京周围的大队士兵中取得信徒时，有力地将他们镇压下去”。二十七年，代表沙俄签订《辛丑条约》。是年回国。

**邓世昌**（1849—1894） 字正卿，广东番禺（今广州）人。福州船政学堂第一届毕业生。他精于测量、驾驶，曾任南洋水师舰只管带。李鸿章筹划海军，欣赏其能，调入北洋舰队。光绪十三年（1887），随丁汝昌赴英购铁甲舰，任总兵兼致远号巡洋舰管带。二十年，黄海战役中他英勇

| | | |
|---|---|---|
| 1880 | 光绪六年 | 是年，中兴煤矿公司建立。 |
| 1880 | 光绪六年 | 是年，王文韶在昆明设经正书院。 |
| 1881 | 光绪六年 | 十二月初八日，曾纪泽晤驻俄法使商犀（Chanzy），申明越南为中国藩属。 |
| 1881 | 光绪六年 | 十二月十五日，曾纪泽电告总署，与俄改订条约业已告成。 |
| 1881 | 光绪六年 | 十二月二十九日，协办大学士军机大臣总署大臣沈桂芬卒，谥“文定”。 |

善战，见旗舰督旗落下，立即自悬督旗，指挥作战，遭到日舰围攻，在弹尽舰伤之际，率全舰官兵，决心以死报国，开足马力，欲猛撞敌舰吉野，与之同尽。不幸被敌鱼雷击中，他与全舰官兵二百五十人壮烈牺牲。

**天津电报总局** 光绪六年（1880），李鸿章奏请设立南北洋电报局，清政府立即允准。李派人购备各项机器，聘请外国技师培训有关电报人员。同年，设电报总局于天津，并于紫竹林、大沽口、济宁、清江、镇江、苏州、上海开设分局。七年初，开工架设天津至上海的电线、上海经福州至广州的线路；十月，全线竣工。创办电局所费资金约十八万两，官款垫付。八年，招集商股，改为官督商办。以后继续扩展，沪线由江西展至武汉，粤线延至广西，北线由天津伸至东北各省，几乎遍及全国重要城市。此电局名为“商办”，实奉行官事，发报顺序“先官后商”，凡洋务、军务电报均列为“头等官报”，所需电费由电报局所欠官款扣除，官款还清亦不收费。

| | | |
|---|---|---|
| 1880 | 光绪六年 | 是年，两广总督张树声创建广东实学馆。 |
| 1881 | 光绪七年 | 正月初三日，以署吏部尚书李鸿藻为兵部尚书。 |
| 1881 | 光绪七年 | 正月十六日，不从刘铭传试办铁路之请。 |
| 1881 | 光绪七年 | 正月二十五日，准由北洋大臣及驻日使臣与朝鲜函商该国洋务要事，不必经由礼部。 |
| 1881 | 光绪七年 | 正月二十六日，曾纪泽与俄外务大臣格尔思等签署《**中俄改订条约**》、《**中俄改订陆路通商章程**》。 |
| 1881 | 光绪七年 | 正月二十九日，命大学士左宗棠管理兵部事务，在军机大臣上行走并在总理各国事务衙 |

**中俄改订条约** 亦称《中俄伊犁条约》。清政府拒绝《里瓦几亚条约》后，沙俄强迫清政府改定的不平等条约。光绪七年正月二十六日（1881年2月24日），由清方代表曾纪泽与俄方代表签于俄国首都圣彼得堡。凡二十一条，另附专条一，并随签《中俄改订陆路通商章程》。主要内容是：（一）中国收回伊犁城和特克斯河流域等领土，但霍尔果斯河以西原属中国领土划为俄国所有；（二）中国给俄国的“偿金”增加到九百万卢布（合白银五百万两）；（三）喀什噶尔和塔尔巴哈台边界另订界约；（四）俄商在蒙古贸易照旧不纳税，在新疆贸易暂不纳税；（五）西路陆路通商，俄商可由新疆到嘉峪关，但不得到西安、汉中等地。

**中俄改订陆路通商章程** 沙俄强迫清政府订立的不平等条约。光

| | | |
|---|---|---|
| | | 门行走。 |
| 1881 | 光绪七年 | 二月初一日，以曾国荃为陕甘总督，实授卫荣光为山西巡抚。 |
| 1881 | 光绪七年 | 二月初二日，李鸿章奏，派马建忠等代拟朝鲜与各国通商章程底稿。 |
| 1881 | 光绪七年 | 二月初六日，命**彭玉麟**加意防备长江，以防日本要挟生事。 |
| 1881 | 光绪七年 | 二月初九日，帮办吉林边防吴大澂请开朝鲜薄老滕港为口岸，以防俄制日。 |
| 1881 | 光绪七年 | 二月十三日，四川**总兵**剿平雷波里夷乱。 |

绪七年正月二十六日（1881年2月24日），中俄在签订《中俄伊犁条约》时签订，作为该条约中有关通商条款的补充。凡十七款。主要内容：（一）重中两国边境百里之内免税贸易；（二）蒙古、新疆边境地区设卡伦三十五处供俄商出入贸易；（三）俄商货物路经张家口可酌留若干在该地销售；（四）俄商由陆路运至天津、肃州之货，进口税照税则所载正税减三分之一。

**彭玉麟**（1816—1890） 字雪琴，湖南衡阳（今衡阳市）人。咸丰三年（1853），佐曾国藩创建湘军水师，后主其事，购买洋炮，制造大船。次年，在湖北武汉、田家镇连败太平军水师。五年初，在江西湖口为石达开所败。后又悉力扩军，逐渐控制长江水面，并参与围攻九江、安庆。十一年，擢升水师提督。光

| | | |
|---|---|---|
| 1881 | 光绪七年 | 二月十八日，设驻檀香山领事官（陈国棻）。 |
| 1881 | 光绪七年 | 三月初七日，命出使德国大臣李凤苞兼充驻意大利、荷兰、奥斯马加（奥地利）三国使臣，命**黎庶昌**为出使日本大臣。 |
| 1881 | 光绪七年 | 三月初十日，慈安太后崩。 |
| 1881 | 光绪七年 | 三月二十一日，慈安太后尊谥曰“**孝贞显皇后**”。 |
| 1881 | 光绪七年 | 四月初八日，命将山东烟台防务归北洋大臣节制。 |
| 1881 | 光绪七年 | 四月初八日，命吴大澂督办吉林三姓、宁古 |

绪九年（1883），任兵部尚书，受命赴广东办理防务，后以疾病开缺回籍。

**总兵**　官名。清代在各省设镇守总兵官，简称总兵。绿营兵高级武官，仅次于提督。为武职正二品。镇守本镇所属地方，管辖本标及所属各协、营，受本省总督和提督双重节制。因掌管本镇军务，故别称镇台、总镇。分陆路与水师总兵，分布内地十九省，惟东三省不设。所辖镇标，一般二或三营，多者五营，个别镇为一营。此外，辖有本镇所属各地驻营，兵额不等，一般三四千人，少者一二十人。所属职官有副将、参将、游击、都司、守备、千总、把总、外委等。

**黎庶昌**（1837—1897）　字纯斋，贵州遵义（今遵义市）人。廪贡生出身。初从学郑珍。后入曾国藩幕，与张裕钊、吴汝纶、

| | | 塔、珲春等边防事宜。 |
|---|---|---|
| 1881 | 光绪七年 | 四月初八日，调**岑毓英**为福建巡抚，以办理台湾防务，勒方琦为贵州巡抚；喜昌为库伦办事大臣，桂祥为乌里雅苏台参赞大臣。 |
| 1881 | 光绪七年 | 四月十八日，实授丁宝桢为四川总督。 |
| 1881 | 光绪七年 | 四月二十五日，禁止垦种明代皇陵附近土地。 |
| 1881 | 光绪七年 | 四月二十九日，福建台北府属淡水、新竹二县地震。 |
| 1881 | 光绪七年 | 五月初九日，准加收税厘以严禁鸦片。 |

薛福成称“曾门四弟子”。推崇桐城派。历任驻英、德、法、日四国参赞，并出使日本六年。官至川东兵备道。出使日本期间，于东京书肆搜罗宋元旧籍，刻成《古逸丛书》二百卷，二十六种，皆国内稀见之本。作有《拙尊园丛稿》，编有《续古文辞类纂》。

**孝贞显皇后**　即慈安太后。参见“慈安太后”条。

**岑毓英**（1829－1889）　字彦卿，广西西林（今西林东南）人。咸丰六年（1856），组织地方团练武装赴云南投効，镇压农民起义，被授宜良知县和路南知州。同治元年（1862），云南回民起义时，他率军驰援昆明，署理云南布政使。七年，由曲靖再援昆明时，授云南巡抚，镇压了回民起义。十二年，署理云贵总督，后转任贵州、福建巡抚。

| | | |
|---|---|---|
| 1881 | 光绪七年 | 五月十二日，准裁撤"出洋肆业总局"，撤回留美学生。 |
| 1881 | 光绪七年 | 五月十三日，直隶开平至胥各庄轻便铁路开通。 |
| 1881 | 光绪七年 | 五月十四日，调黎培敬为江苏巡抚，周恒祺为漕运总督，任道镕为山东巡抚。 |
| 1881 | 光绪七年 | 五月十六日，命锡纶、**升泰**办理伊犁接收及分界事宜。 |
| 1881 | 光绪七年 | 五月二十日，台湾地震。 |
| 1881 | 光绪七年 | 五月二十一日，福建地震。 |
| 1881 | 光绪七年 | 五月二十八日，命**郑藻如**为出使美国、日国（西班牙）、秘鲁三国钦差大臣。 |

1884年中法战争时，任云贵总督，不战而退。

**升泰**（？—1892） 卓特氏，字竹珊，清末蒙古正黄旗人。历任户部员外郎、山西汾州知府、浙江按察使、云南布政使等职。光绪七年（1881），为伊犁参赞大臣。十年，署乌鲁木齐都统。十三年，为驻藏帮办大臣。次年，英军入侵西藏，他被任命为驻藏大臣，授予全权同英军议和。十六年，与英印政府代表兰斯顿（Henry Charles Keith Lansdowne）签订《中英会议藏印条约》，使哲孟雄（今锡金）被英国侵占。著有《印藏边务录》。

**郑藻如**（1827—1894） 广东香山（今中山）人，字玉轩。同治四年（1865），由容闳举荐于李鸿章，被任为上海机器制造局帮

| | | |
|---|---|---|
| 1881 | 光绪七年 | 六月初一日，以张之洞为内阁学士兼礼部侍郎。 |
| 1881 | 光绪七年 | 六月初五日，越南使臣至北京乞援。 |
| 1881 | 光绪七年 | 六月十六日，李鸿章请准商人在香港设洋药（鸦片）公司。 |
| 1881 | 光绪七年 | 六月二十五日，甘肃阶州（今武都）等处地震，死四百余人。 |
| 1881 | 光绪七年 | 六月二十九日，以兵部尚书李鸿藻为协办大学士。 |
| 1881 | 光绪七年 | 七月初四日，准于吉林开垦围场之地，兴办矿务。 |
| 1881 | 光绪七年 | 七月，李鸿章创建**天津水师学堂**。 |

办。光绪四年（1878），任津海关道。七年，赏三品卿衔，任出使美国、西班牙、秘鲁大臣，任内保护华工和维护华侨利益。十年，授通政司副使。次年，授光禄寺卿，旋病免。

**天津水师学堂** 清末设在天津的海军学校。光绪六年（1880），直隶总督李鸿章奏设。仿英国海军教习章程制订条例和计划，派严复为总教习，聘用英国军官教练。经费从北洋海防经费内开支。招收十四岁以上十七岁以下青年入学。十四年，有学生一百二十人。分设驾驶、管轮两科，驾驶科专习管驾轮船，管轮科专习管理轮机。学习英国语言、地舆图说、算学、几何、代数、三角、驾驶、测量、推算、重学、化学格致等课程，并习汉文，训

| | | |
|---|---|---|
| 1881 | 光绪七年 | 七月十一日，以大理寺少卿曾纪泽为都察院左副都御史。 |
| 1881 | 光绪七年 | 七月十七日，与英所订两只蚊炮船抵大沽，名曰“镇中”、“镇边”。 |
| 1881 | 光绪七年 | 七月，彗星现于北斗七星之斗柄下，尾长至丈许。 |
| 1881 | 光绪七年 | 闰七月初九日，派伊犁将军金顺督办接收伊犁，以锡纶为特派接收大臣。 |
| 1881 | 光绪七年 | 八月初三日，鲁迅出生于浙江绍兴。 |
| 1881 | 光绪七年 | 八月十一日，李鸿章与巴西公使喀拉多订立《中巴和好通商条约》。 |

演外国水师操法。学习期限五年，四年在学堂学习各种课程，一年上练船实习。毕业后分往北洋海军任职，或选赴外国留学。

**中巴和好通商条约** 简称《中巴通商条约》，亦称《中巴天津条约》。巴西挟持清政府订立的条约。光绪七年八月十一日（1881年10月3日），由钦差全权大臣李鸿章与巴西政府特使喀拉多签于天津。凡十七款。主要内容：（一）两国可互派使臣驻京；（二）两国可在通商口岸互设领事；（三）两国人民可遵章在对方各地游历和在通商各口贸易，互享最惠待遇；（四）不得贩运鸦片到对方；（五）巴西享领事裁判权。此约某些条款表面上对等互惠，但在当时条件下只能惠及巴西。

| | | |
|---|---|---|
| 1881 | 光绪七年 | 八月二十四日，实授刘锦棠钦差大臣督办新疆军务。 |
| 1881 | 光绪七年 | 九月初六日，以大学士左宗棠为两江总督兼南洋大臣。 |
| 1881 | 光绪七年 | 九月初九日，光绪帝与慈禧太后送孝贞显皇后灵柩往东陵。 |
| 1881 | 光绪七年 | 九月二十六日，购于英国之快舰“超勇”、“扬威”抵大沽口。 |
| 1881 | 光绪七年 | 十月二十九日，津沪电线通报。 |
| 1881 | 光绪七年 | 是年，商人黄佐卿在上海创办**公和永缫丝厂**。 |
| 1881 | 光绪七年 | 是年，吴大澂创办**吉林机器局**。 |

**公和永缫丝厂**　清末上海最早的民族资本机器缫丝业。光绪七年（1881），黄佐卿为加工出口蚕丝，开办此厂。向法国定购丝车一百部及蒸气机等设备。八年，开工生产。十八年，扩充丝车至四百四十二部，另设丝厂一处，有丝车四百一十六部。由于在原料收购方面遇到外国洋行和外资工厂的激烈竞争，丝厂赔累破产。

**吉林机器局**　十九世纪末，宁古塔、三姓、珲春防务督办吴大澂鉴于吉林防务所需，奏请在吉林建机器局，获准。机器局于光绪九年（1883）十一月底竣工投产。包括机器正厂、轧铜处、机器西厂、电器房、翻砂厂、熟铁厂、火药局、木工厂、画图房、强水厂等，还设有一个培养技术

| | | |
|---|---|---|
| 1881 | 光绪七年 | 是年，英商创办上海自来水公司。 |
| 1881 | 光绪七年 | 是年，大沽船坞始建于天津。 |
| 1881 | 光绪七年 | 是年，美国监理会传教士林乐知（Young John Allen, 1836 — 1907）筹建上海中西书院。 |
| 1881 | 光绪七年 | 是年，英商创办上海熟皮公司。 |
| 1881 | 光绪七年 | 是年，美商创办上海华章纸厂。 |
| 1881 | 光绪七年 | 是年，朱其诏在热河平泉创办平泉铜矿。 |
| 1882 | 光绪七年 | 十一月十二日，法外长刚必达（Leon Gambetta）照会曾纪泽谓法对越南有完全自由处置权。 |
| 1882 | 光绪七年 | 十一月二十九日，法军赴北圻，为**刘永福**黑旗军所阻。 |

人才的养正书院和专管运输原材料的营口转运局。此局的建立改变了吉林防务所需军火要由天津机器局供应的状况，有力地装备了吉、黑两省的边防。二十六年八月三十日（1900年9月23日），沙俄侵占吉林省城；次日，便捣毁机器局。此后更名为制造局，专门从事银元铸造。

**刘永福**（1837—1917）　又名义，字渊亭，广东钦州（今属广西）人。八岁时，随父流落广西。咸丰七年（1857），参加广西农民起义。同治四年（1865），率部参加以吴亚忠为首的天地会起义军，在广西、云南边境活动。

| | | |
|---|---|---|
| 1882 | 光绪七年 | 十二月初八日，命出使英、法两国大臣曾纪泽留任三年。 |
| 1882 | 光绪七年 | 十二月初八日，以黑龙江副都统文绪为署将军。 |
| 1882 | 光绪七年 | 十二月，准于吉林省添设宾州厅、五常厅。 |
| 1882 | 光绪八年 | 正月初四日，命湖广总督李瀚章兴修洞庭湖堤坝。 |
| 1882 | 光绪八年 | 正月二十四日，调李鸿藻为吏部尚书，阎敬铭为户部尚书，毛昶熙为兵部尚书，庆裕为漕运总督，倪文蔚为广西巡抚。 |
| 1882 | 光绪八年 | 正月二十七日，准吉林将军升吉林厅为府治，添设双城厅、伊通州。 |
| 1882 | 光绪八年 | 二月十二日，兵部尚书毛昶熙卒，予谥“文达”，以张之万为兵部尚书。 |

制七星黑旗，为所部旗帜，故名黑旗军。后遭清军围攻，遂移驻滇越边境保胜（今越南老街）一带。法国侵略越南时，他应越南政府邀请，于同治十二年、光绪九年（1883），两次大败法军，击毙法军海军大佐，收复河内。中法战争时，清政府以“记名提督”的头衔收编所部，屡败法军。战后，任广东南澳镇总兵。光绪二十年，甲午战争爆发后，被调往台湾驻防。二十一年，清政府割让台湾，他领导反割让斗争，多次抗击侵台日军。后因孤军无援，只身潜回大陆。二十八年，署广东碣石镇总兵。三十三

| | | |
|---|---|---|
| 1882 | 光绪八年 | 二月十六日，命左宗棠酌办御史陈启泰所奏上海《**申报**》捏造事端事。 |
| 1882 | 光绪八年 | 二月二十八日，丁日昌卒，赐祭葬。 |
| 1882 | 光绪八年 | 三月初一日，李鸿章改电报局为**官督商办**。 |

年，因老病弃职回家。辛亥武昌起义后，被推为广东民团总司令，不久辞职。

**张之万**（1811－1897） 字子青，直隶南皮人。道光进士，授修撰。咸丰二年（1852），出任河南学政。太平天国北伐军逼近开封时，曾条陈防剿事宜，累迁内阁学士。同治元年（1862），擢升礼部侍郎，兼署工部。偕太常寺卿许彭寿等，汇辑前代帝王及垂帘事迹可法戒者上之，赐名《治平宝鉴》。捻军起义时，以河南巡抚督师镇压。同治四年，迁河道总督。次年，移督漕运，固守苏北里下河一带，防堵捻军。同治九年后，先后任江苏巡抚、浙闽总督。光绪八年（1882），任兵部尚书，调刑部。十年，入军机。

**申报** 英国商人在中国创办的中文报纸。同治十一年（1872），由美查（Ernest Major）、伍华德、普莱亚、麦基洛等人合资创办于上海。后归美查一人所有。此报编辑和经理工作均聘请中国人分担，外国人则在幕后指挥。初创时只销六百份，1919年（民国八年）达到三万份；1932年，销量达到十五万份。光绪三十二年（1906），由美查兄弟公司（Major Brothers & Co.）出售给中国人席裕福（子佩）；1912年（民国元年），又转售给史量才。史接办后，业务渐有起色，成为著名大报。《申报》附属有

| | | |
|---|---|---|
| 1882 | 光绪八年 | 三月初二日，调两广总督张树声署理直隶总督兼北洋大臣（李鸿章回乡探母）。 |
| 1882 | 光绪八年 | 三月初二日，派陈兰彬在总理各国事务衙门行走。 |
| 1882 | 光绪八年 | 三月初九日，**黑旗军**进驻越南山西。 |

“申昌印书局”和“点石斋印书局”，印刷发行的书籍在数百种以上。

**官督商办** 清政府利用私人资本举办近代新式企业的组织形式之一。洋务派早期经营的民用企业大都采用此形式，以十九世纪八十年代前后为盛。一般由商人出资认股，政府委派官员经营管理。起初是为了“求富”目的，或解决官办军用工业对原料、燃料和交通运输条件的需要，可是清政府财力拮据，不能拨出巨款投资，也不愿负担亏损，遂选派富商、买办或退职官吏出面募集私人股本，兴办企业。开办时也往往先由官方垫借部分官款进行筹备，待商股募集后，再陆续归还。但企业盈亏，“全归商认，与官无涉”，官款可坐收“官利”。如招商局、开平矿务局等，都是这样在七十年代开办起来。这些企业同洋务派李鸿章集团的关系密切，享有减税、免税、贷款和专利等特权。有的企业原由商人倡议举办，为了免除地方封建势力的干扰和取得减免捐税、专利等特权，才变为“官督商办”的，如上海机器织布局等。官督商办企业，实权例由官府委派的总办、会办、帮办和提调等掌握，入股商民处于只有义务并无权利的尴尬地位。企业中充满衙门习气和官场积弊，特别是对清政府的报效，成为企业的巨大包袱。企业内部官商矛盾日

| | | |
|---|---|---|
| 1882 | 光绪八年 | 三月十九日，曾纪泽照会法外部，抗议法军占领东京（河内）。 |
| 1882 | 光绪八年 | 三月二十八日，朝鲜国王照会美国总统，申明朝鲜为中国属邦。 |
| 1882 | 光绪八年 | 四月初六日，《**朝美通商条约**》十四款签字。 |
| 1882 | 光绪八年 | 四月初十日，张佩纶、**陈宝琛**奏请派左宗棠或李鸿章前往广东督师，并慎择两广总督，以解法、越之事。 |
| 1882 | 光绪八年 | 四月十四日，命前陕甘总督曾国荃为两广总督。 |

益尖锐，声誉扫地。后官督商办企业大都改为官商合办或商办。

**黑旗军**　刘永福领导的武装。同治三年（1864），刘永福率所部二百多人加入吴亚忠天地会队伍时，曾在广西安德一处北帝庙前举行祭旗仪式，所用旗为七星黑旗。六年，刘永福带三百人进入越南六安州，正式创立“中和团黑旗军”。所部经常执黑旗作战，人称“黑旗军”。

**朝美通商条约**　光绪七年（1881）五月，美国政府派海军少将薛斐尔至天津会见李鸿章，请代为介绍与朝鲜立约通商。光绪八年（1882）正月，朝鲜使臣金宏集等来天津会商条约，议定朝美《通商条约》十四款。其主要内容有：美国商民前往朝鲜贸易，进出口货物均应纳税，税则大略不过值百抽十；两国民人之讼案，被告为何国之人，即由何国官员审理；两国商人均不得贩运洋药（鸦片）入对方口岸；朝鲜

| | | |
|---|---|---|
| 1882 | 光绪八年 | 四月二十九日，准中朝两国商民自由贸易。 |
| 1882 | 光绪八年 | 五月初七日，以法越事急，调福建巡抚岑毓英为云贵总督，命刘长佑进京陛见。 |
| 1882 | 光绪八年 | 五月二十五日，上海领事团裁判所成立。 |
| 1882 | 光绪八年 | 六月十二日，上海公共租界电灯公司成立。 |
| 1882 | 光绪八年 | 七月初五日，派军赴韩。 |
| 1882 | 光绪八年 | 七月十三日，吴长庆等拘执朝鲜大院君来华。 |
| 1882 | 光绪八年 | 七月二十三日，**“云南报销案”**发生。 |

遇有灾荒，得暂禁米粮出口等。复另递照会于美国总统，声明“朝鲜素为中国属邦”。三月二十日（1882年5月7日），道员马建忠等受李鸿章之命前往朝鲜协助签约。四月初六日（1882年5月22日），朝鲜国王派大臣金宏集等代表该国政府与薛斐尔在条约上签字画押，朝鲜自此开始与西方国家交往。

**陈宝琛**（1852—？） 字伯潜，一字弢庵，福建闽县（今闽侯）人。同治进士，翰林院庶吉士。历任内阁学士、礼部侍郎等职。清流派重要成员。光绪十七年（1891），被黜回籍。辛亥革命前夕起用为溥仪的师傅、弼德院顾问大臣。

**云南报销案** 先是，户部向例，外省军费报销必造具细册，以防浮冒。而外省一次请销之军需用款，每积数年甚至十数年，银数有多达数百万两者，因事隔多年，且当时帐目即有不明之处，

| | | |
|---|---|---|
| 1882 | 光绪八年 | 八月二十日，《**中朝商民水陆贸易章程**》八条在津议订。 |
| 1882 | 光绪八年 | 八月二十二日，李鸿章奏添练水师不容迟缓。 |
| 1882 | 光绪八年 | 九月初一日，明谕奖赏平定朝鲜事件有功人员。 |
| 1882 | 光绪八年 | 九月十四日，命将河南“胡体安”案交刑部。 |

致使造册困难。户部之司员、书吏则再三驳查，延稽时日，甚至吹求索贿。外省赴部报销之员为完差复命，多有行贿嘱托之事。光绪八年七月二十三日（1882年9月5日），御史陈启泰奏称，云南报销军费，由该省粮道崔彝尊、永昌知府潘英章来京汇兑银两，军机章京、太常寺卿周瑞清包揽报销，向户部司员贿托关说，请饬确查。旨派麟书（理藩院尚书）、潘祖荫（刑部尚书）确切查办。寻据麟书等奏，确有自云南汇京之款，存于“天顺祥”等汇兑庄局，由崔彝尊等持票领取，惟是否周瑞清包揽报销，应俟崔彝尊、潘英章到案方可究出确情。于是，谕命署云贵总督岑毓英等速饬崔、潘二人来京，听候质讯；周瑞清解任，并毋庸在军机章京上行走，听候传质。按：此案，崔彝尊、潘英章承办云南报销，挪用公款请托周瑞清向吏部主事龙继栋、孙家穆转交“说明津贴”八万两，司员、书吏各得银数多寡不等，加之其它贿赂等费，共享公款十万两之多。

**中朝商民水陆贸易章程** 光绪八年八月二十日（1882年10月1

| | | |
|---|---|---|
| 1882 | 光绪八年 | 九月十八日，《**中俄伊犁界约**》订立。 |
| 1882 | 光绪八年 | 九月十九日，张佩纶奏陈“朝鲜善后六策”。 |
| 1882 | 光绪八年 | 九月二十三日，命驻藏大臣色楞额前往扎什伦布寺祭奠八世班禅额尔德尼。 |
| 1882 | 光绪八年 | 十月二十二日，中法《**越事协议**》（即李宝协议）在津订立。 |

日），津海关道周馥、候选道马建忠与朝鲜使臣赵宁夏、金宏集在津议订该章程八条，主要内容为：中国北洋大臣札派商务委员驻扎朝鲜，朝鲜亦派员驻扎天津；中国山东、奉天等省沿海与朝鲜平安、黄海道沿海，听两国渔船往来捕鱼，但不得走私贸易；两国商民入对方内地采办土货均照纳税厘，讼案依照《会典》旧例办理；两国分别于鸭绿江两岸之栅门、义州及图们江两岸之珲春、会宁设卡贸易，听边民往来交易。

**中俄伊犁界约**　系《中俄伊犁条约》的子约之一。光绪八年九月十八日（1882年10月29日），由清哈密帮办大臣长顺与沙俄七河省省长弗里德签于伊犁。凡三条。规定了伊犁地区自那林哈勒噶山口起至喀尔达坂的中俄边界，其间设界牌三十三处。由此，沙俄不但割占了霍尔果斯河、廓里札特村东一线与同治三年（1864）旧界之间的中国领土，而且在伊犁西南自廓里札特村东至哈勒噶山口一段，更违背《中俄伊犁条约》规定，侵占了达喇图河与苏木拜河之间的中国领土。

**越事协议**　李鸿章与法使宝海在天津达成该协议。光绪八年

| | | |
|---|---|---|
| 1882 | 光绪八年 | 十月二十七日，《**中俄喀什噶尔界约**》订立。 |
| 1883 | 光绪八年 | 十二月初三日，福州船政局自制新式快船“开济”号下水。 |
| 1883 | 光绪八年 | 十二月初九日，调浙江巡抚陈士杰为山东巡抚。 |
| 1883 | 光绪八年 | 十二月十一日，命将礼部侍郎宝廷革职（主持典试归途买妾）。 |
| 1882 | 光绪八年 | 是年，李松云创办**上海均昌船厂**（后名发昌机器厂）。 |
| 1882 | 光绪八年 | 是年，李文耀、朱其诏创办热河承德三山银矿。 |

（1882）九月初，法国公使宝海（Frédéric－Albert Bourée, 1836－1914）奉命照会总理衙门，问中国驻兵越南北圻用意何在，请速予答复。总署覆照答以驻兵系为“剿匪”。宝海旋提议两国派员设法商办。总署致函李鸿章，嘱与宝海会商，相机因应。至是，李鸿章与宝海达成如下协议：中国撤退驻越南北圻之兵，法国保证不侵占越南土地；越南北圻以红河为界划为南北两区，分由两国保护；中法陆路通商。对此，总署表示同意，并函嘱粤省督抚将关外驻军酌退若干里，以示和好。旋法国茹费理（Jules Francçois Camille Ferry, 1832－1893）内阁上台，撤去宝海驻华公使之任，并将此协议废止。

**中俄喀什噶尔界约**　又称《喀什

| 1882 | 光绪八年 | 是年,英商创办上海玻璃公司、上海电光公司。 |
|---|---|---|
| 1882 | 光绪八年 | 是年，上海电报学堂成立。 |
| 1882 | 光绪八年 | 是年，夏秋间山东境内黄河四处决口，“淹毙人口不可胜计”。 |
| 1883 | 光绪九年 | 正月十二日,派曾纪泽办理洋药税厘并征事务。 |
| 1883 | 光绪九年 | 正月二十四日，调张之万为刑部尚书，彭玉麟为兵部尚书。 |
| 1883 | 光绪九年 | 二月初八日，李鸿章派道员袁保龄、**汉纳根**兴建旅顺船坞。 |
| 1883 | 光绪九年 | 二月初十日，设纽约领事官（欧阳明）。 |

噶尔东北境界志»，沙俄强迫清政府订立的界约。光绪八年十月二十七日（1882年12月7日），由清政府派分界大臣沙克都林扎布与沙俄代表签于喀什噶尔。凡四条。划定了喀什噶尔东北境自那林哈勒噶至别牒里的中俄边界。沙俄藉以侵占了天山正干之南扎纳尔特河源地区的中国领土。

**上海均昌船厂**　清末商办造船工厂。光绪八年（1882），由李松云在上海设立。李自任总理，制造小型汽艇。

**汉纳根**（Constantin von Hanaken, 1855—1925）　德国陆军大尉。清光绪五年（1879），被中国驻柏林公使馆聘请来华，在天津任教官兼充李鸿章副官，并设计建筑旅顺、大连湾、威海卫炮台。中日甲午战争爆发时，他

| | | |
|---|---|---|
| 1883 | 光绪九年 | 二月十五日，派广西布政使徐延旭出关布置防务，以保北圻。 |
| 1883 | 光绪九年 | 二月二十三日，《**中英会商上海至香港电报办法合同**》订立。 |
| 1883 | 光绪九年 | 二月二十九日，“胡体安”案审结，河南巡 |

搭乘运载清军之英商“高升号”轮船赴朝鲜，该船在丰岛海面被日本军舰击沉，他泅水幸免。黄海海战时，与北洋舰队提督丁汝昌在旗舰“定远”号上指挥作战。战后，仍任中国军队教官。二十五年，与井陉人张凤起订立合办井陉煤矿合同。三十四年，代表德商井陉矿务公司与直隶井陉矿务总局代表李德顺等在天津签订《井陉煤矿合同》，合办井陉矿务局。1918年（民国七年）底，被中国政府遣送回德。1921年，再度来华。后死于天津。

**中英会商上海至香港电报办法合同**　英国大东电报公司挟制清电报总局订立的电信事务合同。光绪九年二月二十三日（1883年3月31日），由清方代表盛宣怀与英公司总办滕恩签于上海。凡十六款。主要内容：（一）安设上海至香港海线，改有关前议，准英方将海线做至洋子角，华局由此设陆线与之相接通至上海，港沪线路报费收入英中双方分别取其百分之九十五和百分之五；（二）英方不得设水线至宁波、温州、厦门、福州、汕头、广州等其它各海口；（三）华局可将电线自广东设至香港，与英公司陆线相接。

**鹿传霖**（1836—1910）　字滋轩（一作芝轩），直隶定兴（今属河北）人。同治进士。历任广西兴安知县、桂林知府、河南、山西巡抚。光绪二十一年

| | | |
|---|---|---|
| | | 抚李鹤年等革职。 |
| 1883 | 光绪九年 | 二月二十九日，调庆裕为河东河道总督，以杨昌为漕运总督，**鹿传霖**为河南巡抚。 |
| 1883 | 光绪九年 | 三月初一日，法国人在海防扣押**招商局**运米船。 |

（1895），擢四川总督。因上疏主张对三瞻实行“改土归流”，奕䜣“恶其多事”，被撤职。二十四年，戊戌政变后，起用为广东巡抚。次年，为江苏巡抚兼署两江总督。二十六年，八国联军攻陷北京，他募兵三营，护送慈禧太后逃至西安，授两广总督，旋又升任军机大臣。回京后，兼督办政务大臣。宣统即位后，与摄政醇亲王载沣同受遗诏，加太子太保，历拜体仁阁、东阁大学士。著有《筹瞻疏稿》等。

**招商局**　全称为“轮船招商局”。清末最早设立的轮船航运企业。同治十年（1872），李鸿章令朱其昂拟章试办。次年，重订章程，招商集股，正式成立。名义上商办，实际上是官商合办，大权归官方掌握。第一期资本一百万两，至光绪七年（1881）才凑足。总局设上海，分局设天津、牛庄、烟台、汉口、福州、广州、香港以及国外的横滨、神户、吕宋、新加坡等处。承运漕粮，兼揽商货。光绪三年，以高价购进美商旗昌轮船公司一批旧轮和设备，扩大经营；但因管理腐败，又遭西方列强在华航运势力的排挤，一直难以维持。十一年，盛宣怀奉命加以“整顿”，由“官商合办”改为“官督商办”，仍连年亏损，甚至“远不如昔”。宣统元年（1909），又行改组，归邮传部管辖。1930年（民国十九年），国民政府再次

| | | |
|---|---|---|
| 1883 | 光绪九年 | 三月初四日，法兵没收海防招商局存米并占码头。 |
| 1883 | 光绪九年 | 三月二十五日，命李鸿章往广东督办越南事宜，广东、广西、云南防军均归节制。 |
| 1883 | 光绪九年 | 三月二十七日，云南浪穹县（今洱源县）发生教案，乡民焚毁法国教堂、杀死**张若望**。 |
| 1883 | 光绪九年 | 四月初一日，《中英续订上海香港电报章程》签于上海。 |
| 1883 | 光绪九年 | 四月十三日，中丹（麦）《收售上海吴淞旱线合同》订立。 |
| 1883 | 光绪九年 | 四月十三日，**“纸桥大捷”**。 |
| 1883 | 光绪九年 | 四月二十五日，太和殿传胪。授一甲陈冕、寿耆、管廷献为翰林院修撰、编修，赐进士 |

整顿，改为国营。1932年，归交通部。抗日战争期间，总局先迁香港，后移重庆，战后迁回上海。到1947年11月止，共有船四百六十艘，三十三万余吨。

**张若望**（1848—1883）　法国天主教司铎。同治十三年（1874）来华，在四川传教。后至云南等地，强奸妇女，为非作歹，无恶不作。光绪九年二月二十一日（1883年3月29日），在云南洱源孟福营和沙风村，白族人民手持锄头、木棍，将他及其十多个爪牙打死。

**纸桥大捷**　刘永福率领黑旗军援越抗法的著名战役之一。光绪八年（1882）三月，法国西贡总督卢眉（Le Myre de Vilers）派遣利

| | | |
|---|---|---|
| | | 及第。 |
| 1883 | 光绪九年 | 五月初二日，命李鸿章仍回北洋大臣署任。 |
| 1883 | 光绪九年 | 五月初四日，李鸿章在上海与法特使德理固（即脱利古，Arthur Tricou, 1837 —？）会谈越南事。 |
| 1883 | 光绪九年 | 六月初十日，命李鸿章署理直隶总督兼北洋大臣。 |
| 1883 | 光绪九年 | 六月十七日，李鸿章奏，拟将津沪电线由天津暂展至通州。 |
| 1883 | 光绪九年 | 六月十八日，两江总督左宗棠奏，添设上海至汉口电线。 |
| 1883 | 光绪九年 | 六月二十二日，以**唐炯**为云南巡抚。 |

瓦伊业（Henri Laurent Revière）率法军再占越南河内。次年二月，法军攻陷南定，越南北圻总督邀黑旗军援助。刘永福率黑旗军进驻怀德府，向法军下战书，并派军攻打河内。四月十三日（1883年5月19日），法军司令利瓦伊业率四百余人进攻纸桥（位于河内西二公里处）以西黑旗军阵地。刘永福部署先锋管带杨着恩、左营管带吴凤典、前营管带黄守忠等部列阵，自率亲兵在府城外指挥战斗。法军在大炮掩护下分两路冲过纸桥，右翼杨着恩奋勇迎敌，旋佯退至上安决村。待法军进入该村时，黄守忠、吴凤典率部突起夹击，鏖战三时之久，利瓦伊业被击毙，法军死伤

| | | |
|---|---|---|
| 1883 | 光绪九年 | 六月二十四日，派河南候补道陈树棠赴朝，充办理商务委员。 |
| 1883 | 光绪九年 | 六月，山东黄河决口。 |
| 1883 | 光绪九年 | 七月初十日，命滇督岑毓英经营云南矿务。 |
| 1883 | 光绪九年 | 七月初十日，《**中俄科塔界约**》议定。 |
| 1883 | 光绪九年 | 七月初十日，广州海关英人罗根（Logan）枪杀中国儿童，逃入英领事馆。 |
| 1883 | 光绪九年 | 七月二十三日，法越订立《顺化条约》，法声明以武力驱逐黑旗军出境。 |

累累，大败而去。此役杨着恩亦英勇战死。

**唐炯**（约1829—1909） 字鄂生，贵州遵义（今遵义市）人。道光举人。早年曾组织团练镇压贵州苗民起义。咸丰六年（1856）入川，招抚蓝朝柱，分化李永和起义军。同治元年（1862），镇压太平军石达开部，后又参加围剿捻军。光绪八年（1882），升云南布政使。十年，中法战争时，驻守越南北部山西地区。法军来攻时，他轻信议和，不战自退，被革职。十三年，督办云南矿务，经营十五年，成绩甚微，乃辞职回籍。有《成山老人自撰年谱》。

**中俄科塔界约** 又称《科布多界约》、《科布多界志》或《喀巴河上定约》。系《中俄伊犁条约》的子约之一。光绪九年七月初十日（1883年8月12日），由伊犁

| | | |
|---|---|---|
| 1883 | 光绪九年 | 七月，永定河决口，顺天府、直隶省发生大水灾。 |
| 1883 | 光绪九年 | 八月初一日，法军大举进攻丹凤，刘永福退山西城。 |
| 1883 | 光绪九年 | 八月初三日，都察院奏请续修《大清会典》。 |
| 1883 | 光绪九年 | 八月初三日，令滇、粤防严密扼守，与刘永福互为声援。 |
| 1883 | 光绪九年 | 八月初十日，广州发生“**沙面事件**”。 |
| 1883 | 光绪九年 | 八月十七日，命张树声阻法国兵船入广州黄埔。 |

参赞大臣升泰、科布多帮办大臣额尔庆额与沙俄代表签于哈巴阿赛哩乌兰奇巴尔。凡五条。具体划定了斋桑湖以东地区自赛哩乌兰岭的木斯岛山西脚至阿克哈巴河源的中俄边界，沙俄由此割占了阿拉别克河以西、以及该河河口以南经迈哈布奇盖至木斯岛山一线以西与旧界间的中国领土。

**沙面事件**　光绪九年八月初十日（1883年9月10日），英轮“汉口”号上的葡萄牙人水手狄亚士（Diaz），无端将中国搬运工人罗亚芬踢伤推入水中淹死。在场群众要求该船交出凶手。英籍船长拒绝，并将船驶逃江心。广州市民极为愤慨，遂冲入沙面租界，举行大示威，并烧毁英、美、法、德的房屋十四间，伤外人一名。后经外国侵路者多次交涉，清政府被迫赔款了结。

**塔尔巴哈台西南界约**　该条约共

| | | |
|---|---|---|
| 1883 | 光绪九年 | 八月十八日，李鸿章在天津与法特使德理固会谈。德理固提出另定中法边界等三事。 |
| 1883 | 光绪九年 | 九月初三日，中俄**《塔尔巴哈台西南界约》**订立。 |
| 1883 | 光绪九年 | 九月初九日，调倪文蔚为广东巡抚，徐延旭为广西巡抚。 |
| 1883 | 光绪九年 | 九月初九日，派何如璋督办福建船政事宜。 |
| 1883 | 光绪九年 | 十月十七日，总理衙门照会法驻华署使谢满禄（Vicomte de Marie Joseph Claude Edouard Robert Semallé）并各国公使，声明越南为中 |

七款，划定伊犁东北至塔城西南一带之中俄边界，议设牌博二十一处。惟以中国境内巴尔鲁克山之俄籍哈萨克游牧民一时难以外迁，准其自换约之日起，限于十年内陆续迁至俄境，届时中国即完全收回巴尔鲁克山。此约于光绪九年九月初三日（1883年10月3日），由伊犁参赞大臣升泰与俄官在塔城签押换文。

**汇丰银行**（Hongkong & Shanghai Banking Corporation） 又名香港上海银行。同治三年（1864），由英国资本联合部分德、美资本共同创立。总行设于香港。四年，开始营业；同年，设分行于上海，后又在天津、北京、汉口、重庆等地以及伦敦、里昂、汉堡、纽约和东南亚各地设分支机构。在旧中国发行纸币，垄断外汇市场。宣统三年（1911）后，取得中国关税和盐税的存款权，又领导对华贷款的外国银行团提供政治贷款和路矿贷款。

| | | |
|---|---|---|
| | | 国属邦。 |
| 1883 | 光绪九年 | 十一月初四日，命张佩纶在总理各国事务衙门行走。 |
| 1883 | 光绪九年 | 十一月十五日，越南山西失守。 |
| 1883 | 光绪九年 | 十一月十九日，命左宗棠派员增防台湾。 |
| 1883 | 光绪九年 | 十一月二十一日，粤省向**汇丰银行**订立借款合同（一百万两）。 |
| 1883 | 光绪九年 | 十一月二十三日，命各省严禁邪教（**白莲教**）。 |
| 1883 | 光绪九年 | 十一月二十八日，以张凯嵩为贵州巡抚。 |

建国后，在中国各地的分支机构除上海分行由中国政府指定经营外汇业务外，其余先后关闭。

**白莲教**　初称白莲社或白莲会，混合明教、弥勒教等内容的秘密宗教组织。产生于宋代，元代逐渐流行。教义崇尚光明，拜日月之光，认为黑暗只是暂时的，光明就要到来，而光明定能战胜黑暗。又认为“红阳劫尽，白阳当头”，红阳指现在，白阳指未来，未来是光明的理想世界。白莲教信奉“同教人都生于天宫”，都是“无生老母”（被信奉的一种神）的儿女，不分男女老幼，都应一律平等，同生死，共患难，“不持一钱可以周行天下”，主张入教后，所获资财，悉以均分。教徒遍布华中和华北及西南各省区，成为农民组织斗争的有力工具。白莲教从宋代创立，到近代败灭，活动近十个世纪之久。

**裕禄**（1844－1900）　喜塔腊

| | | |
|---|---|---|
| 1883 | 光绪九年 | 十一月二十八日，以阜康商号倒闭，亏空公款，将胡光墉革职。 |
| 1883 | 光绪九年 | 是年，商办企业西山煤矿创立。 |
| 1884 | 光绪九年 | 十二月初四日，令彭玉麟专驻琼州（今琼山），以防法犯。 |
| 1884 | 光绪九年 | 十二月二十一日，曾纪泽告英外相，如中法发生战争，望英中立。 |
| 1884 | 光绪十年 | 正月初四日，以曾国荃署礼部尚书。 |

氏，字寿山，满洲正白旗人。同治十三年（1874），任安徽巡抚，光绪十一年（1885），署湖广总督；十五年，改任盛京将军。十七年，曾镇压热河金丹道起义。二十四年，授军机大臣、礼部尚书兼总理各国事务衙门大臣。戊戌政变后，任直隶总督，掌握军权。二十六年，义和团初起时，力主镇压，多被击败。后遵照清廷改剿为抚的政策，迎张德成、曹福田等义和团众入天津城，利用义和团防守城门，严查出入。八国联军攻占天津时，率部逃往北仓。北仓沦陷后，在杨村（今武清）畏罪自杀。

**王德榜**（1837—1893）　字朗青，湖南江华（今江华西北）人。早年参加湘军，随左宗棠围剿太平军，后入闽广镇压太平军余部，杀汪海洋。同治十年（1871），又被左宗棠调至甘肃镇压河州回民起义。光绪六年（1880），奉命取道蒙古草地赴张家口拒俄。十年，中法战争时调赴广西，募勇组建定边军。先驻越南观音桥以遏法军，受潘鼎新排挤。后配合冯子材、陈嘉在

| | | |
|---|---|---|
| 1884 | 光绪十年 | 正月十一日，以**裕禄**署两江总督兼南洋大臣。 |
| 1884 | 光绪十年 | 正月二十日，以曾国荃署两江总督兼南洋大臣。 |
| 1884 | 光绪十年 | 正月二十七日，左宗棠到吴淞口布防。 |
| 1884 | 光绪十年 | 二月初八日，前福建布政使**王德榜**率新募**湘军**八营（号定边军）、提督方友升率粤省防军五营（号威远军）抵达广西龙州。 |

广西边境打败法军，收复谅山。

**湘军** 以曾国藩为首的地方团练武装。咸丰三年（1853），帮办湖南团练的在籍侍郎曾国藩为对抗太平军，在练勇基础上扩充并重加编练而成。是年正月，曾国藩在长沙开始编练陆师。九月，移驻衡州（今衡阳），又创立水师，随即建衡州船厂，复设湘潭分厂，制造炮船，并配以购自外国的洋炮。兵员募自湖南“团丁”（即“练勇”）粮饷由清政府拨给，属于“官勇”，称为“湘勇”（后一般谓之“湘军”）。实行勇兵由将官亲自招募的制度，凡欲立军，由统领挑选营官，营官挑选哨长，哨长挑选什长，什长挑选勇丁。所募兵勇，需取具结保，又灌输以封建伦理纲常，加强思想控制。全军统辖于曾国藩。从此“兵为将有”，成为清朝兵制的一大变革。湘军以营为单位。陆师每营五百人（另有营官一、哨官四，共五人），营辖前、后、左、右四哨（哨设哨长），哨辖一至八队（队设什长）；水师每营官兵四百四十七人，有快蟹、长龙、

| | | |
|---|---|---|
| 1884 | 光绪十年 | 二月十五日，北宁失守。 |
| 1884 | 光绪十年 | 二月二十二日，太原失守，广西关外军退守谅山一带。 |
| 1884 | 光绪十年 | 二月二十九日，调湖南巡抚潘鼎新署广西巡抚，广西巡抚**徐延旭**、云南巡抚唐炯革职。 |
| 1884 | 光绪十年 | 二月二十九日，命冯子材赴镇南关外接统黄 |

舢板等船二十一艘（后为五百余人，船三十艘）。咸丰四年二月建成，计有陆师十三营六千五百人，水师十营五千人，还有夫役、工匠等，共一万七千余人（后编制逐步扩大），会集湘潭，发布《讨粤匪檄》，开始对太平军作战。初曾败于靖港，继占湘潭、岳州（今岳阳）。十月，陷湖北武汉，旋东下，破田家镇。次年春，攻江西九江、湖口，水师败绩，武汉又为太平军攻占。六年春，曾国藩受困于南昌。后趁太平天国内部发生“杨韦事变”，进行反击。十二月，再陷武汉。八年五月，破九江。十一月，李续宾所部六千余人在安徽三河之役中被歼。十一年九月，占据安庆。后左宗棠所部与列强联合，进攻浙江，陷杭州；另一部则同淮军联合外国侵略者进犯苏南，占苏州。同治三年（1864）六月，攻下天京（今南京），太平天国运动失败。七月，曾国藩裁撤兵勇二万五千人，留一万人守南京，一万五千人为皖南、北游击之师。后继续在皖、鄂、豫、鲁、苏等地镇压捻军，又分兵镇压陕、甘回民军和贵州苗民军。余部编为防军的一部分。其主要将领左宗棠、刘长佑、曾国荃、刘坤一等均先后任总督，成为清末统治集团中的一批重要势力。

**徐延旭**（？—约1885）　字晓

| | | |
|---|---|---|
| | | 桂兰部。 |
| 1884 | 光绪十年 | 三月初九日，法水师提督**利士比**率兵船由香港北上，往上海而来。 |
| 1884 | 光绪十年 | 三月十二日，王德榜暂署广西提督。 |
| 1884 | 光绪十年 | 三月十三日，恭亲王**奕䜣**退出军机处，免去一切差使。 |

山，山东临清人。咸丰进士。曾在广西任知县、知府等职。光绪八年（1882），升广西布政使。十年，中法战争时，驻守越南北宁地区。曾六上战书请战，但法军来攻时，却不战先逃，所部一触即溃。后被革职，充军新疆。未出都，病卒。有《越南辑略》。

**利士比**（Sébastien Nicolas Joa-chim Lespés, 1828-1897） 法国海军将领。出生于法国西南的巴荣讷（Bayonne）。1841年（道光二十一年），入海军学校。后参加克里米亚战争，围困塞瓦斯托波尔。不久，又随侵华的英法联军攻打大沽口。1883年（光绪九年），升为海军准将，并为法国远东舰队副司令。1884年春，法军在越南攻占北宁、太原后，他与舰长福禄诺（Captain François Ernest Fournier, 1842-1934）通过德籍税务司德璀琳（Gustav von Detring, 1842-1913），告知清政府法国政府愿意谈判。清政府于是派李鸿章与法国代表福禄诺在天津谈判，订立《中法会议简明条约》。6月，法军在越南制造观音桥事件。他于8月5日（光绪十年六月十五日），率法舰三艘轰击台湾基隆港，被击退。10月，又率舰只攻打沪尾（今淡水），再次被守军击败，此舰只在沪尾港口外封锁，

| | | |
|---|---|---|
| 1884 | 光绪十年 | 三月十三日，令礼亲王世铎、户部尚书额勒和布、阎敬铭、刑部尚书张之万在军机大臣上行走。 |
| 1884 | 光绪十年 | 三月十五日，以徐桐为吏部尚书。 |
| 1884 | 光绪十年 | 三月十六日，黄桂兰因北宁兵败自杀于谅山。 |
| 1884 | 光绪十年 | 三月十七日，以郡王衔**贝勒**奕劻管理总理各国事务衙门。 |

未敢再犯。1888年，为法国瑟堡（Cherbourg）军区司令。

**奕䜣**（1833—1898）　爱新觉罗氏，道光帝第六子，咸丰帝异母弟，封恭亲王。咸丰十年（1860），英法联军攻陷北京时，咸丰帝出逃，被任命为全权大臣，留驻北京接洽投降，分别与英、法、俄签订《北京条约》。旋奏请设立并主持总理各国事务衙门工作。咸丰帝死后，在英国的支持下，与慈禧太后合谋，发动“祺祥政变”，夺取政权后，任议政王、首席军机大臣、兼管总理各国事务衙门，总揽军政、外交大权。力主“借洋兵助剿”，镇压太平天国和捻军、回民、苗民、彝族人民起义。支持曾国藩、左宗棠、李鸿章等地方实力派开办近代军事工业和民用性企业；对外执行妥协政策，与侵略者签订一系列不平等条约。是清朝中央政府主持洋务的首脑。同治四年（1865），遭慈禧太后猜忌，被罢议政王等一切职务。不久，复任军机大臣和总理各国事务衙门大臣。光绪十年（1884），又被慈禧以“委

| | | |
|---|---|---|
| 1884 | 光绪十年 | 三月十七日，实授潘鼎新广西巡抚。 |
| 1884 | 光绪十年 | 三月十七日，法军占兴化。 |
| 1884 | 光绪十年 | 三月十八日，以云南边防紧要，命户部解银一百万两送滇省。 |
| 1884 | 光绪十年 | 三月二十二日，命湖南提督**苏元春**赴广西前敌。 |
| 1884 | 光绪十年 | 三月二十五日，准李鸿章与法谈和。 |

靡因循”解职。甲午中日战争时，复被起用为军机大臣，主持总理各国事务衙门，并督办军务，积极向日本求和。戊戌变法期间，阻挠光绪帝接近康有为等维新派，百日维新前死去。

**贝勒**　爵位名。满语王或诸侯的意思（复数为贝子，后来贝勒和贝子成为清代封爵中两个不同等级的称号）。努尔哈赤曾用以称其子侄。清代颁定宗室爵号，有多罗贝勒，简称贝勒，其位仅次于亲王、郡王，并用以封蒙古贵族。

**苏元春**（约1845－1908）字子熙，广西永安（今蒙山）人。初入湘军，后随统领席宝田镇压贵州苗民起义。同治八年（1869），任总兵。光绪十年（1884），中法战争时为潘鼎新帮办军务，与法军交战，失败后退入镇南关。后在冯子材指挥下，大败法军。十一年，授广西提督。曾在龙州筑炮台、辟市场、建铁路，使其成为西南重镇。三十年，因克扣军饷纵容匪寇被劾，充军新疆。

**福禄诺**（Captain François Ernest

| | | |
|---|---|---|
| 1884 | 光绪十年 | 四月初四日，派许景澄为出使法、德、意、荷、奥国大臣。 |
| 1884 | 光绪十年 | 四月十二日，法代表**福禄诺**到津面交李鸿章《简明条约》草案。 |
| 1884 | 光绪十年 | 四月十四日，命吴大澂、陈宝琛、张佩纶分别**会办**北洋、南洋、福建海疆，人称“海疆三会办”事宜。 |
| 1884 | 光绪十年 | 四月十四日，《**点石斋画报**》在上海创刊。 |
| 1884 | 光绪十年 | 四月十六日，命李鸿章为全权大臣与法福禄诺办理条约事务。 |

Fournier, 1842—1934） 法国海军舰长。中法战争初期，法国利用在越南北部战场取得军事胜利，对清政府展开诱和试探。1884年（光绪十年）3月，福禄诺写信给李鸿章，极力炫耀法国武力，劝说清政府与法国交好。清政府授权李鸿章与福禄诺在天津议和。5月6日（四月十二日），福、李开始和谈，11日（四月十七日），签订了《中法简明条约》。

**会办** 清末新设的官署或办事机构，常设会办、襄办、帮办等职，一般是总办的副职。会办即会同办事之意。

**点石斋画报** 我国最早的时事画报之一。光绪十年四月十四日（1884年5月8日），在上海创刊。旬刊，石印。由英商点石斋石印局发行，随《申报》附送，也单独发售。吴友如负责编绘。配合《申报》国内外时事新闻，发表有关政治、时事、社会生活

| | | |
|---|---|---|
| 1884 | 光绪十年 | 四月十七日，**《中法会议简明条款》**（又称《李福协议》）在天津签订。 |
| 1884 | 光绪十年 | 四月二十三日，福禄诺交法文节略一件（包括法保护越南等三条件）于李鸿章。 |
| 1884 | 光绪十年 | 四月二十七日，李鸿章奏添设大沽、北塘至山海关电线以速军报。 |
| 1884 | 光绪十年 | 四月二十八日，以张之洞署理两广总督，张树声开缺专办广东防务。 |
| 1884 | 光绪十年 | 五月初十日，中俄订立**《续勘喀什噶尔界约》**。 |

的图画。可作为社会史料参考。二十年，停刊。

**中法会议简明条款** 又称《李福协议》。中法战争中法国诱迫清政府签订的不平等条约。共五款。主要内容是：（一）清政府承认法国对越南的“保护权”；（二）中国撤回驻越军队；（三）中越边界开放通商，日后议定有关商约税则时应有益于法国商务；（四）三个月内，双方派代表商定详约。签约之后，法国又提出提前撤兵的条约，遭清政府拒绝后，蓄意扩大战争。

**续勘喀什噶尔界约** 光绪十年（1884），中俄签订的关于帕米尔地区的边界条约。通过此约，俄国侵占帕米尔北部地区，并规定自乌孜别里山口起，俄国界线转往西南，中国界线一直往南。十八年，俄国违背这个条约的规定，出兵强占萨雷阔勒岭以西二万多平方公里的中国领土。二十年，中俄双方换文，清政府声

| | | |
|---|---|---|
| 1884 | 光绪十年 | 五月十三日，订立《**法越和平条约**》，越方在签约仪式上“销毁清国封册玉玺”。 |
| 1884 | 光绪十年 | 五月十四日，以额勒和布、阎敬铭为协办大学士。 |
| 1884 | 光绪十年 | 五月十五日，命徽宁池太广道**张荫桓**在总理各国事务衙门行走。 |
| 1884 | 光绪十年 | 五月十七日，命中外大臣保举人才。 |
| 1884 | 光绪十年 | 五月二十五日，命左宗棠仍在军机大臣上行 |

明：不承认俄国的非法占领，保留对被占领土的权利。中、俄两国间始存在帕米尔未定界问题，直至今日。

**法越和平条约** 又称第二次《顺化条约》。光绪九年（1883）七月，法军围攻越都顺化，越南阮氏王朝在炮口下被迫与法国订立《顺化条约》，宣布越南归法国保护，法国管理越南一切对外事务。《顺化条约》具有临时草约性质，尚须由正式条约予以确认。法国政府因派巴德诺（Jules Patenôtre, 1845—1925）为全权特使前往顺化。光绪十年五月十三日（1884年6月6日），与越南朝廷签署该约，最终确立法国对越南的殖民统治权。

**张荫桓**（1837—1900） 字樵野，又字皓峦，广东南海（今广州）人。捐纳知县。光绪八年（1882），任按察使、总理各国事务衙门大臣。十四年，出使美、西、秘三国，并奏设古巴学堂和筹建金山学堂、医院。十五年，召回，仍入总署，旋升户部左侍郎。二十四年，戊戌变法时，调任管理京师矿务铁路总局，支持

| | | 走并管理**神机营**。 |
|---|---|---|
| 1884 | 光绪十年 | 闰五月初一日，**观音桥事件**（北黎事件）发生。 |
| 1884 | 光绪十年 | 闰五月初一日，以记名提督苏元春署理广西提督。 |
| 1884 | 光绪十年 | 闰五月初四日，派刘铭传督办台湾事务。 |
| 1884 | 光绪十年 | 闰五月初十日，命广西防营全部撤至谅山老营。 |

康有为的《请励工艺奖募创新折》。戊戌政变后，因英、日公使干涉未被杀，改为流放新疆。

**神机营** 清代禁卫军之一。设于咸丰十一年（1861）。由署步军统领文祥创立。选八旗满洲、蒙古、汉军及前锋、护军、步军、火器、健锐诸营的精锐为营兵，使用新式洋枪，守卫紫禁城及三海，并扈从皇帝巡行。其后逐渐腐败。清末废。明代也有神机营，为皇帝的守卫扈从，皇帝亲征时得随军出征。

**观音桥事件** 亦称“北黎冲突”。光绪十年（1884）四月，订立的《中法会议简明条款》中，并未具体规定清军的撤兵日期。法将杜森尼（Dugenne）却于五月二十九日（1884年6月22日）率军七百人推进至越南北黎的观音桥，逼迫清军投降或撤军。次日，清军派联络官二人到法营交涉，法军扬言将接收越南谅山、高平两省，并无故枪杀清军联络官，向清军营地攻击。清军奋起反击，自晨鏖战至深夜，法军溃败。后法军以此为借口，进一步侵犯中国本土。

| | | |
|---|---|---|
| 1884 | 光绪十年 | 闰五月十七日，命闽省督抚拨银四十万两交刘铭传办理台湾防务。 |
| 1884 | 光绪十年 | 闰五月二十三日，法使谢满禄照会总署请中国立即刊登京报速从北圻退兵，并向中国索赔至少二亿五千万法郎。 |
| 1884 | 光绪十年 | 闰五月二十三日，法国兵舰二艘驶入闽江口。 |
| 1884 | 光绪十年 | 闰五月二十七日，派曾国荃与**巴德诺**谈判。 |
| 1884 | 光绪十年 | 闰五月二十七日，谢满禄照会总署，赔款数目分毫不能改。 |
| 1884 | 光绪十年 | 闰五月二十八日，法国兵舰又有二艘驶入闽江口。 |

**巴德诺**（Jules Patenôtre，1845－1925）　法国外交官。一译巴特纳。1878年（光绪四年），任法国驻华使馆头等参赞。1879至1880年，任代办。后任驻瑞典公使。1884年，再度来华，任公使。曾与清政府代表曾国荃（清两江总督）举行谈判，未果。1885年6月9日（光绪十一年四月二十七日），与清北洋大臣李鸿章在天津正式签订《中法新约》。1891年以后，先后任驻美公使，驻西班牙使节。著有《一个外交官的回忆录》。

**基隆大捷**　先是法舰队副司令利士比率舰五艘来犯台湾，光绪十年六月十四日（1884年8月4日），行抵基隆海面，派人上岸递交战书，要求守军交出炮台、阵地。遭刘铭传拒绝。六月十五

| | | |
|---|---|---|
| 1884 | 光绪十年 | 六月初五日，因广东水师提督吴长庆卒，予谥“武壮”，宣付国史馆立传，准建专祠。 |
| 1884 | 光绪十年 | 六月初六日，李鸿章令将招商局轮船（恐被法劫掠）暂售美旗昌洋行。 |
| 1884 | 光绪十年 | 六月十六日，**基隆大捷**。 |
| 1884 | 光绪十年 | 七月初二日，实授张之洞两广总督。 |
| 1884 | 光绪十年 | 七月初三日，马尾之战。 |
| 1884 | 光绪十年 | 七月初六日，清政府对法宣战。 |
| 1884 | 光绪十年 | 七月初七日，福州将军**穆图善**在长门轰沉法舰两艘。 |

日（1884年8月5日）午前八时，法舰开炮轰击基隆炮台，后者还炮接仗，战至十二时许，岸上炮台全被打毁。刘铭传决定诱敌陆战，因下令各军撤出海滩，退守山后。六月十六日（1884年8月6日），法陆军四百余人登岸，携行炮四尊来扑营地，刘铭传派总兵曹志忠率部从正面迎击，另派提督章高元等带队旁抄来敌后路。法军大惊，慌忙后退，各营趁势猛攻。法军溃不成军，争相逃往海上兵舰。此役伤毙法军百余人。史称基隆大捷。

**穆图善**（？—1886） 满洲镶黄旗人。那拉塔氏，字春岩。初以骁骑迁参领。同治元年（1862），随多隆阿阻击太平军陈得才部西进陕甘。任西安左翼副都统。三年，继多隆阿署钦差

| | | |
|---|---|---|
| 1884 | 光绪十年 | 七月十一日，自德订购“南琛”、“南瑞”两快船来华。 |
| 1884 | 光绪十年 | 七月十八日，以左宗棠为钦差大臣督办福建军务，张佩纶以会办大臣兼署船政大臣。 |
| 1884 | 光绪十年 | 八月初二日，命刑部右侍郎许庚身在军机大臣上行走，鸿胪寺卿邓承修在总理衙门行走。 |
| 1884 | 光绪十年 | 八月初五日，实授李鸿章直隶总督兼北洋大臣及文华殿大学士。 |
| 1884 | 光绪十年 | 八月初九日，法国请美国政府转告清廷，赔 |

大臣。同年夏，任荆州将军，与刘蓉会办陕甘军事。次年，调任宁夏将军，主持甘肃军事。六年，署陕甘总督。旋因屡败于回民起义军，所部甘军由左宗棠调度。光绪元年（1875），署正白旗汉军都统。三年，任青州副都统、察哈尔都统。五年，擢福建将军。中法战争时驻守长门（今福建连江南），击沉法舰一艘。十一年，任钦差大臣，会办东三省练兵事宜。次年，病死军中。

**沪尾大捷**（1825—1893） 光绪十年八月十六日（1884年10月4日）起，台湾沪尾口外七艘法舰连日以舰炮向岸上轰击。因清军海岸炮台火力甚弱，不足与法舰炮抗衡，刘铭传先派人用木船载石沉于口门外，将港湾堵塞，以阻法舰靠岸，继令孙开华等军及甫自基隆赶到之章高元一军设伏于岸上，俟其以小艇载陆军侵犯时再行反击。孙开华等判断，法陆兵上岸处必在口门以北海滩，

| | | |
|---|---|---|
| | | 款八千万法郎否则将北上攻打。 |
| 1884 | 光绪十年 | 八月十七日，派道员徐承祖为出使日本国大臣。 |
| 1884 | 光绪十年 | 八月二十日，**沪尾大捷**。 |
| 1884 | 光绪十年 | 八月二十六日，命总理衙门采择译刻西洋各类书籍。 |
| 1884 | 光绪十年 | 八月二十九日，《中英福州电线合同》订立。 |
| 1884 | 光绪十年 | 九月初二日，法国远东舰队司令**孤拔**封锁台湾各海口，要求所有船只三日内离开。 |

遂率队昼夜伏于该处树林内。八月二十日（1884年10月8日）晨，法舰先以排炮向岸上猛轰，然后以若干小艇载兵约千人，分三路登岸。孙开华见法兵逼近，下令出击，林中伏兵一跃而起，冲向法军。章高元等亦同时出击。是役，清军阵亡哨官三员，死伤兵勇百余人；法军被斩首二十五级（内将校二员），枪杀三百余名，又俘获法兵十四名。史称“沪尾大捷”。

**孤拔**（Amédée Anatole Prosper Courbet，1827－1885） 法国二等水师提督。亦译称古尔贝。原任法国北越舰队司令，继任法军北越统帅。1883年（光绪九年），中法战争爆发后，法国将其在中国和北越的舰队合并组成远东舰队，任命孤拔为舰队司令。1884年7月，他奉法国海军当局的命令，分别将军舰驶入福建马尾海港和基隆地区，蓄意扩大侵略战争。1885年3月，侵犯镇海

| | | |
|---|---|---|
| 1884 | 光绪十年 | 九月初四日，命赏刘永福军饷银五万两。 |
| 1884 | 光绪十年 | 九月初六日，前两广总督张树声卒，谥“靖达”。 |
| 1884 | 光绪十年 | 九月初八日，命南北洋大臣拨兵船运送兵、械援台。 |
| 1884 | 光绪十年 | 九月十一日，刘铭传补授福建巡抚，仍驻台湾督办军务。 |

时被击伤；6月，死于澎湖。

**怡和洋行**（Jardine, Matheson & Co., Ltd.） 亦名渣甸洋行。乾隆四十七年（1782），英商于广州始设。经营中、印、英间零星贸易。道光十二年（1832），改组扩大，为最大的鸦片走私集团。二十三年，在上海设行，并陆续在汕头、福州、天津、广州、青岛、汉口、重庆等地设分支机构。除继续贩卖鸦片外，还操纵沿海航运和对外贸易。后在上海、香港等地经营航运、造船、码头、仓库、铁路、公用、地产、空运等业务。1949年后，该行在中国大陆的机构被关闭。

**杨岳斌**（1822—1890） 原名载福，字厚庵，湖南善化（今长沙）人。军籍出身。自幼习于骑射。咸丰三年（1853），曾国藩筹建湘军水师，提为营官。四年，湘潭战役打败太平军，擢游击，但湖南城陵矶战役中，为太平军水师击败。后因在湖北田家镇焚毁太平军水师战船，升为总兵。五年，攻陷武昌后沿江东下，至芜湖澛港，与江南大营水师会合，控制长江水面。八年，配合李续宾部攻陷九江。次年，收降韦俊，占安徽枞阳。十一年，攻陷安庆，进围天京。及天京陷落，授陕甘总督，复镇压回

| | | |
|---|---|---|
| 1884 | 光绪十年 | 九月十三日，李鸿章电奏，由长芦运库提银十万两，设法托**怡和洋行**英商汇台湾。 |
| 1884 | 光绪十年 | 九月十四日，命南北洋大臣派兵轮载**杨岳斌**一军设法渡台。 |
| 1884 | 光绪十年 | 九月十七日，以德馨为江西巡抚。 |
| 1884 | 光绪十年 | 九月十八日，免**盛宣怀**津海关道一职，留直隶另行任用。 |

民起义，因失败遭革职。光绪十年（1884），中法战争爆发，受命会办福建军务。十一年，赴援台湾抗法。十六年，病死。

**盛宣怀**（1844—1916） 字杏荪，号次沂，别号愚斋，江苏武进（今常州）人。秀才出身。同治九年（1870），入李鸿章幕。十二年，任轮船招商局会办，后任电报局总办。光绪八年（1882），创办上海织布局。十九年，调天津海关道。同年，上海机器织布局失火被焚，又受李鸿章委派筹办华盛顿机器纺织总厂。二十二年，接办张之洞汉阳铁厂，兼筹芦汉铁路。二十四年，开办萍乡煤矿，后连同大冶铁矿合并成汉冶萍铁厂矿公司，名为商办，实权独揽；还控制通商银行。他利用筹办洋务，营私舞弊，遂成巨富。二十六年，义和团运动高涨，他主张镇压，并积极参与西方列强策划的“东南互保”。二十八年，任工部左侍郎。宣统二年（1910），中国红十字会成立，任会长；同年，任邮传部尚书。次年，在皇族内阁任邮传部大臣。因宣布“铁路国有”，将商办的粤汉、川汉路权作抵押，大借外债，从而引起“保路风潮”，导致武昌起义，后被革职。有《愚斋存稿》、

| | | |
|---|---|---|
| 1884 | 光绪十年 | 九月二十六日，云南普洱府地震，伤亡约百人。 |
| 1884 | 光绪十年 | 九月三十日，诏命设立甘肃新疆行省，裁撤原天山南北两路参赞、办事大臣。 |
| 1884 | 光绪十年 | 九月，鲍超在四川募勇成军二十六营。 |
| 1884 | 光绪十年 | 十月初二日，以刘锦棠为首任甘肃新疆巡抚。 |

《盛宣怀未刊信稿》。

**淡水海关** 近代台湾的主要海关。咸丰八年（1858），根据《天津条约》，台湾群岛为对外开放口岸。同治九年（1862），成立淡水海关，关址设在沪尾。后基隆、安平、打狗（今高雄），亦各设海关，但均为分关。以淡水为本关，总理全台湾海关事务。

**朝鲜甲申事变** 先是，朝鲜开化党交结日人，蓄谋夺取该国政权。1884年12月4日（光绪十年十月十七日），开化党首领金玉均暗约日本驻朝公使竹添进一郎，借汉城邮政局落成名义举行宴会，席间以纵火为号，先将大臣闵泳翊刺杀（重伤未死），继则闯入王宫，与竹添及其所带日军一起，劫持国王李熙，杀害韩圭稷、李祖渊、赵宁夏等七名"事大党"（亲华派）大臣。翌日，宣布成立新政府，废止朝鲜与中国之传统宗藩关系。消息传出，汉城人心汹汹，"军民结聚数十万，将入宫尽杀倭奴"。12月6日（十月十九日）清晨，韩臣金允植、南廷哲等皆来清军驻汉城兵营痛诉求援，庆军营务处袁世凯见事机危急，与提督吴兆有等商定带兵入宫，以维护朝鲜政局。于午前巳刻致书日使竹添，告以我军拟进宫保护国王，

| | | |
|---|---|---|
| 1884 | 光绪十年 | 十月初九日，李鸿章电告总署，法国欲占基隆煤矿、**淡水海关**若干年。 |
| 1884 | 光绪十年 | 十月十七日，**朝鲜甲申事变**。 |
| 1884 | 光绪十年 | 十月二十三日，朝鲜国王回宫，**袁世凯**带队护卫。 |
| 1884 | 光绪十年 | 十月二十三日，我军与日军接仗。 |

别无他意。待至午后申刻仍未得竹添回音，遂率队入宫，日军开枪阻止，双方交战。既而日军溃奔，竹添、金玉均等皆逃入日本使馆。国王李熙宣布金玉均、朴泳孝等勾结日人作乱罪状，下令通缉。汉城兵民愤而聚集日本使馆外呐喊围攻。竹添自知众怒难犯，乃自焚使馆，率众突围逃奔仁川，复遭沿途民众争以石块抛掷。是为朝鲜“甲申事变”。

**袁世凯**（1859－1916）　字慰亭，号容庵，河南项城人。早年投靠淮军统领吴长庆，任营务处帮办，从张謇学习文学。后因保举同知衔，改任驻朝鲜通商大臣。光绪二十一年（1895），以道员衔在天津小站训练“新建陆军”。二十四年，“戊戌变法”期间，因伪装进步，赞同变法，取得光绪帝信任，被授以侍郎衔而专办练兵事宜。曾向荣禄告密，出卖维新派，取得慈禧太后宠信。二十五年，任山东巡抚，勾结德军镇压义和团起义。二十六年，参与了“东南互保”（参见“东南互保”条）。二十七年，因李鸿章临时推荐，任直隶总督兼北洋大臣。二十九年，清廷成立练兵处，他任会办大臣，主持训练新兵，将“北洋常备军”扩编为六镇，成为北洋军阀的最高首领。

| | | |
|---|---|---|
| 1884 | 光绪十年 | 十一月初九日，以天津水师学堂办有成效，命奖叙有差教习**严宗光**（严复）、**游击**卞长胜等。 |
| 1884 | 光绪十年 | 十一月十三日，江南防营六百人乘英国商轮“威利”号于台湾卑南（今台东）登岸。 |

三十三年，调任军机大臣、外务部尚书。三十四年，被摄政王载沣罢职。宣统三年（1911），辛亥革命时，受命为内阁总理大臣，施展两面手法，既诱使革命派妥协议和，又挟制清帝退位，遂窃取中华民国临时大总统职位，在北京建立北洋军阀政府。

**严宗光**（1853—1921）　即严复，近代启蒙思想家。字又陵，又字几道，福建侯官（今福州）人。福州船政学堂首届毕业生。光绪二年（1876），留学英国海军学校。归国后，任天津北洋水师学堂总教习、总办。甲午战后，接连发表《论世变之亟》、《原强》、《救亡决论》、《辟韩》等论文；又上万言书，反对顽固保守，力主变法。他学习西方，提倡新学，译《天演论》，以“物竞天择，适者生存”等进化论观点，激发国人救亡图存，对近代思想界影响极大。曾主办《国闻报》。戊戌变法后，翻译《原富》、《法意》、《社会通诠》、《名学浅说》、《穆勒名学》等书，传播西方文化。译文简练，态度严谨，首倡“信、达、雅”的翻译标准。1915年（民国四年），参加筹安会，拥护袁世凯称帝，备受舆论抨击。晚年提倡尊孔，反对“五四”运动。

**游击**　官名。清代绿营兵军官，职位仅次于参将，分领营兵。光绪年间，创设北洋海军，亦设游击等官。

| | | |
|---|---|---|
| 1884 | 光绪十年 | 是年，云贵总督岑毓英创设云南机器局。 |
| 1884 | 光绪十年 | 是年，**李善兰**卒。 |
| 1885 | 光绪十年 | 十二月初七日，李鸿章派记名提督**聂士成**率直隶防军八百七十人乘英国商轮“威利”号赴台湾。 |

**李善兰**（1811—1884） 清浙江海宁人，字壬叔，号秋纫。少从陈奂治经学，于数学用力尤深，自谓精到处不让西人。咸丰二年（1852），在上海结识正在墨海书馆译书的英人伟烈亚力（Alexander Wylie, 1815—1887）、艾约瑟（Joseph Edkins, 1823—1905）等，并与之合作翻译西方科技著作。十年间合译《几何原本》后九卷；美国罗密士《代微积拾级》十八卷；《重学》二十卷；《谈天》十八卷；《植物学》八卷。同治七年（1868），任同文馆算学总教习，后历任总理衙门章京、户部郎中。他对尖锥求积术、三角函数与对数的幂级数展开式、高阶等差级数求和等，皆有研究，其尖锥求积术已有初步的积分思想。著有《则古昔斋算学》十三种二十四卷。所译《谈天》，正确介绍了哥白尼的学说。

**聂士成**（？—1900） 字功亭，安徽合肥人。武童出身。参与镇压太平军和捻军。同治七年（1868），擢为提督。光绪十年（1884），中法战争期间，率军渡海守台湾基隆，屡挫法军。十七年，派兵镇压热河朝阳金丹教起义；次年，授太原镇总兵。二十年，中日甲午战争起，督师抗日，扼守辽东大高岭，收复连山关，击毙日将富刚三造，以功授直隶提督。二十四年，所部改称武卫前军。二十六年春，曾镇压

| | | |
|---|---|---|
| 1885 | 光绪十年 | 十二月初八日，准暂时开捐实官。 |
| 1885 | 光绪十年 | 十二月，法国大举增兵北圻。 |
| 1885 | 光绪十年 | 十二月，赫德托金登干与**茹费理**议和。 |
| 1885 | 光绪十年 | 十二月二十八日，谅山失守。 |
| 1885 | 光绪十年 | 十二月二十八日，在浙江台州洋面南洋援闽二轮“澄庆”、“驭远”被法舰击沉。 |
| 1885 | 光绪十一年 | 正月初三日，令广西关外各军归潘鼎新调遣， |

义和团。六月，率军在天津抗击八国联军，六月十三日（1900年7月9日）在八里台战斗中阵亡。著有《东征日记》等。

**茹费理**（Jules Francçois Camille Ferry, 1832－1893） 一译费理。出生于圣迪埃。1855年（咸丰五年），获得律师资格。后从事新闻业，在《时代报》发表文章，猛烈抨击第二帝国。1869年（同治八年），当选为立法议会议员。次年，在临时国防政府中任职。曾直接参与对巴黎公社的镇压。1872至1873年，为法国驻希腊公使。1879（光绪五年）至1880年，任法国公共教育部部长。1880至1881年11月，任法国总理，强行建立法国对突尼斯的保护权。1883年，再任总理，积极推行对越南和中国的扩展，获得“东京佬”的绰号。他撤换法驻华公使宝海，中断和清政府谈判，坚决主张武力侵略。同年10月，任命孤拔为远征军总司令，并于12月攻占越南山西（在河内西北），中法战争正式开始。次年2月，继派米乐率法军攻陷越南的北宁和太原，迫使清政府接受《中法会议简明条款》。不久，法国又制造观音桥事件，进

| | | 冯子材帮办军务。 |
|---|---|---|
| 1885 | 光绪十一年 | 正月初五日，命刘铭传等克日收复基隆。 |
| 1885 | 光绪十一年 | 正月初九日，镇南关失守。 |
| 1885 | 光绪十一年 | 正月，李鸿章设**天津武备学堂**，以德国人为教官。 |
| 1885 | 光绪十一年 | 正月二十五日，派李鸿章为全权大臣与日本使臣**伊藤博文**商议中日两军冲突事。 |

攻中国的台湾、马尾等地。1885年3月，法军在镇南关大败，茹费理内阁随之倒台。1891年，当选为法国参议员。

**天津武备学堂** 清末设在天津的陆军学校。光绪十一年（1885），直隶总督李鸿章奏设。规制略仿西洋陆军学堂，聘用德国军官教练。经费从北洋海防经费内开支。最初挑选各营中弁目入堂肄业，文员愿习武事者一并录取，学生一百余人。学习天文、舆地、格致、测绘、算化诸学，炮台、营垒诸法，操习马队、步队、炮队及行军、布阵、分合、攻守诸式，并兼习经史。初仅肄业一年，考试及格，发回各营。其后逐渐延长年限，选募年轻学生肄业。光绪二十二年，有学生二百八十人，分设马队、步队、炮队各科。北洋系将领多出于此。八国联军侵占天津时被焚毁。

**伊藤博文**（1841－1909） 日本长州（今山口县西北部）人。德川幕府时期长州藩士出身。1863年（同治二年），赴英国学习海军。回国后积极参加倒幕运动。1868年（同治七年）明治维新后，历任外国事务局判事、大藏少辅、民政部少辅、工部大辅、

| | | |
|---|---|---|
| 1885 | 光绪十一年 | 二月初五日，允与法军议和。 |
| 1885 | 光绪十一年 | 二月初七日，法军大举进攻镇南关内。 |
| 1885 | 光绪十一年 | 二月初八日，**镇南关大捷**。 |
| 1885 | 光绪十一年 | 二月初八日，岑毓英督率覃修纲、汤聘珍等大败法军于临洮（临洮大捷）。 |
| 1885 | 光绪十一年 | 二月初八日，命将潘鼎新革职，以**李秉衡**为 |

工部卿、内务卿等职。1885年（光绪十一年），来中国与李鸿章谈判朝鲜问题，签订《天津会议专条》（又称《天津条约》或《朝鲜撤兵条约》）。是年起，连任四届内阁总理。1888年起，三任枢密院议长。1889年，国会成立，任贵族院议长。是发动中日战争的主要策划者，战后任日方和谈全权代表，迫使清政府签订《马关条约》。曾任台湾事务总裁。1898年9月来中国，对康有为等维新派表示“赞助”，企图操纵中国政治。戊戌政变后回国。1906年，任特派大使。与朝鲜签订《日韩协议》，首任韩国统监。1909年10月26日（宣统元年九月十三日），在中国哈尔滨车站被朝鲜爱国者安重根刺死。

**镇南关大捷**　中法战争中，清军在中越边境战胜法军的著名战役。光绪十一年正月初九日（1885年2月23日），法军占领中国边境重镇镇南关（今友谊关），广西震动。二月，年近七旬的爱国将领冯子材赶赴前线任各军主帅，联合苏元春、王孝祺所部清军，认真备战，组织反攻。他在关前隘两侧山岭上赶修炮台，抢修横跨东、西两岭的三里长墙，亲自率部扼守。二月初六日至初八日（1885年3月22日—

| | | |
|---|---|---|
| | | 广西巡抚。 |
| 1885 | 光绪十一年 | 二月初十日，冯子材克复文渊。 |
| 1885 | 光绪十一年 | 二月十三日，**谅山大捷**。 |
| 1885 | 光绪十一年 | 二月十三日，孤拔率舰队攻陷澎湖港。 |
| 1885 | 光绪十一年 | 二月十五日，曾纪泽电总署主张乘胜议和。 |

1885年3月24日），法将尼格里率主力分三路直扑隘口，攻占东岭三座炮台，猛攻长墙，形势危急。冯子材持刀大呼，跃出长墙，杀入敌阵，全军振奋，一齐涌出，与敌肉搏。苏、王所部和中越边民前来助战，法军大败。初九日（1885年3月25日），冯子材率各军反击，于十三日（1885年3月29日），攻克谅山，尼格里受重伤，法军死伤一千余人。镇南关大捷扭转了不利战局，并导致法国茹费理内阁倒台。

**李秉衡**（1830—1900）　字鉴堂，奉天海城（今辽宁海城）人。捐资县丞出身。初任地方官，以廉洁出名，称“北直廉吏第一”。光绪十年（1884），升广西按察使。中法战争时，他筹办粮饷，支持冯子材，取得谅山战役胜利。二十年，调任山东巡抚。二十三年，因巨野教案被免职，在安阳闲居。二十六年，起用为巡阅长江水师大臣。及义和团兴起，曾与刘坤一等倡议东南互保。五月，八国联军进攻大沽后，他从江苏率军北上，保卫北京，主张抵抗，乃屯守杨村（今武清）河西坞抗击侵略联军。因诸军溃逃，战败，退至通州（今通县），吞金自杀。

**谅山大捷**　参见“镇南关大捷”

| | | |
|---|---|---|
| 1885 | 光绪十一年 | 二月十九日，金登干与法国代表毕乐（Billot）在巴黎签订《**中法议和草约**》。 |
| 1885 | 光绪十一年 | 二月二十一日，宣示中法言和，停战撤兵。 |
| 1885 | 光绪十一年 | 二月二十五日，命卞宝第为湖南巡抚，以裕禄署湖广总督，崧骏为漕运总督，调吴元炳为安徽巡抚，鹿传霖为陕西巡抚，边宝泉为河南巡抚。 |
| 1885 | 光绪十一年 | 三月初四日，李鸿章与伊藤博文签署《**中日天津会议专条**》。 |
| 1885 | 光绪十一年 | 三月初六日，派李鸿章为全权大臣与法国使臣商定条约事宜。 |
| 1885 | 光绪十一年 | 三月十一日，准刘永福军驻扎广东思州、钦州一带。 |
| 1885 | 光绪十一年 | 三月十四日，派吴大澂、依克唐阿为勘界大臣，与俄国会勘吉林东段边界。 |

条。

**中法议和草约**　光绪十一年二月十九日（1885年4月4日），金登干与法国代表签此约于巴黎。该草约内容有三项：（一）两国承认并批准上年四月十七日（1884年5月11日）《天津条约》；（二）双方停战，法国解除对台湾的封锁；（三）两国派员在天津或北京商定《天津条约》之详细条款。

**中日天津会议专条**　该专条主要内容为：（一）中日两国各自撤回驻朝鲜之兵，自画押之日起

| | | |
|---|---|---|
| 1885 | 光绪十一年 | 三月，日本人提出**“脱亚论”**。 |
| 1885 | 光绪十一年 | 三月二十日，李鸿章致书朝鲜国王劝练新兵、勿许英占朝鲜巨文岛。 |
| 1885 | 光绪十一年 | 三月二十三日，曾纪泽照会英外部，劝英勿占巨文岛。 |
| 1885 | 光绪十一年 | 三月二十四日，命冯子材督办广东钦廉一带防务，苏元春督办广西边防。 |
| 1885 | 光绪十一年 | 四月初三日，丁汝昌带“超勇”、“扬威”二舰抵朝鲜巨文岛查看情形，并赴日晤英远东舰队司令官。 |
| 1885 | 光绪十一年 | 四月二十三日，日本外务卿约见徐承祖，欲阻止俄国对朝鲜之保护。 |
| 1885 | 光绪十一年 | 四月二十七日，李鸿章与法使巴德诺在天津订立《**中法新约**》（又称《越南条款》）。 |

四个月内撤竣；（二）朝鲜练兵，由朝鲜选雇他国武弁一人或数人教练，中日两国均勿派员；（三）将来朝鲜遇有变乱重大事件，中日两国或一国要派兵，应互相行文知照，及至事定，仍即撤回，不再留防。

**脱亚论** 1885年（光绪十一年）4月，日人福泽谕吉发表“脱亚论”，主张日本应加入西方“文明国”之列，以欧洲殖民者对待亚洲国家之办法，对待亚洲邻国中国与朝鲜。

**中法新约** 即《中法会订越南条

| | | |
|---|---|---|
| 1885 | 光绪十一年 | 五月初九日，法军撤出基隆。 |
| 1885 | 光绪十一年 | 五月初九日，诏示大治水师。 |
| 1885 | 光绪十一年 | 五月十五日，赏苏元春三等轻车都尉并“额尔德蒙额巴图鲁”名号，赏冯子材太子少保、三等轻车都尉。 |
| 1885 | 光绪十一年 | 五月十六日，浙江台州仙居哥老会党二千余人攻城（被击散）。 |
| 1885 | 光绪十一年 | 五月二十日，日本提出“**井上八条**”。 |
| 1885 | 光绪十一年 | 六月初五日，李鸿章覆函朝鲜国王，望不可 |

约十款》。法国威胁清政府签订的不平等条约。共十款。主要内容有：（一）清政府承认法国对越南的殖民统治；（二）清政府在中越边界指定两处为通商口岸，法国可以在上述两处地方居住、通商和设立领事馆；（三）降低中国云南、广西同越南边界的进出口税率，进出口货物“应纳各税照现在通商税则减轻”；（四）中国若修筑铁路，应当与法国商办，中国南部建筑铁路时，应允许法国商人投资，聘用法国技师人员，购买法国材料；（五）法军退出台湾、澎湖。

**井上八条** 日本外务卿井上馨提出中日共同防止俄国势力进入朝鲜之八条意见。光绪十一年五月二十日（1885年7月2日），日本驻华公使木夏本武扬至天津晤李鸿章，转交“井上八条”，其主要内容有：应由井上馨与李鸿章密议朝鲜外交事务，确定办法后，再由中国饬令朝鲜照办；应以美国人取代德国人穆麟德任朝鲜税司等职；中国派赴汉城

| | | |
|---|---|---|
| | | 曲意洵从俄国。 |
| 1885 | 光绪十一年 | 六月初七日，中英订立《**烟台条约续增专条**》。 |
| 1885 | 光绪十一年 | 六月初十日，全部收回暂售美商之招商局船产。 |
| 1885 | 光绪十一年 | 六月十三日，命将台湾道刘璈革职、查抄家产。 |
| 1885 | 光绪十一年 | 六月十六日，以**刘瑞芬**为出使英、俄大臣（曾纪泽回京），张荫桓为出使美、日（西班牙）、秘三国大臣。 |

之大员宜遴派有才干者，以取代现任驻朝商务委员陈树棠；中国派赴汉城之大员及推荐之美国人均可至日本会见井上馨；中国驻朝大员须与日本驻朝公使情谊敦笃，遇有要事，互相商酌。李鸿章据以函告总署，并谓："顺具立意，似意护持朝鲜勿被俄人吞并，洵与中日两国大局有俾，鸿章暂未峻拒。"

**烟台条约续增专条**　又称《洋药税厘并征条款》。先是光绪九年（1883）正月，诏命曾纪泽与英外交部商议洋药税厘并征事宜，纪泽即与英方就此进行谈判。几经争论，英国始允每百斤合征税厘一百零五两之数，曾纪泽复据理力争至一百一十两。至是，双方议订专条十款，规定：洋药之入运中国者，应由海关验明，封存海关，按照每百斤完纳正税三十两并纳厘金不过八十两之后，方准搬出；此次所定续增专条与《烟台条约》具有同一效力；中国即派员查禁香港之鸦片走私。

**刘瑞芬**（1827－1892）　字

| | | |
|---|---|---|
| 1885 | 光绪十一年 | 六月十六日，命**孙毓汶**、沈秉成、续昌在总理各国事务衙门行走。 |
| 1885 | 光绪十一年 | 六月十八日，刘铭传奏陈台湾善后事宜。 |
| 1885 | 光绪十一年 | 六月十九日，准拨银十万两修建广西边防炮台。 |
| 1885 | 光绪十一年 | 六月二十三日，以闽浙总督杨昌濬兼署福建巡抚，刘铭传专办台湾善后事宜。 |
| 1885 | 光绪十一年 | 七月初八日，宣付国史馆为病故湖南提督周 |

芝田，安徽贵池人。同治元年（1862），随李鸿章从安徽到上海，为淮军办理水陆机械转运，并负责检验“西式枪炮”。累保道员，督办淞沪厘捐。光绪二年（1876），权代两淮盐运使；次年，授苏松太道。八年，升任江西按察使；次年，升布政使。十年，护理江西巡抚；次年，被任为驻英、俄两国公使，办理购买军火事宜。十二年，因沙俄阴谋开采我国漠河金矿，即致函总理衙门，“创议先自开办”。十三年，改任英、法、意、比公使。十五年，英国发动侵略我国西藏的战争时，曾与英国交涉从西藏退兵问题；同年，奉召回国。授广东巡抚。死于任内。有《养云山庄全集》。

**孙毓汶**（？—1899）　字莱山，山东济宁人。咸丰进士，翰林院编修。曾因在籍办团练抗捐被劾，革职充军。同治元年（1862），以输饷复原官，任侍讲学士、内阁学士、工部侍郎。由于得到醇亲王奕譞信任，遂入直军机兼总理各国事务大臣。后擢刑部、兵部尚书。光绪二十年

| | | 盛传立传，设立专祠，谥“武壮”。 |
|---|---|---|
| 1885 | 光绪十一年 | 七月二十日，派周德润、邓承修分往云南、广西与法办理中越边界事。 |
| 1885 | 光绪十一年 | 七月二十四日，在美国洛士丙冷（Rock Springs）发生**排华惨案**。 |
| 1885 | 光绪十一年 | 七月二十七日，左宗棠逝世，谥“文襄”，宣付国史馆立传。 |

（1894），中日甲午战争时，因赞同李鸿章妥协退让政策，力主批准《马关条约》，遭翁同龢、李鸿藻反对。后因病免职。

**排华惨案**　光绪十一年九月二十二日（1885年10月29日），驻美使臣郑藻如电报该惨案详情。据称此案因轮车公司（铁路公司）在洛士丙冷地方挖煤，工价华贱土昂，公司辞去土人工头数名。七月二十四日（1885年9月2日），土人闻信突到华人公寓所焚杀，杀毙多命。使馆当即委员往查，验得华人全尸五具，余或头腰、或手足、或数骨、或焚焦零碎，细验约二十具。现赶查损失财物，力催该国办凶追赃。本年十月二十六日（1885年12月2日），郑藻如再电总署谈此案情形，其说法有所不同，云：“洛士丙冷案，查因洋工停工挟价，屡恨华工不从，七月二十四日早，攻占华工所挖煤穴，殴伤华工三；未刻又攻华人住处，共伤十五，焚掠七百余华人之财物、房屋，值十四万七千七百余元。已与状师订约，今日请外部办凶、赔偿、抚恤。”

**总理海军事务衙门**　简称海军衙

| | | |
|---|---|---|
| 1885 | 光绪十一年 | 八月十一日，派李鸿章为全权大臣，与法商议中越边界通商章程。 |
| 1885 | 光绪十一年 | 八月十一日，黄河决口，山东历城、章丘等被灾。 |
| 1885 | 光绪十一年 | 八月十二日，开释、派人护送朝鲜大院君回国。 |
| 1885 | 光绪十一年 | 九月初五日，设**总理海军事务衙门**，命醇亲王奕譞总理海军事务。 |

门。中法战争后，清政府为了统一全国海军的管理和加强海军建设而设立。醇亲王奕譞为总理，庆郡王奕劻、北洋大臣李鸿章为会办，曾纪泽和善庆为帮办；实权操在李鸿章手中。决定首先扩充李鸿章直接控制的北洋海军。光绪十四年（1888），北洋舰队建成。中日甲午战争中，北洋舰队在威海卫覆没；二十一年二月，海军衙门被裁撤。

**定远**　即定远号铁甲舰。清末北洋海军两大主力舰之一。舰长九十九公尺，最宽处二十公尺。排水量七千三百三十五吨。马力六千匹。吃水六公尺半，水线以下为钢面铁甲包裹。舰首左右及舰尾设鱼雷发射器三具。舰上配有大小口径钢炮共二十门，后膛连珠枪五百二十五支。航速每小时十四海里半。系当时远东最大铁甲巡洋舰。光绪六年（1880），李鸿章委由驻德公使李凤苞，向德国伏尔铿船厂定购制造。十一年，与“镇远”号同时由德员会同北洋水师游击刘步蟾等驶抵中国。十四年，北洋海军练成，被指为舰队旗舰，右翼总兵刘步蟾为管带。定员三百三十人。二十年八月十八日（1894年9月17

| | | |
|---|---|---|
| 1885 | 光绪十一年 | 九月初五日，命将福建巡抚改为台湾巡抚常川驻扎，以刘铭传为首任台湾巡抚，是为台湾建省之始。 |
| 1885 | 光绪十一年 | 九月十八日，命曾纪泽预筹布置英缅之事。 |
| 1885 | 光绪十一年 | 九月二十三日，派袁世凯为驻朝鲜通商委员。 |
| 1885 | 光绪十一年 | 九月，“定远”、“镇远”、“济远”三舰抵大沽口。 |

日），参加黄海海战，虽中炮受伤，但在爱国官兵奋力操作下，仍发挥甲厚炮猛之长，重创日旗舰松岛号。海战后，因李鸿章避战保舰，与其它船只困守威海卫军港。次年正月，日军鱼雷舰队进港偷袭，被击重创。管带刘步蟾下令将舰开至铁码头以东海面充作炮台。十六日（1895年2月10日），炮弹打完。丁汝昌、刘步蟾下令毁舰，遂以鱼雷炸沉。

**镇远** 即镇远号铁甲舰。清末北洋舰队两大主力舰之一。制式一如另一主力舰“定远”号，惟水线以下不用钢面铁甲，仅参用铁甲包裹。为当时远东最大铁甲巡洋舰之一。光绪六年（1880），李鸿章委由驻德公使李凤苞，向德国伏尔铿船厂订购制造。十一年，与“定远”号同时由德员会同北洋水师游击刘步蟾等驶抵中国。十四年，北洋海军练成，编入舰队，列为主力。由左翼总兵林泰曾任管带。定员三百三十人。光绪二十年八月十八日（1894年9月17日），参加黄海海战，配合旗舰“定远”号奋力击敌。海战后退驶威海卫军港，触礁受伤。管带林泰曾忧愤自杀，改由杨用霖任管带。次年正月十

| | | |
|---|---|---|
| 1885 | 光绪十一年 | 十月初一日，朝鲜请中国派兵镇抚内患。 |
| 1885 | 光绪十一年 | 十月初十日，李鸿章奏请续派第三批（福州船厂）学生出洋。 |
| 1885 | 光绪十一年 | 十月十一日，命将库伦办事大臣桂祥革职。 |
| 1885 | 光绪十一年 | 十月二十二日，派福州将军穆图善为钦差大臣，会同办理东三省练兵事宜。 |
| 1885 | 光绪十一年 | 十月二十四日，以谭钧培为湖北巡抚。 |
| 1885 | 光绪十一年 | 十一月初九日，准接展奉天至吉林珲春电线。 |
| 1885 | 光绪十一年 | 十一月二十一日，命张曜筹划治理山东黄河。 |
| 1885 | 光绪十一年 | 十一月二十一日，派文硕为驻藏办事大臣，调色楞额为库伦办事大臣。 |
| 1885 | 光绪十一年 | 是年，刘铭传创设**台湾机器局**。 |
| 1885 | 光绪十一年 | 是年，张之洞建立广东机器局。 |

七日（1895年2月11日），杨拒降自杀。二十日（1895年2月14日），洋员勾串牛昶等签订《威海降约》，该舰遂为日军所得。

**台湾机器局**　官办军用企业。光绪十一年（1885），由台湾巡抚刘铭传设于台北，丁达意为总办。工程费用银二万余两，购机费八万四千余两。初期专造枪弹，后增建火药厂。《马关条约》签定

| | | |
|---|---|---|
| 1885 | 光绪十一年 | 是年，李宗岱等在山东集资创办平度金矿。 |
| 1886 | 光绪十一年 | 十一月二十八日，日人朝比奈密报日廷筹议对华战争。 |
| 1886 | 光绪十一年 | 十一月二十九日，命岑毓英、张凯嵩商榷云南边防防英国事。 |
| 1886 | 光绪十一年 | 十一月二十九日，以**阎敬铭**为大学士，翁同龢为户部尚书，张之万为协办大学士，潘祖荫为工部尚书。 |
| 1886 | 光绪十一年 | 以刑部右侍郎许庚身署兵部尚书。 |
| 1886 | 光绪十一年 | 十二月初二日，命接续自吉林珲春至三姓（今黑龙江依兰县）、黑龙江（即瑷珲）等处线路。 |
| 1886 | 光绪十一年 | 十二月十二日，命粤海关为三海工程筹款一百万两。 |
| 1885 | 光绪十一年 | 是年，第三批学习海军之留学人员赴欧洲。 |

后，随台湾落入日本人之手。

**阎敬铭**（1817—1892） 字丹初。陕西朝邑（今大荔）人。道光进士。咸丰九年（1859），赴湖北，总管粮台营务。后任湖北按察使。同治元年（1862），署布政使。参与镇压太平军。后署山东巡抚，镇压宋景诗起义军和捻军。光绪八年（1882），升户部尚书；次年，充任军机大臣。

| | | |
|---|---|---|
| 1886 | 光绪十二年 | 正月初三日，法使戈可当（Georges Cogordan, 1849 — 1904）为勘界事于天津晤李鸿章。 |
| 1886 | 光绪十二年 | 正月二十日，两广总督张之洞奏美国华人受攻击事。 |
| 1886 | 光绪十二年 | 正月二十六日，谕令**邓承修**与法勘界仍照约结束。 |
| 1886 | 光绪十二年 | 二月初六日，命将邓承修、李秉衡（因坚持索还谅山等处）严加议处。 |
| 1886 | 光绪十二年 | 二月十三日，再谕曾纪泽与英辩论，保存缅祀。 |

十一年，因反对修圆明园，被革职留任。以善理财著称。

**邓承修**（？－1891） 广东归善（今惠州）人，字铁香。举人出身，同治初，纳资为刑部侍郎中，后任浙江、江南道监察御史。曾多次上疏论闱姓赌局和吏治、考场积弊，为“清流派”健将之一。中法战争期间，主张力筹战守，授内阁侍读学士、鸿胪寺卿，充总理衙门大臣。曾因上疏袒护樊恭熙被革职留任。曾参与李鸿章签定中法和约、会勘中越边界事宜。后因病归，主讲于丰湖书院。

**黄宗羲**（1610－1695） 明清之际浙江余姚人，字太冲，号南雷，又号黎洲。与顾炎武、王夫之同称为明末清初三大思想家。其父尊素，为东林名士，因弹劾魏忠贤被害死于狱中。十九岁，入京为父讼冤。后坚持抗清。著有《明儒学案》叙述明代各儒派分合、评论得失，《明夷待访

| | | |
|---|---|---|
| 1886 | 光绪十二年 | 二月十五日，谕令不得将**黄宗羲**、**顾炎武**从祀文庙。 |
| 1886 | 光绪十二年 | 二月，闽浙总督杨昌濬巡视台湾防务。 |
| 1886 | 光绪十二年 | 三月初九日，命陈士杰截留本年漕米六万石以赈灾（山东黄河决口）。 |
| 1886 | 光绪十二年 | 三月十五日，曾纪泽电告总署，英外部覆照言允中国在伊江航行通海，不允八募（新街）归中国。 |
| 1886 | 光绪十二年 | 三月二十一日，命曾纪泽回国。 |

录》深刻抨击君主专制流毒。其它主要著作有《易学象数论》、《授书随笔》、《律吕新义》、《孟子师说》、《四明山志》、《今水经》、《历代甲子考》、《人统法辩》、《明文海》、《明史案》、《回回法假如》、《宋元学案》、《南雷文案》等。

**顾炎武**（1613－1682） 明清之际苏州昆山（今属江苏）人，初名绛，字宁人，号亭林，因避人陷害，曾化名蒋山佣。少时加入复社。后参加抗清活动。论学主张“博学于文”、“行己有耻”。反对明末空谈心性的空疏学风。提出“天下兴亡，匹夫有责”的名言。治学方法主张博瞻贯通。“每一事必详其始末，参以左证”。研究经学文字音韵学、历史地理学，为清代乾嘉汉学开启先河。著书反对因袭、贵独创。著有《日知录》、《音学五书》、《天下郡国利病书》、《亭林诗文集》等。

| | | |
|---|---|---|
| 1886 | 光绪十二年 | 三月二十二日，**《中法越南边界通商章程》**在津订立。 |
| 1886 | 光绪十二年 | 三月二十四日，再命**粤海关**速解三海工程款一百万两。 |
| 1886 | 光绪十二年 | 四月初一日，谕派李鸿章办理西安门内蚕池口教堂迁移事（三海工程需要）。 |
| 1886 | 光绪十二年 | 四月十一日，醇亲王奕譞巡阅北洋海防。 |
| 1886 | 光绪十二年 | 四月二十一日，四川总督丁宝桢卒，谥“文诚”，入祀贤良祠，赠**太子太保**衔。 |
| 1886 | 光绪十二年 | 四月二十五日，太和殿传胪。授一甲赵以炯、邹福保、冯煦为修撰、编修，赐进士及第； |

**中法越南边界通商章程** 又称《滇粤陆路通商章程》或《中法天津协定》。光绪十二年（1886），李鸿章为全权大臣与法国驻华公使戈可当签于天津。主要内容：拟定在广西、云南边境某两处设关通商，法国可在此设立领事；法越商民所贩货物经此边关，进、出口税分别按海关税则减收五分之一和三分之一；不准贩运洋药、土药、军火、食盐及各项“有坏人心风俗之物”，粮食不准贩出中国边关，如系进口准其免税；华人与法人的诉讼案件，由中、法官员会审，双方不得庇匿罪犯。

**粤海关** 康熙二十四年（1685），设于广州，是清初四关之一。乾隆二十二年（1757）至鸦片战争，广州是唯一允许外国商船来华贸易的口岸，粤海关因此成为当时管理外商和征收洋货关税的

| | | |
|---|---|---|
| | | 二甲彭述、徐世昌等一百三十人，赐进士出身；三甲王文毓等一百八十六人，赐同进士出身。 |
| 1886 | 光绪十二年 | 五月初一日，调湖北巡抚谭钧培为广东巡抚，以奎斌为湖北巡抚。 |
| 1886 | 光绪十二年 | 五月初八日，调**卫荣光**为浙江巡抚、崧骏为江苏巡抚，以卢世杰为漕运总督。 |
| 1886 | 光绪十二年 | 五月十四日，以恭镗署理**黑龙江将军**。 |
| 1886 | 光绪十二年 | 五月二十日，吴大澂、**依克唐阿**与俄国大臣立中俄图们江土字石界碑，在长岭子中俄交界处添立铜柱，勒铭其上曰："疆域有表，国有维，此柱可立，不可移"。 |

唯一海关。咸丰九年（1859）之后，粤海关确立了外籍税务司制度，成为继江海关之后第二个半殖民地性质的海关。后孙中山曾派廖仲恺担任广州关务总理，监督粤海关。

**太子太保**　官名。清代大臣的荣誉加衔。

**卫荣光**　字静澜，清河南新乡人。咸丰进士，曾镇压太平军，与捻军对抗。光绪元年（1875），调安徽按察使，后累迁山西巡抚；八年，调江苏巡抚。

**黑龙江将军**　官名，清代黑龙江地区最高军政长官。统掌黑龙江驻防旗营及地方军政事务，镇守边防。将军衙门设主事三人、笔帖式二人办理庶务，并置银库等机构。所辖有副都统七人、副都统衔总管一人、总管九人，以及协领、佐领、防御、骁骑校等职，分掌驻防旗营及打牲、游

| | | |
|---|---|---|
| 1886 | 光绪十二年 | 五月二十六日，刘铭传奏台湾饷银每年由福建**厘金**项下每年协济银二十四万两，闽海关仍每年协银二十万两。 |
| 1886 | 光绪十二年 | 五月，日本为击沉“定远”、“镇远”舰决定建造“三景舰”等兵船。 |
| 1886 | 光绪十二年 | 六月十四日，定于次年正月十五日行光绪帝亲政典礼。 |
| 1886 | 光绪十二年 | 六月二十三日，中英《缅甸条款》签署。 |
| 1886 | 光绪十二年 | 六月，发生**重庆教案**。 |
| 1886 | 光绪十二年 | 七月初五日，醇亲王接见各国驻京公使。 |

牧事务。康熙二十二年（1683）设置，驻瑷珲。二十九年，移驻墨尔根。三十八年，移驻齐齐哈尔。光绪三十三年（1907）裁，改设巡抚。

**依克唐阿**（？—1901） 清末满洲镶黄旗人，扎拉里氏，字尧山。因参与镇压捻军有“功”而官至佐领。沙俄窥伺东北时，回防吉林。同治八年（1869），任墨尔根副都统；十三年，调任护理黑龙江将军。光绪二年（1876），任黑龙江副都统；五年，调任呼兰副都统，旋调珲春；十五年，任黑龙江将军。中日甲午战争爆发后，自请率军赴朝作战，后驻守九连城、宽甸等地，因兵败被革职。二十一年初，赴辽阳、海城抗敌。战后，曾条陈练兵队、筑炮台、造铁路、制枪械、开矿产、治团练六事。后出任盛京将军。

**厘金** 即厘捐。清咸丰三年（1853），江北大营帮办大臣之

| | | |
|---|---|---|
| 1886 | 光绪十二年 | 七月初七日，诏赠伊犁将军金顺太子太保衔，谥“忠介”。 |
| 1886 | 光绪十二年 | 七月十六日，“长崎事件”发生。 |
| 1886 | 光绪十二年 | 八月初二日，以库伦办事大臣色楞额为伊犁将军。 |
| 1886 | 光绪十二年 | 八月初六日，命续修《大清会典》。 |
| 1886 | 光绪十二年 | 九月初二日，俄国驻华署使晤李鸿章，谓俄愿与中国立约，永不取朝鲜土地。 |
| 1886 | 光绪十二年 | 九月初五日，命李鸿章即劝令英人速将巨文岛退还朝鲜。 |

幕客建议在扬州举办厘捐，分为两种：一称行厘（又称活厘），即通过税，抽之于行商，一称坐厘（又称板厘），是交易税，抽之于坐商。原定税率值为百抽一，百分之一为一厘，所以称厘金。后推行全国，税率不一。虽然缓解了清政府的财政困难，但严重阻碍了中国经济的发展。

**重庆教案**　光绪十二年（1886），英美教会在重庆城外强行修建教堂，当地居民反对，联名向巴县官吏控告而未得结果，遂民愤沸腾，约期反教。六月间，商人罢市，武生罢考，群众焚烧美国教堂和英法洋房。教徒罗元义组织武装杀伤民众三十余人，激化矛盾，事态扩大，市民三千人焚毁城内外所有教堂并捣毁英国领事馆。英、法、美三国采取武力威胁，清政府派四川总督刘秉章查办，以民众首领石汇和凶手罗元义同被处死、赔银二十三万五千两结案。

| | | |
|---|---|---|
| 1886 | 光绪十二年 | 十一月初十日，调广东巡抚**谭钧培**为云南巡抚，以都察院左副都御史吴大澂为广东巡抚。 |
| 1886 | 光绪十二年 | 十一月十八日，派兵部左侍郎曾纪泽在总理各国事务衙门行走。 |
| 1886 | 光绪十二年 | 十一月，英国允将巨文岛退还朝鲜，英兵陆续撤出该岛。 |
| 1886 | 光绪十二年 | 是年，张之洞设立广东黄埔鱼雷学堂。 |

**谭钧培**（1834—1894） 清贵州镇远人，字寅宾，别字序初。同治进士。同治五年（1866），升山东布政使，迁江苏布政使，旋署江苏巡抚。后又曾二摄江苏巡抚，两权漕运总督，还一度兼管苏州织造，为清财赋之区地方官十二年。光绪十一年（1885），任湖北巡抚，未几调广东、云南巡抚。二十年，兼摄云贵总督，寻卒。

**周馥**（1837—1921） 安徽建德（今东至）人，字玉山。初入李鸿章幕，累保道员。光绪七年（1881），任津海关道，办洋务三十余年，先后参与组建北洋海军，设立电报局、开平煤矿及唐胥铁路等。十四年，迁直隶按察使。甲午战争时，任职前敌营务处。二十五年，任四川布政使；次年，调直隶，协助李鸿章议和及处理教案。李死后一度署直隶总督，兼北洋通商大臣。二十八年，任山东巡抚，留京与外国侵略者交涉撤消都统衙门等事宜。后任两江、两广总督。1917年（民国六年），张勋复辟时，授协办大学士。后隐居青岛。著有

| | | |
|---|---|---|
| 1887 | 光绪十二年 | 十二月二十二日，李鸿章饬津海关道**周馥**等代海署与德商签订五百万马克借款合同。 |
| 1887 | 光绪十二年 | 十二月二十七日，“万年青”号轮船在吴淞口外被英国商船撞沉。 |
| 1887 | 光绪十二年 | 十二月二十八日，命李鸿章派员勘办黑龙江**漠河金矿**。 |
| 1886 | 光绪十二年 | 是年，唐山至胥各庄铁路展修至阎庄。 |
| 1886 | 光绪十二年 | 是年，**开平铁路公司建立**。 |

《周悫慎公全集》。

**漠河金矿**　清末官督商办的著名金矿。光绪十三年（1887），由北洋大臣李鸿章和黑龙江将军恭镗筹设。矿区在黑龙江省呼玛县漠河、奇干河一带，蕴藏丰富，有“金穴”之称。十四年，成立漠河矿务局，由道员李金镛任总办。开办资本为二十万两，于漠河、奇干河两处设立金厂，雇工达一千五百人。十五年，投产，当年产金一万八千两。十九年，增设观音山分厂；次年，产金二万八千余两。中日甲午战争前夕，是当时规模较大，比较成功的金属矿。二十六年，被沙俄派兵占领；三十二年，收回。宣统三年（1911），归黑龙江省办。北洋军阀时期设官办广信公司，因用垄断矿工粮食供应、压价收购砂金等办法对待矿工，矿区日趋衰落。

**开平铁路公司**　商办企业。初名开平运煤铁路公司。光绪十二年（1886），由开平矿务局商董集资成立，承办开平铁路。伍廷芳为总办，所集本银二十五万两。十三年，改名为中国铁路公司。

| | | |
|---|---|---|
| 1886 | 光绪十二年 | 是年，曾纪泽以英文在伦敦发表《中国先睡后醒论》。 |
| 1886 | 光绪十二年 | 是年，台湾巡抚刘铭传在新加坡设招商局。 |
| 1886 | 光绪十二年 | 是年，台湾巡抚刘铭传在台北大稻埕开设商埠，与林维源等合建“千秋”、“建昌”两街经营茶叶、樟脑、食糖等。 |
| 1887 | 光绪十三年 | 正月十二日，张之洞请依照就地正法章程，从重办理掠卖人口出洋。 |
| 1887 | 光绪十三年 | 正月十五日，光绪帝**亲政**礼成。 |
| 1887 | 光绪十三年 | 正月二十七日，命拨银五十万两交云南筹办铜矿。 |
| 1887 | 光绪十三年 | 二月初四日，张荫桓电总署，洛士丙冷一案美国愿赔十四万七千七百四十元。 |

**亲政** 封建王朝时代，皇帝成年后亲自处理裁决政务。皇帝幼年即位，由皇太后垂帘听政或由亲王摄政，待皇帝成年，可以自己行使统治权力时，便由皇帝亲自处理裁决政务。清代制度，皇帝开始亲政时要举行大典，表示听政或摄政的结束，亲政的开始。

**琅威理**（Captain William M. Lang, ? —1906） 英国海军军官。清光绪三年（1877），与静乐林（Lawrence Ching）驾驶清政府向英国订购的“龙骧”、“虎威”二炮舰首次来华。五年，又为清政府从英国带领四艘炮舰来天津。八年，再度来华并被聘为北洋舰队顾问兼副提督。中法战争时，借口英国中立而辞职，战

| | | |
|---|---|---|
| 1887 | 光绪十三年 | 二月初七日，穆图善奏，东三省每省各有四千五百人点验成军，设立支应、军械、转运诸局。 |
| 1887 | 光绪十三年 | 二月初七日，四川泸州至云南蒙自电报线路竣工。 |
| 1887 | 光绪十三年 | 二月初八日，派英员**琅威理**、邓世昌等往英、德验收“致远”、“靖远”、“经远”、“来远”四船。 |
| 1887 | 光绪十三年 | 二月十八日，命各省整顿保甲。 |
| 1887 | 光绪十三年 | 二月二十二日，准开平矿务局铁路展至天津、山海关。 |
| 1887 | 光绪十三年 | 二月二十三日，命唐炯督办云南矿务。 |
| 1887 | 光绪十三年 | 三月初二日，中葡《**里斯本议定书**》签订。 |

后复职。十三年，与参将邓世昌等赴英、德验收接带“致远”、“靖远”、“经远”、“来远”四艘巡洋舰，于同年冬驶抵厦门。十六年，提督丁汝昌暂时离职，他坚持北洋舰队由他以副提督资格负责，未获李鸿章允准，遂愤而辞职。后曾任英国海军后备舰队指挥官。

**里斯本议定书**　光绪十三年三月初二日（1887年3月26日），中国海关驻伦敦办事处代表金登干与葡萄牙政府在里斯本签署议定书。主要内容有：（一）葡国派使来华订立中葡通商条约（享受一体均沾）；（二）葡国“永驻”并管理澳门；（三）葡国允不将澳门让于他国；（四）香港

| | | |
|---|---|---|
| 1887 | 光绪十三年 | 三月，以河南布政使邵友濂为福建台湾布政使。 |
| 1887 | 光绪十三年 | 三月，“开平铁路公司”改名“中国铁路公司”（又称天津铁路公司）。 |
| 1887 | 光绪十三年 | 三月，张之洞创办**“广东水陆师学堂”**。 |
| 1887 | 光绪十三年 | 三月初九日，粤海关之九龙、拱北分关开始办公。 |
| 1887 | 光绪十三年 | 四月初十日，刘铭传请准台湾招集商股兴办铁路。 |
| 1887 | 光绪十三年 | 四月二十六日，总理衙门奏准《出洋游历人员章程》。 |

所允办法（设关征收税厘与缉查走私），澳门亦相应允办。

**广东水陆师学堂** 光绪三年（1877），两广总督刘坤一捐款十五万两，发商生息，拟作为广州办西学堂经费。后粤督张树声用此经款在广州城郊的长洲建造学堂，即“实学馆”（又改名“博学馆”），所开课程有西文、算学。两广总督张之洞在该学堂基础上添筑堂舍，扩大招生，增开驾驶、管轮等军旅课程，名为“广东水陆师学堂”。其办学方针为“规制、课程略仿津（天津水师学堂）、闽（福州船政学堂）成法，复斟酌粤省情形，稍有变通。大抵兼采各国之所长，而不染习气；讲求武备之实用，而不尚虚文”。

**李兴锐**（1827－1904） 清湖南浏阳人，字勉林。早年以诸生办乡团，镇压太平军，后随曾

| | | |
|---|---|---|
| 1887 | 光绪十三年 | 四月二十八日，准将明习算学人员归入正途考试，量予科甲出身。 |
| 1887 | 光绪十三年 | 闰四月十六日，表彰刘铭传开发台湾前后山业绩。 |
| 1887 | 光绪十三年 | 五月初二日，以倪文蔚为河南巡抚。 |
| 1887 | 光绪十三年 | 五月初三日，派内阁学士洪钧为出使俄、德、奥、荷国大臣，刘瑞芬为出使英、法、意、比国大臣，**李兴锐**为出使日本国大臣（因病黎庶昌代之）。 |
| 1887 | 光绪十三年 | 五月初六日，《**中法续议界务专条**》、《**中法续议商务专条**》签订。 |

国藩办理湘军军需。同治九年（1870），任直隶大名府知府。旋调江苏，与彭玉麟规划长江水师。光绪元年（1875），督办上海机器制造局。十一年，偕鸿胪寺卿邓承修往勘中越边界。十五年，补天津海关道，旋调山东东海关道。累迁至广西布政使。二十六年，擢江西巡抚。整肃吏治，整顿厘捐，创设矿务公司、工艺院等，浚鄱阳湖，导水入江。二十八年，建议开特科、整学校、课官吏、设银行、修农政、讲武备等。调署广东巡抚。次年，署闽浙总督，整顿税厘机构，厘定常备军制，汰虚冗，节浮费。三十年，调署两江总督，旋病卒。

**中法续议界务专条**　法国强迫清政府订立的中越界约。光绪十三年五月初六日（1887年6月26日），由清政府代表奕劻、孙毓汶与法国驻华公使签于北京。凡

| | | |
|---|---|---|
| 1887 | 光绪十三年 | 五月十八日，以冯子材为云南提督（因病未赴任）。 |
| 1887 | 光绪十三年 | 五月二十日，命户部为光绪帝大婚典礼先行拨银二百万两。 |
| 1887 | 光绪十三年 | 六月初六日，张之洞奏在广州创建枪弹制造厂并开设电报学堂。 |
| 1887 | 光绪十三年 | 六月初八日，朝鲜国王**咨**谢代为索还巨文岛。 |
| 1887 | 光绪十三年 | 七月初九日，命以吴宏洛补授新设福建澎湖镇总兵。 |

五款。据《中法会订越南条约》有关规定，具体划定了粤越边界和滇越部分界段，即大致为龙膊以东的中越边界。

**中法续议商务专条** 为《中法越南边界通商章程》之修改和续增。光绪十三年五月初六日（1887年6月26日），由清政府代表奕劻、孙毓汶与法国驻华公使签于北京。凡十条。主要内容：（一）中国除开广西龙州、云南蒙自为商埠外，增开云南蛮耗；（二）再次降低边关进出口税率，按海关税则减十分之四收取正税；（三）法、越船只可在松吉江、高平河免税贩货；（四）中国在南部边境地区给予他国一切权益法国无条件均沾；（五）放宽对违禁货物的规定。通过此约，法国进一步取得在中国西南边境的贸易优势和特权地位。

**咨** 文书名称。清代官方的平行文书。高级衙门之间相互行文时使用。在京部院衙门之间，各部院与各省总督、巡抚、将军、都统之间，总督与巡抚之间，司道

| | | |
|---|---|---|
| 1887 | 光绪十三年 | 七月，永定河决口四十余丈，潮白河在通州决口数十丈，黄河在直隶开州大辛庄漫溢，灾区甚广。 |
| 1887 | 光绪十三年 | 七月十九日，调裕禄署两江总督。 |
| 1887 | 光绪十三年 | 七月二十八日，以**沈秉成**为广西巡抚。 |
| 1887 | 光绪十三年 | 八月十三日，刘长佑卒，谥“武慎”。 |
| 1887 | 光绪十三年 | 八月十四日，黄河在郑州下汛南岸决口七八百丈，造成自咸丰五年以来最大的水灾。 |
| 1887 | 光绪十三年 | 八月，**台湾铁路**台北至基隆段开工兴建。 |

之间等相互行文时均使用咨文。文武衙门之间，如督抚与提督，巡抚、司道与总兵，游击之间相互行文亦使用之。

**沈秉成**（1823—1895）　清浙江归安（今湖州）人，原名秉辉，字仲复。咸丰进士。同治元年（1862）起，历任侍讲学士，日讲起居注官、武英殿总纂；出任云南迤东道、江苏常镇通海道及苏松太道。十三年，擢河南按察使，后调任四川按察使，旋因病辞官。光绪十年（1884），任顺天府尹，兼充总理各国事务衙门大臣，曾与英公使议约。十二年，任内阁学士兼礼部侍郎。次年，署刑部左侍郎，旋任广西巡抚，在南宁等地推广种桑养蚕。次年，调安徽巡抚，曾充安徽阅兵大臣。十七年，署两江总督。

**台湾铁路**　光绪二年（1876），福建巡抚丁日昌为开发台湾，加强海防，曾奏请修筑台湾铁路，后因丁离任作罢。十三年，首任台湾巡抚刘铭传经奏准，招商集股兴筑基隆至台南铁路。次年，

| | | |
|---|---|---|
| 1887 | 光绪十三年 | 八月二十二日，命将河东河道总督成孚革职。 |
| 1887 | 光绪十三年 | 八月，福州至沪尾海底电线竣工。 |
| 1887 | 光绪十三年 | 九月初三日，朝鲜请派使西国。 |
| 1887 | 光绪十三年 | 九月初三日，以李鸿藻为礼部尚书。 |
| 1887 | 光绪十三年 | 九月十一日，命提银二百万两解往“**郑州河工**”（郑州决口堵筑工程）。 |
| 1887 | 光绪十三年 | 九月十五日，蒋介石生于浙江奉化溪口镇。 |
| 1887 | 光绪十三年 | 九月十六日，上海“**同文书会**”成立。 |
| 1887 | 光绪十三年 | 九月二十九日，以李鹤年为河东河道总督。 |

改为官办。光绪十七年，筑成基隆至台北段。十九年十一月，台北至新竹段通车，后因资金短缺而停建。基隆至新竹，全长一百零七点七公里。

**郑州河工**　即郑州决口堵筑工程，简称“郑州河工”或“郑工”、“大工”。光绪十三年八月十四日（1887年9月30日），黄河在郑州下汛南岸决口，冲刷口门数十丈，数日后达七八百丈。直隶、山东境内黄河因此断流，大河南趋，夺淮入海，造成自咸丰五年（1855）铜瓦厢决口以来最大的水灾。为此河东河道总督成孚被革职，令成孚及倪文蔚赶紧抢堵决口并赈济灾民，继成孚之后，李鹤年（河东河道总督）、李鸿藻（督办“郑工”）、倪文蔚（河南巡抚）先后被革职。至光绪十四年十二月十九日（1889年1月20日）决口合龙，郑州河工宣告竣工。

**同文书会**　英国传教士韦廉臣

| | | |
|---|---|---|
| 1887 | 光绪十三年 | 十月十六日，穆图善卒，予谥“果勇”，准国史馆立传，诏赏骑都尉世职，建立专祠。 |
| 1887 | 光绪十三年 | 十月十七日，中葡《和好通商条约》订立。 |
| 1887 | 光绪十三年 | 十一月初二日，以定安为钦差大臣办理东三省练兵事宜。 |
| 1887 | 光绪十三年 | 十一月初九日，命文硕撤回隆吐山卡兵（以免与英人生衅）。 |
| 1887 | 光绪十三年 | 是年，刘铭传在台北设**台湾西学馆**。 |
| 1887 | 光绪十三年 | 是年，**沪尾—川石山海底电线工程**开工。 |

（Alexander Williamson, 1829—1890）等人于光绪十三年（1887）九月，在上海成立。中国海关总税司赫德为首任董事长，韦廉臣、李提摩太（Timothy Richard, 1845—1919）先后任总干事。以汉文出版宗教、政治等方面书籍，发行《万国公报》。是外国人于晚清时期在中国经办最大的出版机构。后改名广学会。

**台湾西学馆**　即“台湾西学堂”。光绪十三年（1887），台湾巡抚刘铭传在台北设立。仿照京师同文馆、上海广方言馆章程，聘英国人为教习，派汉教习二人；招收年轻质美之士二十余人。课程有英国语言文字、汉文、经史、图算、测量、制造之学，旨在为台湾培养翻译及洋务人才。

**沪尾－川石山海底电线工程**

台北至福州川石山的海底通讯工程。光绪十三年（1887）十一月，由台湾巡抚刘铭传主持，委托英商怡和洋行承包铺设，全长

| | | |
|---|---|---|
| 1887 | 光绪十三年 | 是年，顾松泉在上海创办中西大药房股份有限公司。 |
| 1887 | 光绪十三年 | 是年，英商在上海创办亚古船厂，专事修理船舶。 |
| 1887 | 光绪十三年 | 是年，道员杨宗濂创办“天津自来火公司”（我国第一家火柴厂）。 |
| 1887 | 光绪十三年 | 是年，**黄遵宪**著书《日本国志》。 |
| 1887 | 光绪十三年 | 是年，蜚英馆石印局在上海创办。 |

二百十七公里。

**黄遵宪**（1848－1905） 清广东嘉应（今梅县）人，字公度，别号人境庐主人。举人出身。光绪三年（1877），任驻日本使馆参赞。八年，任驻美国旧金山总领事，保护华侨和华工的正当权益。十五年，任驻英使馆二等参赞。十七年，任新加坡总领事，倡立图南社，反对清政府歧视归侨政策，经他力争，清政府颁布了几条保护归侨的规定。二十年，任江宁洋务局总办。《马关条约》签定后，关心反抗日本侵略的台湾同胞，并在上海参加强学会。二十二年，出资参与上海创办《时务报》。二十三年，任湖南长宝盐法道、署理湖南按察使，协助巡抚陈宝箴推行新政，尝禁女子缠足；仿西方巡警制设保卫局；延梁启超主持时务学堂，积极参加南学会活动；倡议设学校，筹水利，兴商业，劝工业。次年，被任命为出使日本大臣（因病未到任）。戊戌政变时，被扣留于上海洋务局，后释放回乡。诗作丰富，多反映近代中国的重大历史事件，被称

| | | |
|---|---|---|
| 1887 | 光绪十三年 | 是年，张之洞在广东试铸**银元**。 |
| 1887 | 光绪十三年 | 是年，**新疆俄文馆**建立。 |
| 1888 | 光绪十三年 | 十二月初五日，命礼部尚书李鸿藻督办郑州河工事宜。 |
| 1888 | 光绪十三年 | 十二月十一日，两广总督张之洞奏报查看新加坡等处华民情形并请饬总署与日国（西班牙）驻京使臣商议设领事。 |

为“诗史”。著作有《日本国志》、《人境庐诗草》、《日本杂事诗》。其中《日本国志》为近代中国人研究日本的重要著作，对戊戌变法影响很大。

**银元** 清代货币之一，约始于康熙元年（1662），在西藏铸造，名“康熙宝藏”。乾隆年间，铸有“乾隆宝藏”。沿海与内地铸造银元多为民间私铸，或由民间银钱商号经地方政府允许自铸。至道光年间，已有广板、福板、苏板、锡板、土板等名目，还有福建当局在台湾和漳州分别铸造的“寿星银元”、“军饷银元”，浙江铸造的一两银元。光绪十三年（1887），两广总督张之洞在广东试铸银元，中国始用机器。十六年，流通于市场，称龙洋。随后，湖北、四川等地亦设厂。

**新疆俄文馆** 学校名，又称中俄专门学堂。新疆巡抚陶模于清光绪十三年（1887）设立。仿照同文馆章程挑选生徒入馆肄业，由翻译桂荣兼充教习，另设汉教习一人，分课肄业。三十一年，裁撤；三十四年，复设。

| | | |
|---|---|---|
| 1888 | 光绪十三年 | 十二月十七日，命优恤记名提督**吴兆有**。 |
| 1888 | 光绪十三年 | 十二月十八日，云南石屏、建水一带地震，死伤四千余人。 |
| 1888 | 光绪十三年 | 十二月，**北京昆明湖水师学堂**设立。 |
| 1887 | 光绪十三年 | 是年，改台湾府为台南府（今台南市），台湾县改为安平县，裁鹿港厅，另设台湾府。 |
| 1888 | 光绪十四年 | 正月初八日，英军攻毁我藏边隆吐山营房。 |
| 1888 | 光绪十四年 | 正月初九日，岑毓英奏请电报线自蒙自接至广西南宁，并由昆明接至腾越（今腾冲）。 |
| 1888 | 光绪十四年 | 正月初十日，张之洞奏，添设电线广西梧州至桂林六百四十五里、琼州至黎岗各处一千 |

**吴兆有**（？—1888） 字孝亭，安徽合肥人，淮军庆字营分统，记名提督。光绪八年（1882），朝鲜发生壬午事变，随庆军总统吴长庆赴汉城，事定后暂时留防。光绪十年十月“甲申事变”时，吴兆有为留防三营部队之最高将领，与办理营务处袁世凯一起，率兵入宫，保护国王，击溃日军，挫败日使竹添与朝鲜亲日派欲乘中法多事之机在朝鲜建立亲日政权之图谋，中日订立《天津专条》后，撤军回国，驻防旅顺要塞。十三年，因积劳成疾，卒于军营。

**北京昆明湖水师学堂** 光绪十三年（1888），海军衙门总理大臣奕譞在颐和园设立。旨在培养八旗海军人才，防范汉人把持海军大权。后因无款停办。

| | | |
|---|---|---|
| | | 九百零一里、岸步至高州二百四十里、南宁至云南剥隘八百多里。 |
| 1888 | 光绪十四年 | 正月十五日，驻藏大臣文硕在布达拉宫以**金瓶掣签**选定八世班禅之转世灵童，是为九世班禅，法名曲结玛尼。 |
| 1888 | 光绪十四年 | 正月十七日，慈禧太后令户部添拨一百万两皇帝大婚用款。 |
| 1888 | 光绪十四年 | 正月二十一日，总署奏请将文硕免职（因文硕不欲撤退藏兵）。 |
| 1888 | 光绪十四年 | 正月二十六日，清廷命驻藏帮办大臣升泰先撤兵，再议边界。 |
| 1888 | 光绪十四年 | 二月初一日，明谕改**清漪园**为“颐和园”。 |

**金瓶掣签** 清代为确认黄教大活佛转世（呼毕勒罕）所特定的抽签办法。乾隆五十七年（1792），清廷颁发两金瓶，拉萨大昭寺和北京雍和宫各一，规定达赖、班禅、哲布尊丹巴、章嘉呼图克图及其它黄教大活佛转世时，须将所觅若干“灵童”名字用满、汉、藏三体文字缮写在象牙签上，置于金瓶中，由驻藏大臣在大昭寺、理藩院尚书在雍和宫监督掣定，以防蒙藏贵族操纵，此后成定制。经特别奏准者可免于掣签，如达赖十三世。

**清漪园** 清皇家园林之一。金海陵王天德五年（宋绍兴二十三年，1153），完颜亮曾在此建行宫，时有“西山八院”之称。明代改建为好山园。乾隆十五年（1750），高宗为母亲祝寿，

| | | |
|---|---|---|
| 1888 | 光绪十四年 | 二月初八日，**隆吐山之战**。 |
| 1888 | 光绪十四年 | 二月十七日，江西地震。 |
| 1888 | 光绪十四年 | 二月，中美《华侨事宜草约》订立。 |
| 1888 | 光绪十四年 | 二月二十五日，调杨昌濬为陕甘总督，以**卞宝第**为闽浙总督，王文韶为湖南巡抚。 |
| 1888 | 光绪十四年 | 三月初五日，东南夜空见彗星。 |
| 1888 | 光绪十四年 | 三月十二日，江苏地震。 |
| 1888 | 光绪十四年 | 三月二十九日，以陶模为陕西布政使，周馥为直隶按察使，王之春为浙江按察使。 |

建大报恩寺，改瓮山为万寿山，改金水为昆明湖，增建多处亭台楼阁，定名清漪园。咸丰十年（1860），为英法联军焚毁。光绪十四年（1888），慈禧太后重建、扩建，改名颐和园。园内有佛香阁、排云殿、仁寿殿、乐寿堂、十七孔桥等胜景，历经修建，总面积约五千亩，水面占五分之四，园内各式建筑三千余间。

**隆吐山之战**　西藏军民抗御英国侵略的战役。清西藏地方军队在隆吐山设卡驻防，英国诬为“越界戍守”。光绪十四年二月初八日（1888年3月20日），克拉哈玛（Graham）率二千英军来袭，藏军奋起反抗，歼敌百余人后被迫退入春丕谷。英军越隆吐山侵入纳荡一带，四月初九、初十日（1888年5月19日—5月20日）复寻衅，藏军出击并几生擒孟加拉国代理省督，但众寡悬殊，反攻未果。西藏军民誓“不与英人共天地”，援兵集结至一万数千人，赴捻、

| | | |
|---|---|---|
| 1888 | 光绪十四年 | 四月二十八日，因帮办海军事务、福州将军善庆卒，命赐恤，谥“勤敏”。 |
| 1888 | 光绪十四年 | 四月二十八日，调吉林将军希元为福州将军，以长顺为吉林将军。 |
| 1888 | 光绪十四年 | 四月三十日，慈禧太后懿旨，山东巡抚张曜帮办海军事务。 |
| 1888 | 光绪十四年 | 五月初四日，京师、奉天、山东等处地震。 |
| 1888 | 光绪十四年 | 五月十五日，令表彰**陆心源**捐献家藏旧书于国子监。 |
| 1888 | 光绪十四年 | 五月，奥国赏使臣许景澄头等宝星。 |

都两山筑起十里长墙御敌。八月二十日（1888年9月25日），英军再犯，一度陷咱利、亚东、郎热、春丕等地，遭西藏军民抗击而退。

**卞宝第**（？—1892） 清江苏仪征人，字颂臣。咸丰举人。历官浙江道监察御史、顺天府尹。同治五年（1866），出任河南布政使。次年，擢福建巡抚。光绪八年（1882），授湖南巡抚，捕杀哥老会首领云雪璈等人。次年，署湖广总督。十一年，还任湖南巡抚。奏准裁汰绿营兵额以节饷需。十四年，擢闽浙总督兼管福建船政。十八年，因病解职。

**陆心源**（1834—1894） 字刚父（又作刚甫），号存斋，浙江归安（今属湖州）人，咸丰年间中举，嗣任广东南韶兵备道，又调高廉道，后开缺归里，潜心精研古书源流、金石考证之学。是我国晚清著名藏书家，曾收集宋版书一百余种、元版书四百余种，建藏书楼名曰“皕宋楼”，作

| | | |
|---|---|---|
| 1888 | 光绪十四年 | 六月二十四日，命升泰与英妥议隆吐山界务。 |
| 1888 | 光绪十四年 | 七月初二日，张荫桓奏，拟在旧金山筹建中华医院，并设立中西学堂。 |
| 1888 | 光绪十四年 | 七月初二日，以吏部右侍郎**许庚身**为兵部尚书。 |
| 1888 | 光绪十四年 | 七月初十日，派吴大澂为河东河道总督（李鹤年革职）。 |
| 1888 | 光绪十四年 | 八月初一日，江苏学政王先谦奏《皇清经解续编》竣事。 |
| 1888 | 光绪十四年 | 八月十九日，英军侵入藏南（后退出）。 |

《皕宋楼藏书志》一百二十卷；又有藏书楼名曰“十万卷楼”，专藏明以来善本书。光绪二十年（1894），陆心源卒，其藏书归其长子陆树藩所有，陆树藩曾于光绪三十三年，将藏书四万卷售给日本人岩崎弥之助。

**许庚身**（1825－1893）　浙江仁和（今杭州）人，字星叔，又字吉珊。同治进士。咸丰初由举人考取内阁中书，后充军机章京，累迁鸿胪寺少卿。同治十一年（1872），纂辑《剿平粤匪方略》。光绪四年（1878），授太常寺卿，后擢礼部侍郎，调户部，转刑部。中法战争起，任军机大臣兼总理各国事务大臣。十二年，署兵部尚书，历两年实授。时人有通达谙练之称。

**张煦**（？－1895）　清甘肃灵州（今灵武）人，字南坡。咸丰进士，以主事签分刑部，累迁至贵

| | | |
|---|---|---|
| 1888 | 光绪十四年 | 八月二十六日，奕譞奏呈《北洋海军章程》。 |
| 1888 | 光绪十四年 | 九月初一日，伊犁将军色楞额奏，宁远城（今伊宁市）俄人殴毙兵民三人，伤一人。 |
| 1888 | 光绪十四年 | 九月初六日，以**张煦**为陕西巡抚。 |
| 1888 | 光绪十四年 | 九月初六日，以薛福成为湖南按察使。 |
| 1888 | 光绪十四年 | 九月初九日，李鸿章函致海军衙门请续造天津至通州铁路。 |
| 1888 | 光绪十四年 | 九月二十六日，以李瀚章为漕运总督。 |
| 1888 | 光绪十四年 | 九月，**康有为**在京上万言书请变法（未达于朝廷）。 |

州镇远知府。同治年间，曾在直隶（今河北）参与镇压太平军，后率部攻占贵州镇远，补贵阳府知府。光绪八年（1882），补陕西按察使，旋迁广东、山西布政使。十四年，擢陕西巡抚，裁革一切冗费，剔除科场积弊。次年，调抚湖南。十八年，改抚山西，曾赈济久旱无炊之民。后病逝。

**康有为**（1858－1927） 广东南海人。原名祖诒，字广厦，号长素，又号更生。清光绪进士。光绪十四年（1888），上书光绪帝，要求变法。曾讲学于广州万木草堂，撰《新学伪经考》、《孔子改制考》等变法理论著述。二十一年，“公交车上书”要求拒签《马关条约》、变法、练兵等。与梁启超办《万国公报》（后改名为《中外纪闻》），参与组织北京强学会、出版《强学报》。二十三年，又

| | | |
|---|---|---|
| 1888 | 光绪十四年 | 九月，津沽铁路通车。 |
| 1888 | 光绪十四年 | 十月初二日，升泰奏印、英兵在隆吐山日渐增多。 |
| 1888 | 光绪十四年 | 十月初五日，慈禧太后懿旨，立桂祥之女叶赫那拉氏为皇后。谕令长叙之两女封为瑾嫔、珍嫔。 |
| 1888 | 光绪十四年 | 十月十四日，颁总理海军事务衙门关防。 |
| 1888 | 光绪十四年 | 十月十四日，（因报效海军经费）赏前长芦盐运同知沈永泉等。 |
| 1888 | 光绪十四年 | 十月十六日，湖南提督**周盛波**卒，谥“刚敏”， |

两次上书；二十四年，立保国会，后受光绪帝召见命在总理衙门行走，特许专折言事。促成“百日维新”。戊戌政变后，亡命海外，在加拿大组织保皇会。1917年（民国六年），与张勋策划清帝复辟失败。1927年，逝于青岛。著有《戊戌奏稿》、《大同书》、《康南海文集》、《康南海先生诗集》等。

**嫔** 清代皇帝妾侍之称号。康熙时定后宫名位，皇贵妃、贵妃、妃、嫔、贵人、常在、答应。嫔出入用彩仗，使用宫女六人。

**关防** 清代印信之一种。一般为临时性机构及办理财经、工程事务的机关使用。如各省总督、巡抚，各仓场、河道、漕运总督、钦差出使各国大臣、万年吉工程处、镇守总兵官、总理各国事务衙门、内阁典籍厅、礼部铸印局、各省织造等，根据各机构及官员的地位、品级不同，所用质料、文体和尺寸大小也各异。

| | | |
|---|---|---|
| | | 诏交国史馆立传。 |
| 1888 | 光绪十四年 | 十月二十三日，升泰奏江孜守备萧占先紧扎帕隘（今帕里）不退，英军撤回。 |
| 1888 | 光绪十四年 | 十一月初六日，李鸿章进呈小火车供西苑内紫光阁铁路之用。 |
| 1888 | 光绪十四年 | 十一月初十日，洪钧奏请选新科**庶吉士**出洋，以择优述职。 |
| 1888 | 光绪十四年 | 十一月十五日，以丁汝昌为**北洋海军提督**，**林泰曾**为北洋海军左翼总兵，刘步蟾为北洋海军右翼总兵。是为前朝《会典》规定之外新设海军官缺。 |

**周盛波**（？ —1885）　字海舲，安徽合肥人，团首出身。同治初年，与弟周盛传一起，率淮军盛字营（盛军）随李鸿章自皖省赴沪与太平军作战。回籍养亲后，所部盛军由盛传统带，长期驻防津南小站一带，成为淮系各军中规模最大、武器最近代化的一军。光绪十一年（1885），盛传卒，盛波接统该军，授湖南提督。光绪十四年十月十六日（1888年11月19日），病故于军营。

**庶吉士**　又称“庶常”。新进士选入庶常馆学习者，称庶吉士。清初隶内弘书院，后改入翰林院，无定员。学习三年期满，由皇帝御试，分别等第，授编修、检讨，或以主事、知县等官用。馆选庶吉士，初于殿试后举行，雍正元年（1723），改为朝考后进行。光绪末，停科举，以留学及本国大学毕业者廷试后选取，食七品俸，或径授编、检，与旧制不同。

| | | |
|---|---|---|
| 1888 | 光绪十四年 | 十一月二十五日，张曜奏，调嵩武军马步十一营驻扎烟台以固海防。 |
| 1888 | 光绪十四年 | 十一月二十九日，河东河道总督吴大澂奏，试用西洋塞门德土（水泥）修筑坝垛。 |
| 1888 | 光绪十四年 | 是年，美国长老会传教士哈巴（Andrew Patton Happer, 1818 － 1894）创设广州格致书院。 |
| 1888 | 光绪十四年 | 是年，张之洞在广州创办**广雅书院**。 |

**北洋海军提督** 简称海军提督。清末武官名。光绪十四年（1888）设立。统领全军操防事宜，归北洋大臣节制调遣，在威海卫建衙署办公，另于威海卫、旅顺口各建全军办公所一处。淮军记名提督丁汝昌充任此职。

**林泰曾**（1852－1894） 清福建侯官（今福州）人，字凯仕。林则徐侄孙。同治五年（1866），入福州船政学堂学习，后曾赴台湾后山测量。光绪三年（1877），作为首届留欧学生赴英国学习驾驶。回国后，任北洋海军左翼总兵。中日战争时，为镇远舰管带，在黄海战役中，发炮重创日本旗舰松岛号，日军死伤百余人，镇远舰驶还威海途中为避鱼雷触礁受伤，自认失职，自尽身亡。

**广雅书院** 光绪十四年（1888），湖广总督张之洞在广州创办。以造就博古通今、明习时务、体用兼备之才为宗旨。课程分经学、史学、理学、经济四门，后改经济为文学。二十八年，改为广东大学堂。

**湖北枪炮厂** 光绪十四年（1888），两广总督张之洞在广州筹设枪炮厂；次年，张之洞调任

| 1888 | 光绪十四年 | 是年，张之洞筹设**湖北枪炮厂**。 |
|---|---|---|
| 1888 | 光绪十四年 | 是年，**华新纺织新局**在上海成立。 |
| 1888 | 光绪十四年 | 是年，张之洞向英国订购机器拟设棉纺织厂。 |
| 1888 | 光绪十四年 | 是年，九龙商民筹划**广九铁路**。 |
| 1888 | 光绪十四年 | 是年，**武训**在山东创办“崇贯义塾”。 |

湖广总督，移设厂于湖北汉阳，称湖北枪炮厂。二十年，建成；二十一年，开工。创办经费银达七十多万两，规模较大，制造步枪、机关枪、迫击炮、山炮及各种弹药，后可炼钢。是清政府设立的大型近代兵工厂之一。三十四年，改称汉阳兵工厂。十九世纪三十年代，共有职工四千二百多名，抗日战争期间迁至重庆。

**华新纺织新局**　光绪十四年（1888），在李鸿章支持下，由上海道龚照瑗及严信厚等在上海筹办。十七年，开工；宣统元年（1909），成为聂家独资经营的私产，改名为恒丰纺织新局。是清末官商合办的机器纺织厂之一。

**广九铁路**　光绪十四年（1888），九龙商民筹划修筑广州至九龙铁路，得到李瀚章、张之洞赞成；十六年，勘测了路线；二十四年，英国插手索要此路承建权。经交涉，九龙界内由港英当局承办，广州至深圳墟段由中国借英款一百五十万镑自办。两段都在三十三年开工，宣统三年（1911）完成，全长一百八十二公里。

**武训**（1838－1896）　原名武七，山东堂邑（今属聊城）人。少

| | | |
|---|---|---|
| 1889 | 光绪十四年 | 十二月初八日，以礼亲王世铎等为平定陕甘及天山南北方略馆总裁官。 |
| 1889 | 光绪十四年 | 十二月十五日，海军衙门请将所筹款项以海军经费名目正式立案、存天津。是为“海军巨款”。 |
| 1889 | 光绪十四年 | 十二月十九日，黄河南岸决口合龙，“郑州河工”竣工。 |
| 1889 | 光绪十五年 | 正月初四日，以刘瑞芬为广东巡抚。 |
| 1889 | 光绪十五年 | 正月初六日，因印度巡捕打死华人引起群忿，江苏镇江英租界烧毁洋行及英、美领事署。 |

孤贫，从母行乞，成人后仍以行乞兼做佣工为生。自恨不识字，立志“修个义学为贫寒”。光绪十四年（1888），用乞讨所得于山东堂邑县柳林村创办“崇贯义塾”，此义学分二级，称蒙学、经学，聘举人、拔贡出身者为教师。此后又在馆陶、临清各办义塾一处。一生不立家室，乞讨所得专办义学。山东巡抚张曜等先后以行乞兴学疏请朝廷表彰，诏授“义学正”名号，赏穿黄马褂（辞而未受），赐名训，并赐“乐善好施”匾额及“创建义学武善士”之称。光绪二十二年，卒于临清义学之内，旨令宣付国史馆立传，建专祠祭。

**会典馆** 清代修书馆名。康熙二十三年（1684）始开馆，纂成《大清会典》二百五十卷。后于雍正二年（1724）、乾隆十三年（1748）、嘉庆六年（1801）、光绪十二年（1886）四次开馆续修。设总裁、副总裁，于大学士、尚书、侍郎、翰林院掌院学

| | | |
|---|---|---|
| 1889 | 光绪十五年 | 正月十四日，以张之万为大学士管户部事，徐桐为协办大学士，孙毓汶为刑部尚书。 |
| 1889 | 光绪十五年 | 正月十五日，以徐桐兼任**会典馆**总裁官。 |
| 1889 | 光绪十五年 | 正月十七日，调恭镗为杭州将军，以依克唐阿为黑龙江将军。 |
| 1889 | 光绪十五年 | 正月十九日，亲王奕譞卒，谥“勤”。 |
| 1889 | 光绪十五年 | 正月二十一日，御史**屠仁守**革职，永不叙用。 |
| 1889 | 光绪十五年 | 正月二十二日，赏**总税务司署**之赫德“三代一品封典”。 |

士等官内简派。提调、纂修各职除用内阁及翰、詹人员外，亦兼用部属。

**屠仁守**（？－1900）　清湖北孝感人，字梅君，同治进士。选庶吉士，授编修，转都察院御史。光绪十四年（1888），支持康有为上书光绪帝，请求变法，并疏请仿行乾隆帝训政往事，请太后居慈宁宫，节游观。诏严责，革职永不叙用。既归，主讲山西令德堂。二十六年，起复五品京堂，授光禄寺少卿。有《屠光禄疏稿》。

**总税务司署**　官署名，清末总理衙门所辖机构。咸丰九年（1859），设于上海（一说同治四年设于北京）。同治二年（1863），迁北京。设总税务司一人，综理全国关税行政与关员任免事务。分设五科三处：总务科、机要科、统计科、汉文科、铨叙科、造册处（设于上海）、驻外办事处（设于伦敦）和内债

| | | |
|---|---|---|
| 1889 | 光绪十五年 | 正月二十二日，宣示海军巨款由来及用途。 |
| 1889 | 光绪十五年 | 正月二十六日，册封**叶赫那拉氏·隆裕**为皇后。 |
| 1889 | 光绪十五年 | 正月二十七日，光绪帝大婚典礼。 |
| 1889 | 光绪十五年 | 二月初三日，慈禧太后归政、光绪帝亲政礼成。 |
| 1889 | 光绪十五年 | 二月十八日，册封瑾嫔、珍嫔。 |
| 1889 | 光绪十五年 | 二月十八日，朝鲜派使臣来贺归政、亲政。 |
| 1889 | 光绪十五年 | 二月二十二日，护理江苏巡抚黄彭年奏请修东北、西北铁路。 |

基金处（设于北京）。各海关设税务司一人，管理全国海关行政。分设六课：总务、秘书、会计、统计、监查、验查。从成立起就由总理衙门管辖，后隶外务部，实为独立机构。光绪三十二年（1906），清政府设税务处，总税务司以次各官名义上受其节制，高级职务半数属英籍，其它位置洋员均占，华员仅任中下级职务。

**叶赫那拉氏·隆裕**（1868—1913） 清满洲镶黄旗人，慈禧太后侄女。光绪十五年（1889），立为皇后。三十四年，光绪帝与慈禧太后死后，立载沣的三岁幼儿溥仪为帝，改年号为宣统，尊为皇太后。垂帘听政，以载沣为摄政王。宣统三年十二月二十五日（1912年2月12日），宣布清帝退位。

**同文馆** 中国设立的第一个学习外国语言文字的学校。咸丰十

| | | |
|---|---|---|
| 1889 | 光绪十五年 | 二月二十九日，命户部右侍郎曾纪泽管理**同文馆**事务。 |
| 1889 | 光绪十五年 | 三月初一日，命翰林院**侍讲**崔国因为出使美、日（西）、秘国大臣，以陈钦铭为出使英、法、意、比国大臣（后改为薛福成）。 |
| 1889 | 光绪十五年 | 三月初二日，张之洞奏请兴建芦汉铁路。 |
| 1889 | 光绪十五年 | 三月初五日，刘铭传奏，全台“生番”一律归化。 |
| 1889 | 光绪十五年 | 三月二十二日，升泰奏，第穆**呼图克图**已撤退藏哲边界藏兵。 |

一年（1861），总理各国事务衙门成立后，恭亲王奕䜣为培养通晓外语的洋务人才，奏准设立同文馆，又称“京师同文馆”。招生条件为十三、四岁以下八旗子弟。同治元年（1862）五月开课。初只有外籍教师一人，年薪一千两，汉文教师一人，年薪九十六两，共有学生十名。后逐渐扩大，除学汉文、外文外，亦学天文、数理、史地等课程。此校被外国人操纵，美国传教士丁韪良（William Alexander Parsons Martin, 1827－1916）任总教习（即校长）长达二十余年。光绪二十七年十二月（1902年1月），同文馆并入京师大学堂。

**侍讲**　官名，清翰林院职官。掌撰述编辑，爆直经幄。初仅汉员，康熙时增置满员。乾隆五十年（1785）后定制，满二人、汉三人；清末各增一人。初制正六

| | | |
|---|---|---|
| 1889 | 光绪十五年 | 三月二十八日，命添铸新设北洋海军提督、总兵等缺印信关防十八颗。 |
| 1889 | 光绪十五年 | 四月十六日，命薛福成为出使英、法、意、比国钦差大臣。 |
| 1889 | 光绪十五年 | 四月二十日，派**恩承**、徐桐、李鸿藻、许庚身、潘祖荫等为殿试读卷官。 |
| 1889 | 光绪十五年 | 四月二十五日，太和殿传胪，授一甲张建勋、李盛铎、刘世安分别为翰林院修撰、编修，赐进士及第。 |
| 1889 | 光绪十五年 | 五月初八日，岑毓英卒，谥“襄勤”，赠太 |

品，雍正三年（1725），升从五品，清末改从四品。

**呼图克图**　亦作胡图克图、呼土克图。蒙古语音译，意为“圣人”和“有福者”。汉称活佛。清朝中央政府对西藏和蒙古地区转世的上层喇嘛的一种行政职衔的册封。凡呼图克图必为呼毕勒罕（转世），而呼毕勒罕则未必尽受册封为呼图克图。凡受封号者均载入理藩院册籍。乾隆以后，呼图克图“转世”须经清政府主持的金瓶掣签仪式确认，报经朝廷封授，地位仅次于达赖、班禅，高于一般活佛。

**恩承**（？—1892）　清满洲正白旗人，叶赫那拉氏，字露圃。咸丰年间，以主事随僧格林沁抵拒太平军、捻军。累擢内阁侍读学士。同治年间，历任工部右侍郎、吏部左侍郎等职。光绪元年（1875），授总管内务府大臣，办理惠陵工程。四年，迁礼部尚书，整顿吏治，剔除时弊。十年，调刑部尚书、吏部尚书。次年，授体仁阁大学士。十五年，

| | | |
|---|---|---|
| | | 子太傅，入祀贤良祠，宣付国史馆立传。 |
| 1889 | 光绪十五年 | 六月初三日，以王文韶为云贵总督，以邵友濂为湖南巡抚，调湖北布政使蒯德标为福建台湾布政使。 |
| 1889 | 光绪十五年 | 六月十一日，海军衙门**奕劻**等奏，自本年始可每年拨银三十万两用于建颐和园。 |
| 1889 | 光绪十五年 | 六月十八日，编修王懿荣呈请续修《四库全书》。 |
| 1889 | 光绪十五年 | 七月初十日，调裕禄为**盛京将军**。 |

拜东阁大学士。

**奕劻**（1836—1918） 满族，爱新觉罗氏。乾隆帝第十七子永璘孙。同治十一年（1872），授御前大臣。光绪十年（1884），任总理衙门大臣，封庆郡王。十一年，会同醇亲王奕譞办理海军事务。二十年，封庆亲王。二十六年，八国联军侵入北京前夕，与李鸿章同任全权大臣，与各国议和。二十七年，签订《辛丑条约》。同年，清政府改总理衙门为外务部，任外务部总理大臣。二十九年，任军机大臣，兼管外务、陆军。三十一年，任与日、俄修订东三省条约全权大臣，与日本签订《会议东三省事宜正约》。三十三年，兼管陆军部。宣统三年（1911），清政府罢军机处，改任内阁总理大臣。在任期间，卖官纳贿，结私揽权。武昌起义后，主张起用袁世凯。袁世凯进京任内阁总理大臣后，他改任弼德院总裁。清帝退位后，避居天津。

**盛京将军** 官名，清代盛京驻防

| | | |
|---|---|---|
| 1889 | 光绪十五年 | 七月十二日，调张之洞为湖广总督，李瀚章为两广总督。 |
| 1889 | 光绪十五年 | 八月初二日，海军衙门奏兴建**芦汉铁路**办法。 |
| 1889 | 光绪十五年 | 八月初六日，以马丕瑶为广西巡抚。 |
| 1889 | 光绪十五年 | 八月初七日，不准刘铭传将台湾基隆煤矿交由英商承办。 |
| 1889 | 光绪十五年 | 八月二十四日，天坛**祈年殿**因雷击失火。 |
| 1889 | 光绪十五年 | 九月初一日，令总理衙门修书致谢英国君主捐银赈济江南灾民。 |

八旗的最高长官。统掌驻防旗营的军政事务，镇守封疆。将军衙门设主事、笔帖式等员，办理所属事务。所辖有副都统四人、副都统衔总管一人，城守尉八人，以及协领、防守尉、佐领、防御、骁骑校等职，分掌驻防旗营各项事务。顺治元年（1644），置留守大臣一人；三年，改为昂邦章京。康熙元年（1662），更名"镇守辽东等处将军"；四年，改称"镇守奉天等处将军"。乾隆十二年（1747），定名为"镇守盛京等处将军"。光绪二年（1876），兼管盛京兵、刑二部及奉天府尹事务，以兵部尚书、都察院右都御史衔行总督事。三十三年裁，改设东三省总督。

**芦汉铁路**　芦（卢）沟桥至汉口铁路，后向北展至北京，改称京汉铁路。

**祈年殿**　殿名。在北京天坛内圜丘坛之北。建于明永乐十八年（1420）。初名大祀殿，后改大

| | | |
|---|---|---|
| 1889 | 光绪十五年 | 九月初六日，杨昌濬奏，拟开办西安至嘉峪关电报线。 |
| 1889 | 光绪十五年 | 九月初七日，以**游智开**署理广东巡抚。 |
| 1889 | 光绪十五年 | 九月二十五日，海军衙门请创开印花税，以备海军经费。 |
| 1889 | 光绪十五年 | 十月十五日，命拨"宫中节省内帑银"十万两赈济江苏、浙江。 |
| 1889 | 光绪十五年 | 十月十七日，以豫山为山西巡抚。 |
| 1889 | 光绪十五年 | 十一月初四日，李鸿章奏，拟将关陇电线接至保定作为商线。 |

享殿。清乾隆十六年（1751），改建后称祈年殿。建于三层汉白玉圆坛上，为鎏金宝顶三层檐攒尖式圆形殿。三层檐初为蓝、黄、绿三色琉璃瓦，后均易以蓝瓦。殿内分三层，内层立龙井柱四，外二层各立柱十二，分别代表四季、十二个月和十二个时辰。内层正中设皇天上帝位，左右以清列帝配享。每年正月上辛日，皇帝祀上帝祈谷于此。

**游智开**（？－1900） 清湖南新化人，字子代。咸丰举人。同治十一年（1872），擢永平府知府，惩处酷吏，并疏请允民贩盐以资衣食。光绪十一年（1885），擢四川按察使；次年，护理总督。重庆教案发生后，疏请赎回教会侵占的土地，按中国法律制裁依教欺人之中国教徒。赔偿外国教会损失。十四年，迁广东布政使，署理巡抚。后以老乞休。二十一年，起用为广西布政使。

| | | |
|---|---|---|
| 1889 | 光绪十五年 | 十一月二十日，以左宝贵为广东高要镇总兵。 |
| 1889 | 光绪十五年 | 十一月二十五日，以**叶志超**为直隶提督。 |
| 1889 | 光绪十五年 | 十二月初一日，调奎斌为察哈尔都统，以**谭继洵**为湖北巡抚。 |
| 1889 | 光绪十五年 | 是年，《日报特选》杂志在香港创刊。 |
| 1889 | 光绪十五年 | 是年，《平回志》刊行。 |

**叶志超**（？—1901） 清末淮军将领。字曙青。安徽庐州（今合肥）人。行伍出身。初为刘铭传部下，镇压太平军、捻军。光绪十五年（1889），任直隶提督。二十年五月初，他率军赴朝，驻军牙山。日军发动进攻后，不战而逃，退到平壤。平壤战役中，他身为清军统领，毫无斗志，不做战守准备。日军发起进攻时，他贪生怕死，弃城逃走，狂奔五百余里，渡鸭绿江退入中国境内，被革职监禁。二十六年，获释。

**谭继洵**（？—约1898） 清湖南浏阳人，字敬甫。咸丰进士。授光禄大夫。光绪九年（1883），迁陕西按察使。次年，迁甘肃布政使。十五年，授湖北巡抚。二十年，兼署湖广总督。曾多次谢绝与湖广总督张之洞联衔陈奏新政。慈禧太后发动政变后，子嗣同遇害，并受株连，后忧郁而死。

**许振祎**（？—1899） 字仙屏，清江西奉新人。同治进士。咸丰初年，以拔贡生为曾国藩幕僚，招募乡兵同太平军作战。中进士后授编修，出任陕甘学政。在陕西泾阳设立书院，奏准陕、甘分设学政。光绪八年（1882），授河南彰卫怀道，历江宁布政使。

| | | |
|---|---|---|
| 1890 | 光绪十五年 | 十二月十四日，调张煦为湖南巡抚，以鹿传霖为陕西巡抚。 |
| 1890 | 光绪十五年 | 十二月二十八日，命旗人不准出售田产。 |
| 1890 | 光绪十六年 | 正月二十六日，光绪帝因本年二旬整寿命赏王公大臣。 |
| 1890 | 光绪十六年 | 二月初九日，以**许振祎**为河东**河道总督**。 |

十六年，擢东河河道总督。二十一年，改广东巡抚，禁止闱姓赌局。建言停厘捐，节用民力。二十四年，奉调入京，后回籍。

**河道总督**　官名，简称河督，亦称总河，俗称河台。明始置，非常设。清始改为专管河道疏浚及堤防事务之最高长官，秩正二品，例兼都察院右副都御史及兵部侍郎衔。清初设一人，综理黄、运两河事务，时称“总河”。雍正二年（1724），因河南堤工紧急，设副总河一人，驻济宁州，专管河南防务。七年，改总河为总督江南河道，称南河河道总督，驻清江浦；副总督为总督河南、山东河道，称东河河道总督。次年，又增置直隶河道水利总督一人，称北河河道总督。乾隆以后，将北河河道总督改由直隶总督兼任，南河河道总督改由漕运总督兼任，东河河道总督只辖河南境内黄河事务，山东境内运河之事改由山东巡抚兼管。河道总督下设有管河道、管河同知、通判、管河州同、州判、县丞等职官，并统辖“河标”七营。光绪二十八年（1902），裁河道总督，堤岸之事改由巡抚兼理。

| | | |
|---|---|---|
| 1890 | 光绪十六年 | 二月初十日，以昆冈为礼部尚书，熙敬为工部尚书。 |
| 1890 | 光绪十六年 | 二月十七日，北洋海军总教习琅威理因升旗事件辞职。 |
| 1890 | 光绪十六年 | 二月二十四日，派奕劻、孙毓汶为全权大臣与英订立《**烟台条约续增专条**》。 |
| 1890 | 光绪十六年 | 二月二十七日，《**中英会议藏印条约**》订立。 |
| 1890 | 光绪十六年 | 闰二月初九日，以刘瑞祺为山西巡抚。 |
| 1890 | 光绪十六年 | 闰二月十五日，光绪帝赴东陵谒陵。 |
| 1890 | 光绪十六年 | 闰二月二十五日，曾纪泽卒，命赏加太子少保衔，谥“惠敏”，宣付国史馆立传。 |

**烟台条约续增专条**　原称《续增烟台条约》，又称《修改烟台条约》。英文本称《重庆协定》。光绪十六年闰二月十一日（1890年3月31日），英国援自《中英烟台条约》有关条款，强迫清政府订立于北京的不平等条约。共六款，主要内容包括：（一）英国在重庆所享权益与其它口岸同；（二）英国自宜昌至重庆往来运货，或自备船或雇华船自便，税务依照条约税则，船务等事宜由英方官员参加会商，英“俾得获保护利便之益”；（三）一俟有华船运货来重庆，英船则一体驶往。

**中英会议藏印条约**　又称《藏印条约》。光绪十六年二月二十七

| | | |
|---|---|---|
| 1890 | 光绪十六年 | 闰二月二十六日，刘铭传奏台湾田亩清丈完竣，请将六十七万两作为定额征银。 |
| 1890 | 光绪十六年 | 闰二月二十九日，命刘铭传帮办海军事务。 |
| 1890 | 光绪十六年 | 闰二月二十九日，以卞宝第兼管船政事务。 |
| 1890 | 光绪十六年 | 三月十六日，彭玉麟卒，谥“刚直”，赏加太子少保衔，宣付国史馆立传。 |
| 1890 | 光绪十六年 | 三月二十二日，光绪帝颁“二旬万寿恩诏”，在太和殿受百官朝贺。 |
| 1890 | 光绪十六年 | 三月二十三日，李鸿章（为修关东铁路）向奥国银行借定**库平**银三千万两。 |
| 1890 | 光绪十六年 | 四月初七日，以李鸿章兼署广东巡抚。 |

日（1890年3月17日），清政府驻藏帮办大臣升泰与英国印度总督兰斯顿签于印度加尔各答。凡八款。主要内容：划定中国西藏与哲孟雄的边界；哲孟雄归英国保护督理等。通过该约，英国占领哲孟雄和中国西藏隆吐山等地。

**库平**　清政府部库所用之衡量标准，康熙时制订，为全国征收各项租税时的标准秤。政府预算及对外赔款均以库平计算。但中央与地方、甲地与乙地不尽相同，同一省内还有藩库平、道库平、盐库平等差异。中日《马关条约》规定清中央政府库平一两为五百七十五点八二英厘，即三十七点三一二五六公分。光绪三十四年（1908），农工商部与度支部

| | | |
|---|---|---|
| 1890 | 光绪十六年 | 四月，开始兴建**汉阳铁厂**。 |
| 1890 | 光绪十六年 | 四月二十日，以董福祥为喀什噶尔提督。 |
| 1890 | 光绪十六年 | 四月二十一日，派徐桐、福锟、麟书、翁同龢、汪鸣銮为殿试阅卷大臣。 |
| 1890 | 光绪十六年 | 四月二十五日，太和殿传胪，授一甲吴鲁、**文廷式**、吴荫培为翰林院修撰、编修，赐进士及第。 |
| 1890 | 光绪十六年 | 五月初六日，倪文蔚奏，豫省黄河全图测绘 |

拟订划一度量衡制度，规定库平一两等于三十七点三零一公分。

**汉阳铁厂**　清末最大的官办近代钢铁厂。由湖广总督张之洞奏准于光绪十六年（1890）三月开始兴建；十九年七月，建成；二十年四月，正式投产。当时全厂规模计拥有炼生铁厂（百吨炼炉两座）、炼熟铁厂、炼贝色麻钢厂（四吨贝色麻钢炉四座）、炼西门士马丁钢厂、造钢轨厂、造铁货厂等六大厂和机器厂（实为修配厂）、铸铁厂、打铁厂、鱼片钩钉厂等四小厂。拥有各种工人三千多名。二十二年，张之洞奏准改为官督商办，三十四年正月，与萍乡煤矿合并为完全商办的汉冶萍公司。

**文廷式**（1856－1904）　字道希，号云阁，又号芗德、罗霄山人，晚号纯常子。清江西萍乡人。以举人入京会试，与王懿荣、张謇、曾之撰称“四大公车”。光绪进士，后擢至翰林院侍读学士兼日讲起居注官。中日战起，他支持光绪帝，谏慈

| | | |
|---|---|---|
| | | 三月完工。 |
| 1890 | 光绪十六年 | 五月初七日，以升泰为驻藏大臣，长庚为伊犁将军。 |
| 1890 | 光绪十六年 | 五月二十三日，张曜请修《**大清会典**》，重修《山东通志》。 |
| 1890 | 光绪十六年 | 五月二十九日，永定河及南北运河、大清河多处决口。 |
| 1890 | 光绪十六年 | 六月初九日，命李鸿章派员勘察吉林**三姓金矿**。 |

禧太后勿预朝政，劾李鸿章挟夷自负。反对签订《马关条约》。遂为后党嫉妒，乞假南归。光绪二十一年（1895），与康有为在北京创强学会。常于松筠庵集维新志士，议论时政。强学会被封禁后，总理官书局。旋遭杨崇伊弹劾，革职永不叙用。戊戌政变后，曾东渡日本。二十六年，返上海，参与唐才常自立会。所学长史部，工诗词。著有《纯常子枝语》、《云起轩词钞》、《文道希先生遗诗》、《闻尘偶记》。

**大清会典**　书名，清官修政书，简称《清会典》。该书采取“以官统事，以事隶官”的写法，以政府机构为纲，系以各种政事。各朝所修《会典》叙事时间相接，汇编清代各官衙的执掌、政令、事例及职官、礼仪等制度，是研究清代典制的重要资料。康熙时初修，成书一百六十二卷（1690），雍正、乾隆、嘉庆、光绪各朝迭加续纂，各成书二百五十卷（1733）、一百卷（1763）、八十卷（1818）、一百卷（1899）。

**三姓金矿**　光绪二十年（1894），

| | | |
|---|---|---|
| 1890 | 光绪十六年 | 六月十九日，四川**大足教案**。 |
| 1890 | 光绪十六年 | 六月二十三日，以裕宽为河南巡抚。 |
| 1890 | 光绪十六年 | 七月初六日，命直隶及**顺天府**各处烧锅停一年（以平粮价）。 |
| 1890 | 光绪十六年 | 七月二十六日，派许景澄为驻俄、德、奥、和(荷兰)国大臣,李经方为出使日本国大臣。 |
| 1890 | 光绪十六年 | 八月十五日，令刘铭传革职留任（因将台湾基隆煤矿招商承办）。 |
| 1890 | 光绪十六年 | 八月十五日，户部奏请提前报解来年“甘肃 |

宋春鳌集股创办于吉林三姓（今黑龙江依兰）。为商办企业，开办费达十万两银，是较早使用机器采掘的私营金矿。

**大足教案**　光绪十二年（1886）四月，四川大足民众不堪忍受天主教传教士的行为，在余栋臣的带领下捣毁龙水镇教堂。以赔偿银一千八百两结案。十三年，法国传教士重建教堂，民众趁迎神赛会又毁之。十六年，法国传教士继续修建龙水镇教堂，并强迫大足知县禁止灵官庙会；教徒王某烧毁民房，激起众怒。余栋臣率众第三次捣毁教堂。四川总督刘秉璋采取分化和镇压政策，以赔偿银五万两并缉捕“凶手”结案。次年，余栋臣起义军在大足、铜梁、永川三县交界处被清军打败。二十四年，蒋赞臣率众在龙水镇起义，抗官灭教，捕法国传教士华芳济，被清军镇压。清政府赔偿银一百一十八万两。

**顺天府**　清王朝于顺治元年

| | | |
|---|---|---|
| | | 新饷”四百八十万两。 |
| 1890 | 光绪十六年 | 八月二十八日，赠杨岳斌太子太保衔，宣付国史馆立传。 |
| 1890 | 光绪十六年 | 九月初二日，派续昌、崇礼往朝鲜吊祭王太妃。 |
| 1890 | 光绪十六年 | 九月，日本人荒尾精在上海开办“日清贸易研究所”，实为日本在华间谍培训学校。 |
| 1890 | 光绪十六年 | 十月初二日，两江总督曾国荃卒。命赠太傅，入祀京师昭忠祠、贤良祠，建立专祠，宣付国史馆立传，谥“忠襄”。 |

（1644）奠都北京，沿用明制，设顺天府管理京师附近州县。顺天府直隶清王朝中央，设府尹主持其事。雍正以后，顺天府尹由部院大臣中特简一人兼管，其下有府丞、治中、通判、经历、照磨、司狱等属官，设堂房、本房、承发房和吏、户、礼、兵、刑、工六房，府学等机构。所属地区，包括京县及近京州县二十四个。并置西路、东路、南路、北路四厅，分领各州县。各设同知一人及典吏若干，分管所领各州县的钱粮捕盗刑罚水利等事务。除大兴、宛平二京县外，其余各州县地方事务要分别报顺天府及直隶总督查核。

**续昌**（？—1892） 清蒙古正白旗人，那拉氏。同治年间，历任军机章京、员外郎、总理各国事务衙门章京职。光绪初年，授直隶霸昌道。后调奉、锦、山海道兼按察使衔，整顿税收，筹办厘捐。光绪十年（1884），升两

| | | |
|---|---|---|
| 1890 | 光绪十六年 | 十月十四日，云南省城至腾越厅电线工程竣工。 |
| 1890 | 光绪十六年 | 十月十四日，以刘坤一为两江总督兼南洋大臣。 |
| 1890 | 光绪十六年 | 十月十九日，命**塔尔巴哈台参赞大臣**所辖军政事务移交甘肃新疆巡抚管理。 |
| 1890 | 光绪十六年 | 十月三十日，工部尚书潘祖荫卒，谥“文勤”。 |
| 1890 | 光绪十六年 | 十一月初五日，诏命优恤李金镛并建立专祠。 |

淮盐运使，旋偕吴大澂赴朝查办“甲申事变”。次年，授湖南按察使，迁内阁学士兼礼部侍郎衔。十五年，累擢户部左侍郎。十八年，因病开缺。

**塔尔巴哈台参赞大臣**　官名。乾隆三十年（1765）设，归伊犁将军节制。驻雅尔（今哈萨克斯坦乌尔扎尔）。后东迁至楚呼楚（今塔城）。管辖当地驻防、屯田、巡逻事务。

**江南水师学堂**　又称南京水师学堂。光绪十六年（1890），两江总督兼南洋大臣曾国荃在南京创设。桂嵩庆为总办，沈仲礼为提调，分驾驶、管轮两科，聘请英国海军军官二人为教习，另设英文和汉文教习四名；招考年在十三至二十岁读过经书、文理通顺，曾习英文三四年者入堂肄业。投考者必先考试英文、翻译、地理、算学四门，考取后以抓阄的办法分派驾驶、管轮两门，各以六十人为额，二十人为一班。驾驶科课程有英文、汉文、几何、代数、三角、中西海道、星辰部位、升桅帆缆、划船泅水、枪炮步伐、水电鱼雷、重学、

| | | |
|---|---|---|
| 1890 | 光绪十六年 | 是年，**江南水师学堂**建立。 |
| 1890 | 光绪十六年 | 是年，广州电灯公司建立。 |
| 1890 | 光绪十六年 | 是年，**两湖书院**设立。 |
| 1890 | 光绪十六年 | 是年，英商创办天津煤气公司。 |
| 1890 | 光绪十六年 | 是年，美国传教士**林乐知**等人筹办**上海中西学塾**。 |

积分、驾驶、测量、绘图、轮机理要、格致等。管轮科主要课程有英文、汉文、算学、气学、力学、水学、火学、轮机理法、绘图，并须赴校机器厂实习，学习修理轮机各项技艺。学制五年，毕业后择优拨入练船训练，考验中试者，分别等次，量材录用。

**两湖书院** 光绪十六年（1890），湖广总督张之洞在武昌设立。专收湖南、湖北士子入学。南斋为书房，北斋为寝室，西面为商籍斋。另有书库收藏图书。设有经学、史学、理学、文学、算学、经济学等六门课程。后以“中学为体，西学为用”为宗旨，设东西监督二人，负责教学与行政。改革教学，设兵法学、经学、史学、算学等科目。课余须学体操、兵法。学制五年。二十八年，改为两湖大学堂。

**林乐知**（Young John Allen，1836—1907） 美国传教士。咸丰九年（1859），由美国监理会派遣来华；次年，抵上海。先在上海、杭州一带传教并到南京刺探太平天国情报。同治二年（1863），任上海广方言馆教

| | | |
|---|---|---|
| 1890 | 光绪十六年 | 是年，华商在台北创办台湾制糖厂。 |
| 1890 | 光绪十六年 | 是年，**上海机器织布局**正式建成投产。 |
| 1891 | 光绪十六年 | 十一月二十一日，醇亲王奕譞卒，谥“贤”。 |
| 1891 | 光绪十六年 | 十二月十六日，慈禧太后与光绪帝赴醇王府行大祭礼。 |
| 1891 | 光绪十六年 | 十二月十九日，杨昌濬奏陕甘电线竣工。 |
| 1891 | 光绪十七年 | 正月二十五日，各国驻京公使、参赞等递交国书，光绪帝亲政后首次接见外国使臣。 |

习，后又任上海公共租界工部局译员。同治七年至九年，任上海《字林西报》中文版《上海新报》编辑。同治七年，在上海办《教会新报》（周刊）；十三年，改称《万国公报》。他还根据美国监理会指示先后在上海开设中西书院、在苏州开设博习书院、中西书院，并在光绪二十七年（1901），将以上三校合并改组为东吴大学。在华除利用出版和教育手段传教外，还散布奴化思想，鼓吹“印度隶英十二益说”，认为中国“惟有拔赵帜暂易汉帜之一法”，“本昔之治印者，一一移而治华”，还首次系统提出将基督教义与儒家旧礼教旧思想相结合的“理论”，以迎合上层人士的心理。译著有《中东战纪本末》、《文学兴国策》、《中西关系略论》等。

**上海中西学塾** 学校名。清光绪十六年（1890），美国监理会传教士林乐知、海淑德（Laura Askew Haygood, 1845—1900）筹设；次年，校舍落成；十八年二

| | | |
|---|---|---|
| 1891 | 光绪十七年 | 二月十一日，不准恢复“**日讲**”。 |
| 1891 | 光绪十七年 | 二月十三日，准大阪、筑地添设副领事各一员。 |
| 1891 | 光绪十七年 | 二月十五日，吉林将军长顺奏，三年内正法一千三百多名“马贼”。 |
| 1891 | 光绪十七年 | 二月十六日，奕劻奏，请由海防捐输项挪垫颐和园工程用款。 |
| 1891 | 光绪十七年 | 二月十七日，准为乾隆朝名臣**陈宏谋**建立专祠。 |

月，正式开学。首届学生七人，教以中西文字与有关实用之学。后订有中西女塾章程，为中西女子中学的前身。

**上海机器织布局** 官督商办企业。俗称“老洋布局”，李鸿章于光绪八年（1882）设立，委派龚寿图专管官务，郑观应主持商务，并明确规定“十年之内只准华商附股搭办，不准另行设局”。十六年，正式建成投产；十九年，纱锭三万五千枚，销路很好，后被大火焚毁，李鸿章委派盛宣怀负责在原地重建之，更名为华盛纺织总厂。

**日讲** 清承明制，以侍读、侍讲学士为翰林院职官，而另设“经筵讲官”，由翰林出身之大臣兼充，轮流入宫为皇帝讲解经史，是为“进讲”或“日讲”。日讲之制在乾隆年间已流于空文，旨令停止，迄未再行。又另设所谓“日讲起居注官”，但仅为虚衔，并非实职。

**陈宏谋**（1696－1771） 清朝大臣。字汝咨，号榕门，临桂

| | | |
|---|---|---|
| 1891 | 光绪十七年 | 二月二十三日，刘锦堂丁忧开缺，以陶模为甘肃新疆巡抚。 |
| 1891 | 光绪十七年 | 二月二十三日，俄国皇太子尼古拉到达广州来华游历。 |
| 1891 | 光绪十七年 | 二月二十八日，准在广西开局刊书。 |
| 1891 | 光绪十七年 | 三月初九日，山西汾阳、平遥、孝义等地地震。 |
| 1891 | 光绪十七年 | 三月十三日，派李鸿章、裕禄办理关东铁路事宜，由户部每年拨二百万两款。 |
| 1891 | 光绪十七年 | 三月，**开平煤矿罢工**。 |
| 1891 | 光绪十七年 | 三月二十七日，准福建台湾巡抚刘铭传开缺，并开去帮办海军事务差使。 |

（今广西桂林）人。雍正进士，初任翰林。历任扬州知府、云南布政使、甘肃巡抚。旋调江西，奏请以工代赈、督修水利，颇有成效。任陕西巡抚期间，推广凿井灌田，抗御旱灾。后调河南、湖南、江苏巡抚，所任皆兴利除弊，重视水利，发展生产。升吏部尚书，对吏治、兵事、河工皆有疏议。乾隆三十二年（1767），授大学士，加太子太傅衔。三十六年卒，谥“文恭”。

**开平煤矿罢工**　光绪十七年（1891）三月，开平煤矿工人由于遭受外国技师的欺压，展开了大规模的反压迫斗争。罢工工人打伤外国工头伯恩，并迫使所有外国技师离开厂矿。这次罢工遭到李鸿章的武力镇压，矿务局逮捕五名工人，最后罢工失败。

| | | |
|---|---|---|
| 1891 | 光绪十七年 | 四月初二日，以邵友濂为福建台湾巡抚。 |
| 1891 | 光绪十七年 | 四月初六日，安徽发生**芜湖教案**。 |
| 1891 | 光绪十七年 | 四月十六日，李鸿章、张曜校阅北洋海军并巡视防务。 |
| 1891 | 光绪十七年 | 四月二十五日，俄国西伯利亚大铁路开工典礼在海参崴举行。 |
| 1891 | 光绪十七年 | 四月二十六日，准暂借出使经费以资颐和园工程。 |
| 1891 | 光绪十七年 | 四月二十九日，湖北发生**武穴教案**。 |
| 1891 | 光绪十七年 | 四月三十日，准**黄体芳**因病乞休。 |

**芜湖教案**　光绪十四年四月初六日（1891年5月13日），安徽芜湖市民因教会拐迷幼童，群起焚烧教堂，并包围英领事馆。既而，江苏丹阳、无锡、江阴及江苏南昌等处亦相继发生烧毁外国教堂之事。

**武穴教案**　光绪十七年四月二十九日（1891年6月5日），广济县武穴镇郭六寿等以教堂贩卖婴儿，聚众焚毁教堂，杀英教士一人及英籍海关职员一人。湖广总督张之洞捕捉二人抵命，赔抚恤费四万元，教堂费二万五千元。

**黄体芳**（1832－1899）　字漱兰，浙江瑞安人，同治进士。累迁至翰林院侍读学士。光绪五年（1879）前，以“翰林四谏”之一（另三人为张佩纶、张之洞、宝廷）闻名。六年，外放江苏学

| | | |
|---|---|---|
| 1891 | 光绪十七年 | 五月十九日，赏山东登青道盛宣怀头品顶戴。 |
| 1891 | 光绪十七年 | 五月二十二日，丁汝昌应邀率定远等六舰抵马关访日。 |
| 1891 | 光绪十七年 | 五月二十五日，马丕谣奏，请拨银十八万两修广西中越边防炮台。 |
| 1891 | 光绪十七年 | 六月十三日，郭嵩焘卒。 |
| 1891 | 光绪十七年 | 六月二十日，命将乌里雅苏台将军托克湍革职。 |
| 1891 | 光绪十七年 | 六月二十四日，派**汪凤藻**暂任出使日本使臣。 |

政，旋授兵部左侍郎。十一年，上疏请开去李鸿章会办海军差使，慈禧太后以其迹近乱政，命交部议处，部议降二级调用。至是休致，嗣卒于光绪二十五年。

**汪凤藻** 江苏元和（今吴县）人，字云章，号芝房。光绪进士，授翰林院庶吉士。光绪十七年（1891），以编修赏二品顶戴署理驻日大臣；次年，以记名知府实授。二十年，朝鲜东学党起义，他负责与日本交涉朝鲜事宜，屡向清廷提出建议，尽力维护中国权益。中日战争爆发后，应召返回国内，遂拒返仕途，自此家居不出。

**宜昌教案** 光绪十七年七月二十九日（1891年9月2日），湖北宜昌群众焚毁法国及英、美教堂。先是二十八日（1891年9月

| | | |
|---|---|---|
| 1891 | 光绪十七年 | 七月初七日，以张荫桓为都察院左副都御史（后改礼部右侍郎）。 |
| 1891 | 光绪十七年 | 七月二十三日，山东巡抚张曜卒，谥“勤果”，赠太子太保，入祀贤良祠，宣付国史馆立传。 |
| 1891 | 光绪十七年 | 七月二十四日，以福润为山东巡抚。 |
| 1891 | 光绪十七年 | 七月二十九日，湖北发生**宜昌教案**。 |
| 1891 | 光绪十七年 | 八月初二日，命奕劻总理海军事务，正白旗汉军都统定安（东北练兵大臣）、两江总督刘坤一帮办海军事务。 |
| 1891 | 光绪十七年 | 八月初八日，**宝鋆**卒，谥“文靖”。 |

1日），宜昌法国天主堂收买一被拐儿童，该童亲属前来教堂索还，而近旁美国教堂教士竟向聚集围观之民众开枪，伤一人，激起公愤，遂一哄将美、法教堂焚毁，又毁损正在施工中之英国领署及商人、教士寓所数处，打伤法国等欧洲传教士四名。既而，英、法、美等国驻京公使联合向总署提出交涉，英、法兵舰且上驶宜昌，英、德、俄、意四国兵舰并在汉口举行军事演习，以示威胁。湖广总督张之洞主张“务办数十人”，“悬赏缉凶”，后将十余人充军或笞杖，赔款十七万五千余两结案。

**宝鋆**（1807－1891） 清末大臣。字佩蘅，满洲镶白旗人，索绰络氏，道光进士。咸丰初，授礼部侍郎；咸丰十一年

| | | |
|---|---|---|
| 1891 | 光绪十七年 | 八月，康有为《**新学伪经考**》刊刻发行。 |
| 1891 | 光绪十七年 | 九月十六日，准各国使臣觐见场所改为承光殿。 |
| 1891 | 光绪十七年 | 九月十九日，《**吉林通志**》创修。 |
| 1891 | 光绪十七年 | 九月二十一日，赐恤马如龙。 |
| 1891 | 光绪十七年 | 九月，英籍税司梅生（Charles Welsh Mason, |

（1861），奉旨在军机大臣上及总理衙门行走；次年，擢户部尚书。同治十三年（1874），授体仁阁大学士，管吏部事务。光绪三年（1877），改武英殿大学士。十七年，病故，诏赠太保，照大学士例赐恤，谥“文靖”。

**新学伪经考**　书名。康有为关于维新变法的第一部理论著作。共十四卷，初刊于光绪十七年（1891）。康氏认为，东汉以来历代封建统治者奉为经典的儒家五经中的四经——《毛诗》、《古文尚书》、《周礼》、《左氏春秋》均是西汉末年刘歆为助王莽篡汉所伪造，湮没了孔子“托古改制”的“微言大义”，因而是“伪经”；古文经学不是孔子之学，而是新朝之学，当称“新学”。只有西汉初年流传的今文经才阐发了孔子真义，是真经。康把古文经概称伪造在于打击“恪守祖训”的封建顽固思想，为变法制造舆论，对封建统治思想公开挑战。此书一经刊行，立即在学术思想界引起极大震荡，梁启超赞叹此书出版是当时“思想界之一大飓风”。但康此着虽否定了古文经在学术思想界的统治地位，却企图重新树立今文经的统治地位，表明他仍旧从封建传统文化中摄取反对封建

| | | |
|---|---|---|
| | | 1866 —？）偷运军火案审结。 |
| 1891 | 光绪十七年 | 十月初三日，以奎俊为山西巡抚。 |
| 1891 | 光绪十七年 | 十月初十日，热河**金丹教起义**，推李国珍为“扫北武圣人”，攻占朝阳县城。 |
| 1891 | 光绪十七年 | 十月十一日，命赏班禅额尔德尼外祖父期美德布以本身辅国公衔。 |

顽固派的思想武器，反映了改良派理论基础的薄弱。

**吉林通志** 书名。清长顺监修，李桂林等纂集，一百二十二卷、图一卷。光绪年间成书。据《盛京通志》酌加损益，分圣训、天章、大事、沿革、舆地、食货、经制、学校、武备、职官等十三门，每一门中又各分子目，甚详备。有光绪十七年（1891）刊本。

**金丹教起义** 清光绪年间，热河朝阳等地秘密宗教组织——金丹道教发动的农民起义。外国传教士在热河地区勾结蒙古王公和清朝官吏欺压人民，教堂拐骗、惨杀儿童事件屡屡发生。光绪十七年（1891）三月，天主教会在热河建昌（今辽宁凌源）以“借粮”为名，搜括群众。林玉山、徐荣到教堂说理，徐当场被枪杀。教堂又组织武装，迫害群众。被迫害的农民、矿工相率参加金丹道教。十月初十日（1891年11月11日），金丹道教首领杨悦春、李国珍等以“仇杀天主教、仇杀蒙古、仇杀贪官”为号召，发动起义。在理教郭万淳（一作郭万昌）率众响应。十三日（1891年11月14日），攻克朝阳。赤峰、建昌、平泉一带人民纷起响应，起义军扩大至数万人。摧毁教堂的武装，惩办作恶

| | | |
|---|---|---|
| 1891 | 光绪十七年 | 十月十二日，令张之洞缉拿李洪（李世忠之子，**哥老会**成员）。 |
| 1891 | 光绪十七年 | 十月二十日，命裕禄、李鸿章派兵剿灭金丹教。 |
| 1891 | 光绪十七年 | 十一月初三日，科尔沁亲王伯彦纳谟祜卒。 |
| 1891 | 光绪十七年 | 十一月十五日，派崇礼、**洪钧**在总理各国事务衙门行走。 |
| 1891 | 光绪十七年 | 十一月十五日，金丹教李国珍被擒斩。 |
| 1891 | 光绪十七年 | 十一月二十八日，以荣禄为西安将军。 |

的教士。在热河起义影响下，锦州和直隶（今河北）部分地区的人民纷起驱逐外国传教士。清政府调集直、热、奉三省军队进行围剿，起义军英勇抵抗，坚持两个多月，大小数十战，最后失败。李国珍、杨悦春被捕牺牲，郭万淳战死，起义群众二万多人惨遭屠杀。

**哥老会** 又称“哥弟会”，天地会支派，清代民间秘密结社。首领称大哥或大爷，互称“袍哥”。成员主要是破产农民、手工业者、城市游民、遣散军人等。也有地主分子加入。初以“反清复明”为宗旨，太平天国失败后，会员相继投入农民起义和反教会斗争。辛亥革命期间，部分成员接受同盟会领导，参加反清武装起义。民国后，渐被反动势力操纵利用，日趋没落。

**洪钧**（1839—1893） 清末外交官。字陶士，号文卿，江苏吴县（今苏州）人。同治进士，任翰林院修撰。光绪年间，先后任山东乡试正考官、提督江西学政、

| | | |
|---|---|---|
| 1891 | 光绪十七年 | 是年，北洋官铁路局设于山海关。 |
| 1891 | 光绪十七年 | 是年，曹善谦、郑观应在上海创办伦章造纸厂。 |
| 1891 | 光绪十七年 | 是年，邹代钧所著《西征纪程》刊印。 |
| 1891 | 光绪十七年 | 是年，英国基督教伦敦会在上海创办华英书院。 |
| 1891 | 光绪十七年 | 是年，华新纺织新局在上海正式开工。 |
| 1891 | 光绪十七年 | 是年，康有为创办**万木草堂**。 |

翰林院侍读学士。其后，出使俄、德、荷、奥诸国，官至兵部左侍郎。他力主巩固边防，预为戒备。出使俄国期间，正值波斯拉施德丁《史集》俄译本和霍渥尔斯《蒙古史》英文本出版，他请人译出，著《元史译文证补》，使中国人研究元史扩大了视野。

**万木草堂**　康有为宣传变法维新思想的讲学之所。光绪十七年（1891），创设于广州长兴里；次年，迁至卫边街；十九年底，再迁至府学宫。初设时，未正式定名；迁至府学宫后，始定名为“万木草堂”。康有为自任总教授、总监督，著《长兴学记》，以为学规。讲学内容涉及中外历史、孔学、佛学、周秦诸子之学、宋明理学，但以康著《新学伪经考》和《孔子改制考》为主，鼓吹托古改制，按照改良主义的政治理想改造儒学，重新塑造孔子形象，把孔子打扮成托古改制的鼻祖，为其变法活动作舆论准备。此外，还讲授西洋哲学、群学（即社会学）、政治原

| | | |
|---|---|---|
| 1891 | 光绪十七年 | 是年，商办企业上海棉利公司成立。 |
| 1891 | 光绪十七年 | 是年，英商创办上海洋灰公司。 |
| 1892 | 光绪十七年 | 十二月初三日，赏卫汝贵、**胡燏棻**等头品顶戴。 |
| 1892 | 光绪十七年 | 十二月初五日，定亚东互市为藏印边界通商地。 |
| 1892 | 光绪十七年 | 十二月初九日，准将“新海防捐”再延期一年。 |
| 1892 | 光绪十七年 | 十二月十一日，赏直隶提督叶志超穿黄马褂并云骑尉世职。 |
| 1892 | 光绪十七年 | 十二月二十九日，颁赐西藏万寿寺“祇树长春”、大招寺“福资万有”、吉绷寺“慈云普佑”匾额。 |

理学，借以传播西方社会、政治、文化知识，探讨效法西方、强盛中国之法，鼓吹变法的必要性。学生开始不满二十人，后增至百余人，其中梁启超、麦孟华、徐勤等人都在戊戌变法运动中起过重要作用。二十年，被清政府解散。二十二年后，又有讲学活动。

**胡燏棻**（？—1906） 字芸楣、云楣。安徽泗州（今泗县）人，祖籍浙江萧山。同治进士。曾授知县，未就，纳资为道员，铨直隶，后补为天津道。光绪十七年（1891），迁广西按察使。二十年，中日甲午战争时，奉命筹粮饷；是年冬，又受命主练兵事。他以天津小站为练兵场，聘德国人汉纳根为教官，募兵十营，以

| | | |
|---|---|---|
| 1892 | 光绪十八年 | 正月初三日，九世班禅**坐床**典礼于后藏扎什伦布寺举行。 |
| 1892 | 光绪十八年 | 正月初八日，会典馆开馆，开始续修《大清会典》。 |
| 1892 | 光绪十八年 | 正月十二日，喀什噶尔设通商局。 |
| 1892 | 光绪十八年 | 正月十九日，龙文彬进呈《明会要》。 |
| 1892 | 光绪十八年 | 正月二十九日，以张联桂为广西巡抚。 |
| 1892 | 光绪十八年 | 二月初五日，命桂祥、文秀管理神机营事务。 |
| 1892 | 光绪十八年 | 二月初九日，前户部尚书、大学士阎敬铭卒。 |
| 1892 | 光绪十八年 | 二月，黑龙江省创设电线。 |

西法操练，号为“定武军”。二十一年，上“变法自强”疏，提出筹饷、练兵、重工商、兴学校等建议。九月，奉命督办津芦铁路，旋授顺天府尹。二十四年，“百日维新”期间，曾奏请精练陆军，改用新法操练等，迁总理衙门大臣。二十六年后，历任刑部、礼部、邮传部侍郎。

**坐床**　西藏佛教新转世活佛接替前世活佛法位时升座仪式。经此仪式后，灵童始正式成为活佛。清例，达赖的转世灵童举行坐床，须由清朝指派大员（或驻藏大臣）主持仪式，新达赖要先至大昭寺朝佛，然后在布达拉宫日光殿内坐床。僧俗人民集合歌舞，燃烧松柏树枝以示庆贺。

| | | |
|---|---|---|
| 1892 | 光绪十八年 | 二月，**辅仁文社**在香港创立。 |
| 1892 | 光绪十八年 | 三月十八日，续修《**两淮盐法志**》。 |
| 1892 | 光绪十八年 | 三月二十一日，令李鸿章与俄使商议中俄边界电报线。 |
| 1892 | 光绪十八年 | 四月十一日，调刚毅为广东巡抚，奎俊为江苏巡抚，阿克达春为山西巡抚。 |
| 1892 | 光绪十八年 | 四月二十日，醇贤亲王安葬于妙高峰陵园。 |
| 1892 | 光绪十八年 | 四月二十四日，陕甘总督请拨银两修肃州（酒泉）至乌鲁木齐电线。 |

**辅仁文社** 清末爱国团体。光绪十八年（1892）二月，在香港建立。杨衢云为社长。以“尽忠报国”为宗旨。二十一年，加入兴中会。

**两淮盐法志** 书名。清佶山等纂修。嘉庆十一年（1806）成书，五十六卷，卷首四卷。记叙两淮盐区生产、销售、转运、课则等规章，是研究两淮盐政的重要资料。

**保和殿** 宫殿名。清皇宫外朝三大殿之一。位于故宫中和殿后。明永乐十八年（1420）建，初名谨身殿，后改建极殿，清顺治时始称保和殿。乾隆时重修。每年除夕、元宵筵宴外藩蒙古、公主下嫁纳采后赐宴，以及殿试（初在太和殿丹墀，乾隆后期移此）、朝考，均在此举行。

**太和殿** 俗称“金銮殿”。宫殿名。清皇宫外朝三大殿之一。在北京紫禁城太和门内正中，坐北朝南。始建于明永乐十八

| | | |
|---|---|---|
| 1892 | 光绪十八年 | 四月二十六日，**保和殿**策试。 |
| 1892 | 光绪十八年 | 五月初一日，**太和殿**传胪，授一甲刘福姚、吴士鉴、陈伯陶分别为翰林院修撰、编修，赐进士及第。 |
| 1892 | 光绪十八年 | 五月，天津至热河（承德）创办电线。 |
| 1892 | 光绪十八年 | 五月初七日，以聂士成为山西太原镇总兵。 |
| 1892 | 光绪十八年 | 五月二十八日，以谭锺麟为闽浙总督。 |
| 1892 | 光绪十八年 | 五月，俄兵占领中国设有**卡伦**之苏满塔什、让库尔、阿克塔什。 |

年（1420），初名奉天殿，后改皇极殿；清顺治二年（1645），改称今名。康熙八年（1669）重建；三十四年，再建。是皇帝举行大朝典礼之所，每年元旦、冬至、万寿（皇帝诞辰）三大节及逢登极、亲政、大朝会筵宴、命将出师、百官除授谢恩及金殿传胪等，均在此举行。

**卡伦**　满语音译，意为哨卡，哨所。清于东北、蒙古、新疆北沿国境线内侧设置，一般分为三层：内称“常设卡伦”，为永久驻守者；外称“移设卡伦”；再外称“添设卡伦”。皆暖则外展，寒则内迁，进退盈缩，或千里，或数百里，均在常设卡伦之外、边界线内。东北、蒙古、新疆的某些禁地或冲要处所，如盛京、吉林之柳条边，热河之木兰围场，外蒙古之呼图斯采金处，新疆之和阗采玉处，以及哈密、吐鲁番等冲要之处，亦设卡驻兵，守卫稽察。

| | | |
|---|---|---|
| 1892 | 光绪十八年 | 六月十六日，以汪凤藻为出使日本国大臣。 |
| 1892 | 光绪十八年 | 六月十六日，命薛福成与英外部商议滇缅界务。 |
| 1892 | 光绪十八年 | 六月二十四日，永定河决口，顺天、保定、天津等地受灾。 |
| 1892 | 光绪十八年 | 六月二十六日，《**中俄电报接线条款**》议定。 |
| 1892 | 光绪十八年 | 闰六月十二日，以张煦为山西巡抚，吴大澂为湖南巡抚。 |
| 1892 | 光绪十八年 | 闰六月，黄河在山东利津、济阳、惠民县决口百余丈。 |
| 1892 | 光绪十八年 | 七月二十八日，江苏巡抚德馨镇压武功山哥老会于萍乡。 |

**中俄电报接线条款** 光绪十八年（1892）三月，俄使喀西尼（Arthur Pavlovitch Cassini, 1835－？）请接通中俄边界电报线，清政府派李鸿章与该使商议。六月二十六日（1892年7月19日），议定中俄《电报接线条款》，主要内容为：中国珲春电局与俄国岩杵河电局接线；中国海兰泡电局与俄国布拉戈维申斯克电局接线；中国恰克图之买卖城（今属蒙古国）电局与俄国恰克图电局接线。此条款寻于本年七月初四日（1892年8月25日），在天津签押。

**孙家鼐**（1827－1909） 安徽寿州人，字燮臣，号蛰生，又号澹静老人。咸丰状元，授修撰。光绪四年（1878），奉命在毓庆

| | | |
|---|---|---|
| 1892 | 光绪十八年 | 八月初四日，驻藏大臣升泰卒。 |
| 1892 | 光绪十八年 | 八月十七日，以**孙家鼐**为工部尚书兼顺天府尹，调张荫桓为户部左侍郎，徐用仪为吏部左侍郎。 |
| 1892 | 光绪十八年 | 八月二十九日，命张之万管理吏部事务，授协办大学士，福锟为大学士。 |
| 1892 | 光绪十八年 | 九月十四日，华商“同顺泰号”与朝鲜订立合同，借给朝鲜银十万两以归还德商债务。 |
| 1892 | 光绪十八年 | 十月初二日，湖北机器织布局在武昌开机生产。 |
| 1892 | 光绪十八年 | 十月十五日，甘肃新疆巡抚陶模奏，新疆设立俄文学馆，酌拟章程，请饬立案。 |

宫行走，与尚书翁同龢同为光绪帝师傅。累迁内阁学士，擢工部侍郎。十六年，授都察院左都御史、工部尚书，兼顺天府尹。二十二年，提出“中学为主，西学为辅”的主张。二十四年，以吏部尚书协办大学士。命为管学大臣，主办京师大学堂，建议增设中小学堂、速成学校及医学校。戊戌政变后，慈禧太后谋废光绪帝，力持不可，以病乞免官。后起为礼部尚书，拜体仁阁大学士，转文渊阁大学士。三十三年，晋武英殿大学士。充学务大臣，裁废规章，严定宗旨。资政院成立充任总裁。三十四年，赏太子太傅。

**上海榨油厂**　外商企业。清光绪

| | | |
|---|---|---|
| 1892 | 光绪十八年 | 是年，英商美查兄弟公司创办**上海榨油厂**。 |
| 1892 | 光绪十八年 | 是年，山西北部旱灾严重。 |
| 1892 | 光绪十八年 | 是年，**陈虬**著成《治平通议》。 |
| 1893 | 光绪十八年 | 十一月十八日，《惩治会匪章程》颁行各省。 |
| 1893 | 光绪十八年 | 十二月初一日，《平定陕甘新疆回匪方略》编辑完工。 |
| 1893 | 光绪十八年 | 十二月初九日，重庆开办火柴厂。 |
| 1893 | 光绪十八年 | 十二月二十二日，以杨儒为出使美、日(西)、秘国大臣。 |

十八年（1892），由英商美查兄弟公司创办于上海。除经营棉子榨油外，兼制酒精。

**陈虬**（1851－1903） 清末早期改良派。字志三。原名国珍，晚号蛰庐。浙江乐清人。举人出身。光绪十八年（1892），著《治平通议》八卷。认为只有致富致强，才能立国御侮，而“欲图自强，自在变法”。提出设立议院、兴地利、奖工商、兴制造、开铁路、变营制、筹海、筹边、治河等主张。中日甲午战争后，以公车入京。二十四年，参加康有为等发起的保国会。后在温州设立学堂、开办报馆、药房等。戊戌变法失败后，被清政府通缉，潜藏温州。另著有《报国录》。

**新闻报** 美国公司在中国主办的

| | | |
|---|---|---|
| 1893 | 光绪十九年 | 正月初一日，英国人在上海创刊《**新闻报**》。 |
| 1893 | 光绪十九年 | 正月二十一日，俄人请以新疆色勒库尔大分水岭为界。 |
| 1893 | 光绪十九年 | 正月二十九日，令拨银十万两备赈山西，暂停征收山西、直隶采运粮石税厘。 |
| 1893 | 光绪十九年 | 二月十五日，光绪帝接见德驻华公使巴兰德。 |
| 1893 | 光绪十九年 | 二月二十日，调“靖远”、“来远”两舰赴仁川以防东学党。 |
| 1893 | 光绪十九年 | 三月二十日，李鸿章致电袁世凯敦促朝鲜与日本解决“**防谷令**”一事。 |

中文报纸。该报是由英国商人丹福士（A. W. Danforth）于光绪十九年（1893），在上海创办。二十五年，由于无力继续经营，转让给美国人福开森（John Calvin Ferguson, 1866—1945）。编辑和经理工作都聘请中国人分担，外国人在幕后指挥。报纸的文字和版面的安排尽量迎合中国读者的阅读习惯。初创时仅销三百份。1919年（民国八年），达四万五千多份。1929年，由福开森经手出售给华商股份有限公司。

**防谷令** 日本于光绪二年（1876），迫使朝鲜开关后，日商一面将棉布等物输入朝鲜，同时以低廉价格从朝鲜大量输出稻谷、大豆等物，导致该国粮价上涨，居民生活困难。朝鲜政府出于稳定国内局势需要，拟在灾

| | | |
|---|---|---|
| 1893 | 光绪十九年 | 三月二十七日，令速派快船二只到仁川以防**东学党**。 |
| 1893 | 光绪十九年 | 四月十八日，张之洞、谭继洵奏，鄂省引进桑苗，兴办蚕桑事业。 |
| 1893 | 光绪十九年 | 五月十四日，**理藩院**请赈济伊克昭盟。 |
| 1893 | 光绪十九年 | 五月，日本参谋总部次长川上操六到津观察防务并试射上海机器局新造快枪。 |
| 1893 | 光绪十九年 | 五月二十三日，《中美上海新定虹口租界章程》订立。 |
| 1893 | 光绪十九年 | 六月初二日，以卫汝贵为甘肃宁夏镇总兵。 |

款粮荒之年施行“防谷令”措施（即禁止谷物出口）。日人则惟恐此举损害其利益，因于九年规定，朝鲜地方官发布防谷令应提前一个月通知当地日本领事。十五年，咸镜道大豆歉收，该道监司发布防谷令；次年，黄海道监司亦行此令。日本政府声称，两处地方官之提前预告期均不足一个月，致使日商蒙受损失，要求朝鲜政府予以赔偿。据朝方估算，日商损失至多六万日元，允赔此数。日方则索赔十四万日元，双方僵持不下。已而，日人又提出追加利息三万，使其索赔数目达到十七万日元，朝方更是不允，遂成为两国交涉之一悬案。

**东学党**　又称东学道或东学教，由朝鲜庆尚道崔济愚创立于中国同治年间。其宗教思想据称系兼取儒、佛、道三教之长而为“东学”，宣传“人人平等”、“广济众生”，以对抗天主教为代表之“西学”。该教虽被朝鲜政府

| | | |
|---|---|---|
| 1893 | 光绪十九年 | 六月二十三日，永定河漫口，北京地区水灾严重。 |
| 1893 | 光绪十九年 | 八月初四日，准由驻外使臣或领事发给海外华民护照，以便随时回国或出洋。 |
| 1893 | 光绪十九年 | 八月初五日，四川泰宁（今康定县西北）地震，惠远庙倒塌。 |
| 1893 | 光绪十九年 | 八月初七日，河道总督许振祎请根除黄河修治工程冒支经费问题。 |
| 1893 | 光绪十九年 | 八月二十三日，兵部左侍郎洪钧卒。 |

视为邪教施行镇压政策，教主崔济愚遭处决，但仍以秘密宗教流行。农民、手工业者和市民纷纷加入，声势日盛。

**理藩院** 官署名。清代管理蒙古、新疆、西藏各少数民族地区事务的中央机关。清初设蒙古衙门，天聪十二年（1638），改为理藩院，属礼部。顺治十八年（1661），改与六部同等，成为特设在六部以外管理蒙古、新疆、西藏少数民族地区事务的部级机构。执掌部界、封爵、设官、户口、耕牧、赋税、兵刑、交通、会盟、朝贡、贸易、宗教等事。此外，并掌管一部分属国及其它外国交往事务（礼部也掌管一部分）。置尚书一人，左右侍郎各一人，以上均为满员；额外侍郎一人。选蒙古贝勒、贝子之贤能者充任。下设有郎中宗室、员外郎宗室、堂主事、主事等。光绪三十二年（1906），改为理藩部。辛亥革命后废。

| | | |
|---|---|---|
| 1893 | 光绪十九年 | 九月初三日，中俄订立《**交收巴尔鲁克山文约**》。 |
| 1893 | 光绪十九年 | 九月初四日，授贝勒载漪为御前大臣，松溎为刑部尚书，怀塔布为工部尚书。 |
| 1893 | 光绪十九年 | 九月初十日，上海机器织布局失火焚毁。 |
| 1893 | 光绪十九年 | 九月二十一日，命为孙开华建祠，宣付国史馆立传，谥“壮武”。 |
| 1893 | 光绪十九年 | 十月初四日，派龚照瑗为出使英、法、意、比国大臣。 |
| 1893 | 光绪十九年 | 十月二十六日，许景澄奏甘肃新疆省多有金矿。 |
| 1893 | 光绪十九年 | 十月二十八日，《**中英藏印条款**》订立。 |

**交收巴尔鲁克山文约**　光绪十九年（1893）二月，塔城参赞大臣富勒铭额奉命派伊塔道英林等与俄国驻伊犁领事开议巴尔鲁克山收还事宜。九月初三日（1893年10月12日），双方订立文约，规定自光绪十九年九月初三日起，俄国将此山区完全交还中国，凡山中尚未迁往俄境之哈萨克人，即作为中国居民，归中国管辖。

**中英藏印条款**　光绪十九年十月二十八日（1893年12月5日），清参将何长荣和英印政府政务司保尔在大吉岭签订《藏印条款》，即《会议藏印续约》。该约全文共十二款（正文九款又续款三），主要内容为：亚东于光绪二十年三月二十六日（1894年5月1日），开关通商；军火及麻醉

| | | |
|---|---|---|
| 1893 | 光绪十九年 | 十月，令户部每年添拨内务府经费银五十万两。 |
| 1893 | 光绪十九年 | 十一月初一日，李鸿章设立天津西医学堂（**北洋医学堂**），以欧士敦为总教习。 |
| 1893 | 光绪十九年 | 十一月初五日，户部预拨东北边防经费，共银一百八十六万两。 |
| 1893 | 光绪十九年 | 十一月初十日，新疆库车地震。 |
| 1893 | 光绪十九年 | 十一月十九日，毛泽东出生于湖南省湘潭县韶山冲。 |
| 1893 | 光绪十九年 | 十一月二十日，汉阳铁厂建成。 |
| 1893 | 光绪十九年 | 十一月二十日，湖北开办“**自强学堂**”。 |

药等禁止入境与否，两国各随其便；除上述应禁货物外，其余各货自开关之日起五年内概行免纳进出口税，印茶须俟五年后方可入藏销售。从此，西藏门户被英国侵略势力打开。

**北洋医学堂**　又名天津医学堂，是最早的官办西医学校之一。光绪十九年（1893），李鸿章督饬海关道以本地官商捐款在天津城外建立，是官办天津医院的附属西医学堂。聘天津税务署英国医官欧士敦（Anderew Lrwin）监督一般医学事宜，延请中外医生任教习，按照西方医学校的标准设置课程。一切经费由海防经费中开支。

**自强学堂**　清末洋务学堂之一。光绪十九年（1893）十一月，湖广总督张之洞为培养通晓洋务的

| | | |
|---|---|---|
| 1893 | 光绪十九年 | 是年，礼和永轧花厂在上海创办。 |
| 1893 | 光绪十九年 | 是年，华商在广州创办义和火柴公司。 |
| 1893 | 光绪十九年 | 是年，美国烟草公司在上海建立。 |
| 1893 | 光绪十九年 | 是年，道员**郑观应**撰成《**盛世危言**》，主张兴学校、使人尽其才。 |

买办、外语翻译人员和教学人员设立于武昌。初设方言（外国语言文字）、格致、算学、商务四科。二十三年，算学科归两湖书院办理，格致、商务两科停办，仅留方言一科，分英文、法文、俄文、德文四门，故又称方言学堂。招收青年子弟入学攻读，五年毕业。二十九年，改为普通中学堂。

**郑观应**（1842—1922）　广东香山（今中山）人，又名官应，字正翔，号陶斋。咸丰八年（1858），放弃科举，到上海学商。第二次鸦片战争后，到海外经商。曾为宝顺洋行和太古洋行买办，并投资轮船公司。捐资得道员衔。光绪六年（1880），受李鸿章委派为上海机器织布局会办，后帮办轮船招商局，后任总办及上海电报局总办。十九年，刊行《盛世危言》一书，主张设立议会，实行君主立宪，收回利权，振兴民族工商业，和外国进行商战。对洋务派作了较全面的批判，为早期改良思想中影响较大的著作。二十二年，任汉阳铁厂总办。二十六年，参加容闳、严复等人领导的上海自立会，为首席干事。三十二年，任粤汉铁路总办。三十四年，曾上书清政府，请求速行宪政，随即参加上海预备立宪公会。辛亥革命后，居上海，为商界著名人士。除《盛世危言》，还著有《盛世危言后编》、《罗浮待鹤山人诗草》等。

| | | |
|---|---|---|
| 1893 | 光绪十九年 | 是年，**陈炽**著成《庸书》。 |
| 1894 | 光绪十九年 | 十二月初二日，许庚身卒，赠太子太保衔，谥“恭慎”。 |
| 1894 | 光绪十九年 | 十二月初二日，命徐用仪在军机大臣上行走，廖寿丰为浙江巡抚。 |

**盛世危言**　书名。清末郑观应著。同治元年（1862），以《救时揭要》之名发表。十年，经改编增写，以《易言》之名发表。光绪十九年（1893），再经增补修改，以《盛世危言》之名刊行。全书共五卷，列有道器、学校、西学、考试、议院等正文五十七篇，附录十九篇。宣传变易原理；主张“主以中学，辅以西学”，在中国设立议院，实行君主立宪政体，提出振兴民族工商业，同外国资本主义进行“商战”，“藉兵以卫商”的思想；主张改革科学制度，广办学校、报纸，普及教育；对洋务派的“自强新政”作了较全面的批判。为中日甲午战争以前著名的政治改良论著。其后，郑曾多次改编重版，并于辛亥革命后，另编《盛世危言后编》。

**陈炽**（1855－1900）　江西瑞金人，字次亮，号瑶林馆主。举人出身。历任户部郎中、刑部章京、军机处章京。遍历沿海各地，曾到香港、澳门等地考察。钻研西学，主张学习西法，以求自强。光绪十九年（1893），著《庸书》，主张设立议院，革新政治。要求关税自主，反对外国人把持海关。谴责顽固派反对发展机器工业导致国家贫弱，批评洋务派“摧折华商”。阐释以商业为中心，全面发展各部门经济的理论，主张发展民族工商业，抵制外国资本主义的经济侵略

| | | |
|---|---|---|
| 1894 | 光绪十九年 | 十二月初九日，调孙毓汶为兵部尚书，薛允升为刑部尚书。 |
| 1894 | 光绪十九年 | 十二月十七日，准驻美使臣杨儒与美国签订《华工保护条约》。 |
| 1894 | 光绪二十年 | 正月初一日，封瑾嫔、珍嫔为瑾妃、**珍妃**。 |
| 1894 | 光绪二十年 | 正月初十日，汉阳铁厂开炉冶炼。 |
| 1894 | 光绪二十年 | 正月二十四日，《**中英续议滇缅界、商务条款**》订立。 |

等。二十一年，与康有为等发起组织强学会，任提调。参加变法维新运动，为甲午战争前后著名的早期改良派代表人物之一。二十四年，戊戌变法失败后，忧愤而死。另著有《续富国策》等。

**珍妃**（1876－1900）　清光绪帝妃，满洲镶红旗人，他他拉氏。侍郎长叙之女。光绪十四年（1888），被选为珍嫔，聪明有才学，得宠于光绪帝而晋珍妃。二十四年，支持变法，助光绪帝理朝政，遭慈禧太后忌恨。戊戌政变猝发，密谏急派太监聂八十、寇连才出宫给维新派传信，旋被圈禁。二十六年，八国联军陷北京，慈禧太后出逃时，命太监崔玉贵推入井中溺死。

**中英续议滇缅界、商务条款**　援《中英缅甸条款》有关规定，英国强迫清政府订立的不平等条约。光绪二十年正月二十四日（1894年3月1日），由清政府代表薛福成与英外务大臣签订于伦敦。凡二十条，另有《约后附载》。主要内容：（一）划定尖高山以南中缅边界；（二）清方“不再索问永昌、腾越界外之隙

| | | |
|---|---|---|
| 1894 | 光绪二十年 | 二月二十二日，韩人金玉均在上海美租界被刺。 |
| 1894 | 光绪二十年 | 三月十八日，命于本月二十六日在保和殿考试翰詹。 |
| 1894 | 光绪二十年 | 四月初三日，李鸿章校阅北洋海军。 |
| 1894 | 光绪二十年 | 四月二十五日，太和殿传胪，授一甲**张謇**等为翰林院修撰、编修，赐进士及第。 |
| 1894 | 光绪二十年 | 四月三十日，朝鲜请派兵助韩围剿叛军。 |

地”，英国让出北尼丹、科干、孟连、江洪等驻地，但不许中国将其割让他国；（三）华货除盐之外陆路入缅，英货及缅土产除米之外陆路运华，概不收税，中缅贸易边关暂定蛮允、盏西两处，以后再行添设；（四）英国和清政府分别可在蛮允和仰光派驻领事。通过《中英缅甸条款》和本约，英国扩大了在中国西南地区的侵略特权。

**张謇**（1853－1926）　江苏通州（今南通）人，字季直，号啬庵。光绪状元，授翰林院修撰。中日甲午战争后，愤政府丧权辱国，遂致力于实业、教育。光绪二十二年（1896），经张之洞奏派总办通州商务局，创办南通大生纱厂。二十五年，纱厂建成开工；次年，又筹建通海垦牧公司、上海大达外江轮步公司、资生铁冶厂等企业。逐步形成拥有十九个企业的大生资本集团。又积极创办文教事业，先后建立通州师范、女子师范及各类职业、专科学校、中小学、博物苑、图书馆等。曾著《变法平议》，并代张之洞等草拟《请立宪》奏

| | | |
|---|---|---|
| 1894 | 光绪二十年 | 五月初一日，派叶志超、聂士成率军前往朝鲜牙山。 |
| 1894 | 光绪二十年 | 五月初七日，日军强行进入汉城。 |
| 1894 | 光绪二十年 | 五月初七日，《平定陕甘新疆回匪方略》、《平定云南回匪方略》、《平定贵州苗匪方略》完成。 |
| 1894 | 光绪二十年 | 五月十八日，汪凤藻照会日本外务省，驳其所谓“共改韩政”之说。 |
| 1894 | 光绪二十年 | 五月十九日，日本御前会议决定，单独进行 |

稿。三十二年，在沪成立预备立宪公会，成为国内立宪运动的首领。宣统元年（1909），当选江苏咨议局议长，发起入京请愿，要求开国会、行宪政。武昌起义后赞同共和。1912年（民国元年），任南京临时政府实业总长；1913年，曾任北洋政府农林、工商总长，兼全国水利局总裁。两年后，以不赞成帝制辞职南归。晚年继续经营实业。有《张季子九录》、《啬翁自订年谱》、《张謇日记》等。

**孙中山**（1866—1925）　广东香山县（今中山市）翠亨村人，名文，字逸仙。青少年时期，先后在檀香山、广州、香港受教育。光绪二十年（1894），上书李鸿章，提出改革的主张。因遭拒绝，遂赴檀香山，建立中国最早的革命团体兴中会。二十一年，设兴中会总会于香港，策划在广州起义，未发事泄，流亡国外。二十六年，组织发动惠州起义。三十一年七月，中国同盟会成立，孙中山被推为总理，提出

| | | |
|---|---|---|
| | | “朝鲜内政改革”并派出第二批赴韩陆军。 |
| 1894 | 光绪二十年 | 五月，**孙中山**上书李鸿章，提出培养人才、发展实业等变法自强主张。 |
| 1894 | 光绪二十年 | 六月十八日，日本照会韩廷，要求华军退出朝鲜并废止中韩《贸易章程》。 |
| 1894 | 光绪二十年 | 六月十九日，薛福成卒。 |
| 1894 | 光绪二十年 | 六月二十一日，日军攻入朝鲜王宫，解除韩军武装，立大院君主政。 |

“驱除鞑虏，恢复中华，建立民国，平均地权”的革命纲领，创立三民主义学说。宣统三年（1911），武昌起义后，回国领导辛亥革命。1912年1月1日，在南京就任临时大总统，建立中华民国。2月13日，被迫辞职，让位于袁世凯。3月，主持制订通过了《中华民国临时约法》。8月，同盟会改组为国民党，被选为理事长。1913年，发动“二次革命”。1914年6月，在日本东京建立中华革命党。1915年，为反对帝制复辟，参加护国运动。1917年，在广州领导了“护法运动”。失败后至上海，创办《建设杂志》，发表《实业计划》，并改中华革命党为中国国民党。1924年1月，召开中国国民党第一次全国代表大会，改组国民党，重新解释三民主义，采取“联俄、联共、扶助农工”三大政策，实行国共合作，还创办了黄埔军校。同年11月，应邀北上讨论国是。1925年3月12日，在北京病逝。遗著编为《中山全书》或

| | | |
|---|---|---|
| 1894 | 光绪二十年 | 六月二十三日，日舰在丰岛海面攻击我济远等舰，击沉高升号运兵船，**中日甲午战争**爆发。 |
| 1894 | 光绪二十年 | 六月二十三日，朝鲜大院君在日军胁迫下，宣布废止中韩《贸易章程》。 |
| 1894 | 光绪二十年 | 六月二十七日，聂士成一军与来犯日军战于成欢驿。 |
| 1894 | 光绪二十年 | 六月二十八日，命驻日使臣汪凤藻即行撤回国内。 |

《总理全集》多种。

**中日甲午战争** 清末日本侵略中国的战争，因爆发于旧历甲午年，故称“甲午战争”。日本明治维新后，国力日昌，逐渐向外侵略扩张，制订了以侵占中国为基本目标的“大陆政策”。光绪二十年（1894），朝鲜政府请求清政府协助镇压东学党起义，日方一面怂恿清政府出兵，一面抢派重兵进驻朝鲜。六月二十三日（1894年7月25日），日本舰队在牙山口外丰岛海面袭击中国运兵船舰，同日，日本陆军进攻牙山清军；二十七日（1894年7月29日），清军退守平壤。七月初一日（1894年8月1日），中日双方正式宣战。八月中旬，日本陆军万余进攻平壤，清军败退回本境。十八日（1894年8月18日），日本海军在黄海大东沟海面拦击北洋舰队，双方激战数时皆有较大损伤，日军取得制海权。随后，日军侵犯中国境内，九月下旬，接连占领九连城、安东（今丹东）、凤凰城；十月，相继侵占金州、大连、旅顺。次年正月，攻占威海卫，北洋舰队

| 1894 | 光绪二十年 | 七月初一日，清政府对日宣战。 |
|---|---|---|
| 1894 | 光绪二十年 | 七月初七日，**左宝贵**率兵抵平壤。 |
| 1894 | 光绪二十年 | 七月十二日，调神机营驻扎通州，以卫京畿。 |
| 1894 | 光绪二十年 | 七月十六日，调李秉衡为山东巡抚。 |
| 1894 | 光绪二十年 | 七月二十六日，命叶志超为平壤各军总统。 |
| 1894 | 光绪二十年 | 七月二十六日，命**丁汝昌**即行革职。 |

全军覆没。二月，辽东日军夺取牛庄、营口、田庄台等要地。清政府不顾爱国军民奋勇抗敌的要求，一意乞和，三月二十三日（1895年4月17日）与日本签订了丧权辱国的《中日马关条约》，中国更进一步地陷入了半殖民地半封建社会的深渊。

**左宝贵**（1837－1894） 山东费县人，字冠廷。回族。行伍出身。咸丰十一年（1861），在上海镇压太平军。后随僧格林沁镇压捻军，升副将。光绪十五年（1889），授广东高州镇总兵，长驻奉天（今沈阳），镇压了朝阳反洋教起义。二十年，甲午战争时，率军赴朝鲜平壤，坚守玄武门。清军主帅叶志超欲逃，他派兵看守，督军奋勇血战，后中炮阵亡。

**丁汝昌**（1836－1895） 安徽庐江人，字禹廷、雨亭，号次章。早年参加太平军，后为清军收编。随淮军将领刘铭传镇压太平天国和捻军起义，官至记名提督。光绪三年（1877），调北洋水师任职。次年，赴法、德等国参观游历。十四年，北洋舰队成军，任北洋海军提督。中日甲午

| | | |
|---|---|---|
| 1894 | 光绪二十年 | 八月初一日，李鸿章奏请勿轻易换丁汝昌。 |
| 1894 | 光绪二十年 | 八月初四日，刘锦棠卒，宣付国史馆立传，建立专祠，谥“襄勤”。 |
| 1894 | 光绪二十年 | 八月十三日，**马玉昆**退敌于平壤。 |
| 1894 | 光绪二十年 | 八月十六日，日军大举进攻平壤，左宝贵殉国。 |
| 1894 | 光绪二十年 | 八月十八日，**黄海海战**。 |

战争爆发后，率北洋舰队护送运兵船增援平壤，在黄海与日本舰队激战，受重伤后仍坐甲板督战。黄海战役受挫后，率领北洋舰队困守威海卫。二十年初，日军围攻威海卫军港时，占据刘公岛，多次组织反击，击沉敌舰艇数艘。但孤军无援，后拒绝投降，服毒自尽。

**马玉昆**（1838－1908） 安徽蒙城人，字景山，别号珊园、三元。同治元年（1862），以武童生在籍办团练。四年，从宋庆镇压捻军，赐号振勇巴图鲁。光绪二年（1876），配合左宗棠抗击阿古柏和沙俄的侵略。驻西北十余年，令部下垦围。新疆平定后，调直隶。二十年，补山西太原镇总兵。同年，日本侵略朝鲜，统毅军赴朝，参加平壤战役。后又在营口、田庄台等处力抗日军。二十五年，擢浙江提督。次年，还直隶，统武卫左军御敌，在天津配合义和团抗击八国联军。慈禧太后和光绪帝出京西逃，奉命随护。二十七年，还京，加太子太保。二十八年，赴热河朝阳镇压起义。后病卒。

**黄海海战** 亦称“大东沟之役”。中日甲午战争中一次重大

| | | |
|---|---|---|
| 1894 | 光绪二十年 | 八月二十二日，命四川提督宋庆帮办北洋军务。 |
| 1894 | 光绪二十年 | 九月十五日，免叶志超、卫汝贵**统领**职务。 |
| 1894 | 光绪二十年 | 九月十五日，调邵友濂署湖南巡抚，唐景崧署理福建台湾巡抚。 |
| 1894 | 光绪二十年 | 九月二十六日，日军在花园口登陆，侵入辽东半岛。 |

战役。光绪二十年八月十七日（1894年9月16日），清北洋海军提督丁汝昌率定远号等十二艘舰艇、四艘鱼雷艇护送招商局轮船运兵增援平壤守军，在鸭绿江大东沟登陆。次日上午，北洋舰队准备返航时，突遭日本海军松岛号等十二艘舰只袭击，丁汝昌立即下令迎战。济远、广甲两舰相继临阵脱逃，其余各舰奋勇还击。丁汝昌负伤后，坚持指挥旗舰定远号炮击敌舰。致远号和经远号受重创后，在管带邓世昌和林永升指挥下，奋力冲向敌舰，中鱼雷相继沉没。是役，致远、经远、超勇被击沉，扬威、广甲自毁，另有六艘舰艇受创，死伤管带以下官兵千余人，日本联合舰队旗舰松岛及赤城、吉野、比叡、西京丸受重创，死伤舰长以下官兵六百余人。经过此役，日本取得制海权。

**统领** 清制官名，八旗兵的前锋营、护军营分设前锋统领、护军统领。又步兵营设提督九门步军巡捕五营统领。咸丰以后，各省招募勇营成军，其统军之官亦称统领。清末新军制称一协（旅）的长官为统领，也叫协统。各省巡防队分路的统兵官也称统领。

| | | |
|---|---|---|
| 1894 | 光绪二十年 | 九月二十七日，鸭绿江大战。 |
| 1894 | 光绪二十年 | 十月初五日，命恭亲王奕䜣督办军务，设立“督办军务处”。 |
| 1894 | 光绪二十年 | 十月初五日，成立“京师巡防处”，以恭亲王等办理“巡防”事宜。 |
| 1894 | 光绪二十年 | 十月初五日，清政府命胡燏棻驻津办理粮台， |

**新军** 清末仿欧美军制编练的新式陆军。光绪二十年（1894），清政府命广西按察使胡燏棻在天津小站筹练。次年二月，募集四千七百余人，编为十营，聘德国教官训练，名“定武军”。十二月，改派袁世凯接办，扩编为七千余人，改称“新建陆军”，设督练处，仍聘德人训练。署两江总督张之洞亦在江南聘德人编练“自强军”。二十四年，袁部新建陆军改为武卫右军；次年底，调赴山东镇压义和团，乘机扩充至一万七千余人。二十七年冬，调防直隶（今河北），卫戍畿辅。后以袁世凯继任直隶总督兼北洋大臣、练兵大臣，遂扩充为北洋常备军。二十八年，设立军政司，管理督练新军事务。各省亦在“新政”名义下编练新军，或就防军改编，或用新法招练。二十九年，为划一军制，在京师设练兵处，以奕劻为总理，袁世凯为会办。各省设督练公所，由督、抚、将军、都统兼任督办。三十年，由练兵处制订陆军军制，确定以镇（师）为经常编制，拥有步、骑、炮、工程辎重等兵种，建制为镇、协（旅）、标（团）、营、队（连）、排、棚（班），每棚兵目十四人，合计每镇官兵共一万二千五百十二人。各级军官大多由军事学堂毕业生充任。新兵选拔征募，对年

| | | |
|---|---|---|
| | | 并会同汉纳根筹办“西法练兵”（**新军**始建）。 |
| 1894 | 光绪二十年 | 十月初六日，补授翁同龢、李鸿藻、**刚毅**为军机大臣。 |
| 1894 | 光绪二十年 | 十月初九日，金州失守。 |
| 1894 | 光绪二十年 | 十月初十日，大连湾失守。 |

龄、体格及文化程度均有严格要求。三十一年，计划在全国编练新军三十六镇，按省分配，限年编练。至武昌起义前夕，全国已编练新军十三镇（一说十四镇）、十八个混成协、四个标和一个禁卫军；以北洋新军为中央军（亦称国军），各省新军为地方军。受全国革命形势的影响，部分新军官兵倾向革命，成为武昌起义和各省光复的主要力量。

**刚毅**（1837－1900） 清满洲镶蓝旗人，字子良。以笔帖式累迁刑部郎中。光绪三年（1877），以平反葛毕氏案（即杨乃武与小白菜冤案），受嘉奖。六年，出为广东惠潮嘉道。次年，迁江西按察使，调直隶。迁广东布政使，调云南。十一年，擢山西巡抚。后调江苏、广东巡抚。二十年，中日战争爆发，附和主战，补礼部侍郎，入值军机处。二十二年，迁工部尚书。二十四年，改兵部尚书，授协办大学士。以附和慈禧太后发动政变获宠信。二十五年，奉命南下江苏、江西、广东等省查办税收、清理财政，得浑名为“搜刮人王”。同年底，支持荣禄、徐桐等立溥儁为“大阿哥”。二十六年，力主借助义和团对付洋人，主张围攻各国使馆。八国联军陷北京，扈从慈禧太后西逃，病死于山西侯马镇。

| | | |
|---|---|---|
| 1894 | 光绪二十年 | 十月初十日，慈禧太后六旬生辰。 |
| 1894 | 光绪二十年 | 十月十三日，命丁汝昌将定远、来远两舰带出旅顺。 |
| 1894 | 光绪二十年 | 十月十五日，派湖北布政使**王之春**为专使，赴俄国贺尼古拉二世（Nicholas Ⅱ，1868－1918）嗣位。 |
| 1894 | 光绪二十年 | 十月二十二日，调谭锺麟为四川总督，边宝泉为闽浙总督。 |
| 1894 | 光绪二十年 | 十月二十三日，令叶志超革职。 |
| 1894 | 光绪二十年 | 十月二十四日，旅顺失陷，日军大屠杀。 |
| 1894 | 光绪二十年 | 十月二十五日，以聂士成为直隶提督，马玉昆为太原镇总兵。 |
| 1894 | 光绪二十年 | 十月二十八日，依克唐阿率部血战草河岭。 |

**王之春**（1842－？） 湖南清泉（今衡阳）人，字爵棠。曾任浙江、广东按察使，光绪十六年（1890），迁湖北布政使。次年，刊行《国朝柔远记》，综述顺治元年至同治十三年（1644－1874）的中外关系。二十四年，在四川布政使任内镇压余栋臣起义。次年，升山西巡抚，旋调安徽巡抚。二十八年，任广西巡抚，主张以矿权换取法军协同镇压广西会党反清活动，激起拒法运动。次年，被革职。

**兴中会** 中国最早的革命团体。光绪二十年（1894）十月，孙中山在檀香山建立。通过《兴中会

| | | |
|---|---|---|
| 1894 | 光绪二十年 | 十月二十九日，聂士成率部一举收复连山关要隘。 |
| 1894 | 光绪二十年 | 十月二十九日，降瑾妃、珍妃为贵人。 |
| 1894 | 光绪二十年 | 十月，孙中山在檀香山创立**兴中会**。 |
| 1894 | 光绪二十年 | 十一月初八日，令撤满汉书房。 |
| 1894 | 光绪二十年 | 十一月初八日，奕䜣补授军机大臣。 |
| 1894 | 光绪二十年 | 十一月初十日，聂士成率军夺回分水岭，同日复州失守。 |
| 1894 | 光绪二十年 | 十一月十四日，凤凰城战役。 |
| 1894 | 光绪二十年 | 十一月十七日，海城失陷。 |
| 1894 | 光绪二十年 | 十一月十九日，依克唐阿部反攻凤凰城失利，侍卫永山阵亡。 |

章程》，提出“驱除鞑虏，恢复中华，创立合众政府”的政治纲领。举刘祥、何宽为正副主席，有会员一百二三十人，多系华侨，还有部分工人、知识分子和会党人物。次年，在香港成立兴中会总会，举杨衢云为会长，后辞职，以孙中山自代。光绪二十五年底，创办《中国日报》。先后策动和领导了乙未广州起义和庚子惠州之役。在横滨、河内、旧金山、南非洲等地先后设立分会，在华侨中发展组织。二十九年，创设东京军事学校，提出“驱除鞑虏，恢复中华，创立民国，平均地权”的完整纲领。三

| | | |
|---|---|---|
| 1894 | 光绪二十年 | 十一月二十三日，宋庆率军血战缸瓦寨。 |
| 1894 | 光绪二十年 | 十一月二十五日，以刘步蟾暂署海军提督。 |
| 1894 | 光绪二十年 | 十一月二十六日，以**松蕃**署理云贵总督兼署云南巡抚。 |
| 1894 | 光绪二十年 | 十二月初二日，命刘坤一为钦差大臣，节制关内外防剿各军。 |
| 1894 | 光绪二十年 | 十二月初四日，调依克唐阿军移往辽阳一带。 |
| 1894 | 光绪二十年 | 十二月初四日，道员刘含芳奏，旅顺被杀民众达二千六七百人。 |
| 1894 | 光绪二十年 | 是年，三姓金矿建立。 |
| 1894 | 光绪二十年 | 是年，朱鸿度于上海创办裕源纱厂。 |
| 1894 | 光绪二十年 | 是年，**祝大椿**在上海创办源昌缫丝厂。 |

十一年，联合华兴会、光复会部分成员成立中国同盟会。

**松蕃**（？—1905） 清满洲镶蓝旗人，瓜尔佳氏，字锡侯。咸丰举人，入资为吏部郎中。光绪十一年（1885），授湖南按察使，迁四川布政使。十七年，任贵州巡抚，后调云南巡抚。二十一年，任云贵总督。二十六年，调陕甘总督，于西安城南建立大学堂，分两斋，东斋考文，西斋讲武。修宁夏七星渠等水利工程，又设农务局，招垦荒地，先后报垦数千亩。三十一年，调闽浙总督，病卒未上任。

**祝大椿**（1856—1926） 江苏

| | | |
|---|---|---|
| 1894 | 光绪二十年 | 是年，陕西巡抚鹿传霖创设陕西机器局。 |
| 1895 | 光绪二十年 | 十二月十二日，董福祥率陕甘防军八营抵京。 |
| 1895 | 光绪二十年 | 十二月十五日，盖平失守。 |
| 1895 | 光绪二十年 | 十二月二十一日，命宋庆、吴大澂帮办关内外军务。 |
| 1895 | 光绪二十年 | 十二月二十二日，反攻海城失利。 |
| 1895 | 光绪二十年 | 十二月二十五日，荣成失守。 |
| 1895 | 光绪二十年 | 十二月二十八日，派王文韶为北洋帮办事务大臣。 |
| 1895 | 光绪二十年 | 十二月二十八日，聂士成击退金家河日军。 |
| 1895 | 光绪二十一年 | 正月初五日，**威海卫之战**。 |

无锡人，字兰舫。同治十一年（1872），赴沪，在铁行学徒。曾充怡和洋行和上海电车公司买办。光绪十一年（1885）前后，创办源昌号，经营煤铁五金商业。后又经营新加坡、上海、日本之间的海运业，并在沪经营房地产。自光绪十四年至民国初年，陆续创办源昌机器碾米厂、缫丝厂，合资开设华兴面粉公司、公益机器纺织公司、怡和源打包公司等。三十四年，因兴办实业由清政府赏给二品顶带。曾任上海商务总会董事、锡金商务分会总理；晚年，任上海总商会董事。

**威海卫之战**　光绪二十一年

| | | |
|---|---|---|
| 1895 | 光绪二十一年 | 正月初九日，丁汝昌在刘公岛击退日本舰队。 |
| 1895 | 光绪二十一年 | 正月十一日，定远舰沉毁。 |
| 1895 | 光绪二十一年 | 正月十二日，拟向汇丰银行借库平银一千万两，又英金三百万镑。 |
| 1895 | 光绪二十一年 | 正月十二日，来远舰被击沉。 |
| 1895 | 光绪二十一年 | 正月十五日，靖远舰毁。 |
| 1895 | 光绪二十一年 | 正月十六日，刘步蟾自尽。 |
| 1895 | 光绪二十一年 | 正月十八日，丁汝昌自尽。 |
| 1895 | 光绪二十一年 | 正月十九日，派李鸿章为全权大臣，与日本商议条约。 |
| 1895 | 光绪二十一年 | 正月二十日，“威海卫降约”议定。 |

（1895），日本出动舰艇二十五艘，军队两万余人在山东半岛荣成湾登陆，兵分两路进犯威海卫，又以军舰封锁港口。正月初五日（1895年1月30日），日军向南帮炮台发起进攻，守军拼死抵抗，守将刘超佩退逃，炮台失守。正月初八日（1895年2月2日），北帮炮台不战自溃，威海卫失守。日军以所占炮台配合舰炮终日轰击港内中国军舰。丁汝昌组织顽强抵抗，击伤日舰多艘，但定远、来远、威远、靖远等舰先后被敌击沉。北洋舰队中的外国教员煽动士兵投降，水兵逼丁汝昌降敌，丁守死不允。十七日（1895年2月11日），服毒自杀。十八日（1895年2月12日），

| | | |
|---|---|---|
| 1895 | 光绪二十一年 | 正月二十日，北洋海军左翼总兵、镇远舰管带杨用霖自尽。 |
| 1895 | 光绪二十一年 | 正月二十三日，日军舰队进入威海港。 |
| 1895 | 光绪二十一年 | 正月二十七日，宋庆军克复大平山。 |
| 1895 | 光绪二十一年 | 正月三十日，大平山血战。 |
| 1895 | 光绪二十一年 | 正月，（香港）兴中会建立。 |
| 1895 | 光绪二十一年 | 二月初二日，张锡銮收复宽甸城。 |
| 1895 | 光绪二十一年 | 二月初八日，**牛庄血战**。 |
| 1895 | 光绪二十一年 | 二月初十日，营口失陷。 |
| 1895 | 光绪二十一年 | 二月十二日，**田庄台之战**。 |

哗变士兵以丁汝昌的名义投降，所余舰艇十一艘及其它军械全部被掳，北洋海军全军覆灭。

**牛庄血战**　中日甲午战争中的重要战役。光绪二十一年（1895）二月，日军由海城进犯牛庄。驻守海城北面的黑龙江将军依克唐阿部溃退辽阳。二月初七日（1895年3月3日）夜，日军偷袭牛庄，清将魏光焘所部武威军六营闻讯，由海城西四台子回防；李光久部老湘军由海城西三台子返牛庄参战。初八日（1895年3月4日），日军入城。清兵与敌巷战，逐屋争夺，因寡众悬殊，兵败城陷，伤亡两千多人。不久营口、田庄台相继失守。

**田庄台之战**　中日甲午战争中

| | | |
|---|---|---|
| 1895 | 光绪二十一年 | 二月十六日，准裁撤海军衙门。 |
| 1895 | 光绪二十一年 | 二月二十日，日军大本营决定成立“征清大总督府”。 |
| 1895 | 光绪二十一年 | 二月二十一日，免吴大澂帮办军务职。 |
| 1895 | 光绪二十一年 | 二月二十七日，澎湖列岛失陷。 |
| 1895 | 光绪二十一年 | 二月二十八日，**李鸿章日本遇刺**。 |
| 1895 | 光绪二十一年 | 三月初五日，**《中日停战协议》**签署。 |
| 1895 | 光绪二十一年 | 三月十二日，派李经方为全权大臣赴日。 |

的重要战役。光绪二十一年（1895）二月初，日军先后攻陷牛庄、营口后，以三个师团近两万人的兵力进犯田庄台。驻守田庄台清军六十九营，约两万人。二月十三日（1895年3月9日），日军分三路向田庄台发起猛攻，以猛烈炮火揭开战幕，清军亦用大炮还击，战斗十分激烈。日军步兵在炮火的掩护下突入城区，数千清兵与敌短兵相接，最后因伤而退。是役日军死伤一百六十余人，清军损失二千多人。至此，辽南战场全部结束，清军大败。

**李鸿章日本遇刺** 光绪二十一年二月二十八日（1895年3月24日），李鸿章于会谈后返回寓所途中遇刺受伤。当李鸿章于春帆楼会议后乘轿行至距寓所引接寺不远处时，突于夹道围观人群中跳出一暴徒，以手枪向轿内射击，子弹击中李鸿章左颊骨，血流不止。暴徒名叫小山丰太郎，日本群马县人。其行刺之动机在阻止中日议和，以使日军侵占更多的领土和攫取更多的利益。

| | | |
|---|---|---|
| 1895 | 光绪二十一年 | 三月十四日，旨令辽东、台湾不可失。 |
| 1895 | 光绪二十一年 | 三月二十一日，李鸿章与伊藤博文第五次会谈，被迫同意日方条款。 |
| 1895 | 光绪二十一年 | 三月二十二日，以鹿传霖为四川总督。 |
| 1895 | 光绪二十一年 | 三月二十三日，中日《**马关条约**》签字。 |
| 1895 | 光绪二十一年 | 三月二十三日，中日《停战展期另款》订立。 |
| 1895 | 光绪二十一年 | 三月二十八日，“**公车上书**”。 |

**中日停战协议** 李鸿章于病榻上同伊藤博文签订。主要内容有：自是日（1895年3月30日）起至本月二十六日（1895年4月20日）中午止，在中国奉天、直隶、山东之双方水陆各军均暂时停战，各自驻扎现在所屯之处，不得前进，亦不添派援军；二十一天期限届满时彼此无须知会。签订此协议的目的是为和谈创造条件。

**马关条约** 日本强迫清政府订立的结束中日甲午战争的不平等条约。光绪二十一年三月二十三日（1895年4月17日），由清政府钦差头等大臣李鸿章与日本总理大臣伊藤博文签订于日本马关。主要内容有：中国承认朝鲜“完全无缺之独立自主”，即承认日本对朝鲜的控制；割让辽东半岛、台湾全岛及附属岛屿和澎湖列岛；赔款银二万万两；增开沙市、重庆、苏州、杭州为商埠；日船可沿内河驶入开放口岸，并可以在通商口岸设立领事；允许日本臣民在中国商埠投资设厂，所制物品免纳各项杂捐。该条约

| | | |
|---|---|---|
| 1895 | 光绪二十一年 | 三月二十九日，俄、德、法照会日本外务省，要求不得割取辽东半岛。 |
| 1895 | 光绪二十一年 | 四月初五日，命李鸿章告知伊藤博文台民誓死不从割让台湾。 |
| 1895 | 光绪二十一年 | 四月十一日，日本照会俄、德、法，谓“放弃对辽东半岛之永久占领”。 |
| 1895 | 光绪二十一年 | 四月二十一日，台湾民众致电张之洞誓拒割让，死守台湾岛。 |
| 1895 | 光绪二十一年 | 四月二十四日，派李经方前往台湾，与日本派出大臣商办事件。 |
| 1895 | 光绪二十一年 | 四月二十五日，太和殿传胪。 |
| 1895 | 光绪二十一年 | 四月二十六日，令**唐景崧**解职来京，并令台 |

适应了列强对华资本输出的需要，大大加深了中国半殖民地化的程度。

**公车上书** 汉朝用公家车送应举之人入京，后来人们即用以“公车”为进京应试举人代称。光绪二十一年（1895）三月中旬，《马关条约》签订以后，全国人民痛心疾首。四月初八日（1895年5月2日），康有为在北京发动十八省应试举人一千三百多人，联名上书光绪帝，痛陈割地、赔款的严重后果，请求光绪帝以开创之势，推行富国、养民、教民之法，建议实行君民共主。上书被都察院拒绝，但冲破了清廷不准“士人干政”的禁令，使维新思潮发展成爱国救亡的政治运动。

| | | |
|---|---|---|
| | | 省大小文武官员内渡。 |
| 1895 | 光绪二十一年 | 五月初二日，台湾绅民宣布成立“民主国”。 |
| 1895 | 光绪二十一年 | 五月初四日，以吏部尚书徐桐兼署兵部尚书。 |
| 1895 | 光绪二十一年 | 五月初六日，日军在台湾澳底登陆。 |
| 1895 | 光绪二十一年 | 五月初十日，《交接台湾文据》签署。 |
| 1895 | 光绪二十一年 | 五月十一日，日军进攻基隆。 |
| 1895 | 光绪二十一年 | 五月十五日，台北陷落。 |
| 1895 | 光绪二十一年 | 五月十七日，沪尾陷落。 |
| 1895 | 光绪二十一年 | 五月十九日，义军**徐骧**、**吴汤兴**等军与道员林朝栋等部清军于新竹顽强抵抗日军。 |

**唐景崧**（1841—1902）　广西灌阳人，字维卿。同治六年（1867），任吏部主事。光绪八年（1882），自请赴越南，招刘永福部抗法；十年，奉张之洞之命募勇四营，称景字军，参与抗法。次年，任福建台湾道。十七年，任台湾布政使。二十年，署台湾巡抚。次年，《马关条约》签订后，反对割让台湾。被民绅推举为“台湾民主国总统”。五月，日军攻陷基隆时，却弃台内渡厦门。后在广西致力戏剧和教育事业。二十八年冬，病逝于桂林。

**徐骧**（1858—1895）　台湾苗栗人，字云贤、庠生。秀才出身。光绪二十一年（1895），愤日本割占台湾，投笔从戎，组织义军

| | | |
|---|---|---|
| 1895 | 光绪二十一年 | 五月二十五日，日本在台北成立“台湾总督府”，宣布殖民统治政权建立。 |
| 1895 | 光绪二十一年 | 五月二十八日，中法订立《续议中越界务、商务专条附章》。 |
| 1895 | 光绪二十一年 | 五月三十日，新竹失陷。 |
| 1895 | 光绪二十一年 | 闰五月初九日，准裁撤东三省练军。 |
| 1895 | 光绪二十一年 | 闰五月十三日，南疆色勒库尔（今塔什库尔干县）地震。 |
| 1895 | 光绪二十一年 | 闰五月十四日，《**中俄四厘息借款合同**》及《借款声明文件》订立。 |

抗日。五月，在新竹抗击来犯日军，坚持两月之久。七月，与日军激战于台中大甲溪、彰化之地。九月，退守嘉义。旋在台南曾文溪阻击日军战斗中不幸中炮牺牲。

**吴汤兴**（1860—1895） 台湾苗栗人，字绍文。光绪二十一年（1895），闻李鸿章割让台湾，与乡人盟誓抗日。奉台湾巡抚唐景崧命，统领各路义军。五月，在新竹保卫战中与徐骧等义军奋勇抗敌，挫败日军。六月，率义军反攻新竹，与敌角逐城外十八尖山。七月中旬，在苗栗抵御来犯日军，七月下旬，扼守彰化城外八卦山，与敌鏖战，不幸中弹身亡。

**中俄四厘息借款合同** 亦称“俄法洋款”。光绪二十一年六月初二日（1895年7月6日），由清政府驻俄公使许景澄与沙俄代表签于圣彼得堡。凡十九条，另附《四厘借款声明文件》。主要内

| | | |
|---|---|---|
| 1895 | 光绪二十一年 | 闰五月十五日，日本驻华公使林董觐见光绪帝于文华殿。 |
| 1895 | 光绪二十一年 | 闰五月十八日，命裕庚为出使日本国大臣。 |
| 1895 | 光绪二十一年 | 六月十一日，**古田教案**发生。 |
| 1895 | 光绪二十一年 | 六月十六日，命钱应溥在军机大臣上行走，翁同龢、李鸿藻在总理衙门行走。 |
| 1895 | 光绪二十一年 | 六月十六日，授麟书为大学士，以昆冈为协办大学士。 |
| 1895 | 光绪二十一年 | 六月十八日，张之洞请与俄订立密约，以结强援。 |

容：（一）清政府订借款额四亿法郎，以九十四又八分之一折扣交付，年息四厘，以关税作为押保；（二）借款分三十六年还清，若不能按期还本付息，除关税押保外，需再以别项进款加保；（三）1896年1月（光绪二十一年十二月）前清政府不得另向他国借款；（四）若清政府给予他国“办理照看”税收的权力，亦准俄均沾。

**古田教案** 光绪二十一年（1895），福建古田斋教首领刘祥兴聚众抗税，预谋起义。英美传教士侦察到情况，通过驻福州领事密报官府派兵镇压。六月二十八日（1895年8月1日），刘祥兴率众三百人在古田举事，焚烧英美教堂及教士寓所，杀死教士十一人，伤五人。事发后，各国政府联合要挟清政府，闽浙总督以处死刘祥兴等二十六人，逮捕二百多人，地方官革职结案。

**吴彭年**（？—1895） 浙江余姚

| | | |
|---|---|---|
| 1895 | 光绪二十一年 | 六月十九日，命各省保护教堂。 |
| 1895 | 光绪二十一年 | 六月十九日，苗栗失陷，**吴彭年**卒，杨载云牺牲。 |
| 1895 | 光绪二十一年 | 六月二十一日，命将各省机器、制造等局招商承办。 |
| 1895 | 光绪二十一年 | 六月二十一日，以荣禄为兵部尚书。 |
| 1895 | 光绪二十一年 | 六月二十七日，康有为、**梁启超**在京创办《万 |

人。光绪二十一年（1895），以县丞居台湾，入刘永福幕。是年，日军陷台北后，慨然自请率黑旗军援苗栗。七月下旬，日军进犯大甲溪，联合徐骧义军设伏，重创敌军。旋在彰化保卫战中，扼守城东北八卦山，昼夜激战，为国捐躯。

**梁启超**（1873—1929） 广东新会人，字卓如，号任公，又号饮冰室主人。举人出身。从学于康有为，曾助其师编撰变法理论著作，并一起从事维新变法的宣传，时称“康梁”。光绪二十一年（1895），与康有为发动“公车上书”。次年，在上海主编《时务报》，连续发表《变法通议》等一系列宣传维新变法的论文。二十三年，受聘为长沙时务学堂总教习。二十四年，“百日维新”开始后，奉命以六品衔办京师大学堂、译书局事务。戊戌政变后逃亡日本，仍坚持改良道路，陆续创办《清议报》、《新民丛报》，鼓吹立宪保皇，反对革命，受到革命派的批判。但他介绍西方社会政治学说对当时知识界有较大影响。1913年（民国二年）初归国，以立宪派为基础组织进步党，拥护袁世凯统一，

| | | |
|---|---|---|
| | | 国公报》。 |
| 1895 | 光绪二十一年 | 七月初二日，以翁同龢兼管同文馆事务。 |
| 1895 | 光绪二十一年 | 七月初九日，台北、台中失陷。 |
| 1895 | 光绪二十一年 | 七月初九日，实授王文韶直隶总督兼北洋大臣。 |
| 1895 | 光绪二十一年 | 七月十一日，命优恤**徐邦道**。 |

出任司法总长。1916年，策动蔡锷组织护国军反袁。后又组织研究系与段祺瑞合作，出任内阁财政总长。五四运动时期，游历欧洲。晚年，讲学于南开大学、清华学校。曾倡导文体改良的“诗界革命”和“小说革命”，并为二十世纪初资产阶级史学主要代表人物之一。其著作辑为《饮冰室合集》。

**万国公报**　戊戌变法时期维新派创办的第一份报纸。光绪二十一年七月十四日（1895年8月17日），由康有为创刊于北京。出至第四十五期因与广学会所办《万国公报》重名而于十一月十七日（1895年12月16日）改称《中外纪闻》。梁启超、麦孟华等任编辑。分上谕、外电、译报、各报选录、评论等栏目，介绍西方资本主义国家情况，兼顾自然科学知识，以宣传变法维新，改变士大夫不通外国政事风俗之陋习。随《邸报》附送在京官员，每期约三千份，影响了不少的官员。光绪二十一年十二月初六日（1896年1月20日），被清廷查禁，共出十八期。

**徐邦道**（？—1895）　四川涪州人。字见农。早年以武童投效楚

| | | |
|---|---|---|
| 1895 | 光绪二十一年 | 七月十一日，以松蕃为云贵总督，魏光焘为云南巡抚。 |
| 1895 | 光绪二十一年 | 七月，黄河与山东利津决口。 |
| 1895 | 光绪二十一年 | 八月二十日，日与俄、德、法议定交还辽东办法，由中国增添三千万两赔款。 |
| 1895 | 光绪二十一年 | 八月二十一日，台湾嘉义陷落。 |
| 1895 | 光绪二十一年 | 八月二十五日，以依克唐阿为盛京将军，调裕禄为福州将军。 |
| 1895 | 光绪二十一年 | 八月二十六日，派李鸿章为全权大臣，办理归还辽东事宜。 |

军，参与镇压太平天国和捻军起义，后入陕镇压回民起义。光绪四年（1878），升提督。十五年，任正定镇总兵。二十年，中日甲午战争爆发后，率军在金州、旅顺英勇抗敌。二十一年，又在牛庄、田庄台抵御日军。后病死。

**广州起义** 光绪二十一年（1895）正月，兴中会总部在香港成立后，孙中山与杨衢云、陈少白、郑士良等密谋在广州起义。他们分头联系会党、防营、绿营与水师官兵，定于九月初九日（1895年10月26日）举事。重阳节前夕，各路队伍准备就绪，起草讨满檄文，以“除暴安良”为口号，制作青天白日旗为义旗。后因香港军械约期未到，又遇叛徒告密，陆皓东等被捕遇难，起义流产。孙中山流亡日本。

**强学会** 又名“译书局”、“强

| | | |
|---|---|---|
| 1895 | 光绪二十一年 | 九月初四日，台南陷落，台湾军民大规模反日斗争暂告结束。 |
| 1895 | 光绪二十一年 | 九月，**广州起义**失败。 |
| 1895 | 光绪二十一年 | 九月二十二日，《辽东半岛收还条约》签署。 |
| 1895 | 光绪二十一年 | 九月二十九日，广东潮州府地震。 |
| 1895 | 光绪二十一年 | 十月初四日，以陶模为陕甘总督，饶应骐为甘肃新疆巡抚。 |
| 1895 | 光绪二十一年 | 十月初十日，准俄国水师轮船暂泊胶州口澳停泊过冬。 |
| 1895 | 光绪二十一年 | 十月，**“强学会”**成立。 |

学书局”。戊戌变法时期维新派重要的政治团体。光绪二十一年（1895）十月（另一说为七月）创办于北京。由梁启超等发起，帝党予以赞助。会员数十人，除维新人士如杨锐等之外，徐世昌、袁世凯、张之洞、聂士成等人也曾入会。该会章程标明“本会专为中国自强而立”，意在“求中国自强之学”，规定首办之事凡四：译印图书，讲求西学之法；刊布报纸，以悉国外情况；开大书藏（图书馆），广集中外有关经世、政教、学术著作以备研考；开博物院，置办仪器，讲求制造。该会每隔数日集会一次，每次都有人演进“中国自强之学”。并发行《中外纪闻》，探讨“万国强弱之原”。光绪二十一年底，遭御史杨崇伊以私立会党，贩卖西学弹劾，遭清廷查禁。

**江南陆师学堂**　清光绪二十一

| | | |
|---|---|---|
| 1895 | 光绪二十一年 | 十月，中德签订《汉口租界条约》及《天津租界条约》。 |
| 1895 | 光绪二十一年 | 十月二十日，派广西按察使胡燏棻督修津芦铁路，并令集股筹办芦汉铁路，一切为商办。 |
| 1895 | 光绪二十一年 | 十月二十二日，派袁世凯督练天津新建陆军。 |
| 1895 | 光绪二十一年 | 十一月十二日，复瑾妃、珍妃封号。 |
| 1895 | 光绪二十一年 | 十一月十五日，林大北等以“驱逐倭奴，恢复中华”为号进攻台北。 |
| 1895 | 光绪二十一年 | 是年，华俄道胜银行在上海设分行。 |
| 1895 | 光绪二十一年 | 是年，湖南浏阳算学社（维新派学术团体）成立。 |
| 1895 | 光绪二十一年 | 是年，张之洞设立江南**陆师学堂**。 |
| 1895 | 光绪二十一年 | 是年，张之洞设立江南储才学堂。 |

年（1895）冬，两江总督张之洞在南京设立。钱德培为总办，聘德国军官为总教习和教习。学制三年，课程有兵法、绘图、舆地、地形、军器、历史、营垒、算学、测量工程、人伦道德、汉文、德文、英文、日文，以及步操、打靶、炮操、体操、马操等。宣统二年（1909），停办。

**自强军** 又称“南洋新军”。清

| | | |
|---|---|---|
| 1895 | 光绪二十一年 | 是年，商人楼景辉在浙江萧山创办合义和缫丝厂。 |
| 1895 | 光绪二十一年 | 是年，张謇创办大生纱厂于江苏南通。 |
| 1896 | 光绪二十一年 | 十一月十七日，令广东南澳镇总兵刘永福开缺回籍。 |
| 1896 | 光绪二十一年 | 十一月二十七日，刘铭传卒，谥"壮肃"，命赠太子少保衔，宣付国史馆立传。 |
| 1896 | 光绪二十一年 | 十二月初三日，江南创办新军（即"**自强军**"）。 |
| 1896 | 光绪二十一年 | 十二月初七日，命查封强学会。 |
| 1896 | 光绪二十一年 | 十二月，孙中山在日本横滨设立兴中会分会。 |
| 1896 | 光绪二十二年 | 正月初五日，署两江总督张之洞奏请选派江南陆军学堂等学堂学生赴海外留学。 |
| 1896 | 光绪二十二年 | 正月初五日，署两江总督**张之洞**奏请在苏州、镇江、通海设立商务局。 |

末军队建制名。光绪二十一年（1895）冬，署两江总督张之洞奏请在南京编练。设步队、马队、炮队、工程队等十三营，共二千八百六十人。仿照西法操练，聘请德国教官任协、营、哨正职，副职从武备学堂毕业生中挑选。装备属欧洲陆军类型。后归袁世凯节制，编入北洋陆军第四镇。

**张之洞**（1837—1909） 字孝达，

| | | |
|---|---|---|
| 1896 | 光绪二十二年 | 正月十三日，慈禧太后下谕裁撤**上书房**。 |
| 1896 | 光绪二十二年 | 正月二十日，李鸿章出使沙俄，名义为沙皇尼古拉二世行加冕礼，顺访德、法、英、美等国。 |
| 1896 | 光绪二十二年 | 正月二十一日，总理衙门奏请设立**官书局**，由孙家鼐任管理大臣。 |
| 1896 | 光绪二十二年 | 正月三十日，户部和总理衙门准奏，允许民间招商采矿。 |

号香涛，直隶南皮（今河北南皮）人。曾任翰林院编修、侍讲学士、内阁学士等职。光绪十年（1884），中法战争时，由山西巡抚升任两广总督，起用离职老将冯子材，击败法军，收复镇南关、谅山等地。十五年，调任湖广总督，在英、德支持下大办洋务，他先后开办湖北枪炮厂、汉阳铁厂和枪炮厂、湖北织布局、湖北缫丝局、制麻局等重轻工矿企业，筹办南段芦汉铁路，兴办新式学堂。二十四年，发表《劝学篇》，提出“中学为体，西学为用”的口号，极力维护封建制度，反对变法维新。仇视并力主镇压义和团运动。曾积极参与“东南互保”，镇压两湖地区反洋教斗争和唐才常自立军起事。三十三年，调任军机大臣，掌管学部。著有《张文襄公全集》。

**上书房**　又称尚书房。清代教习皇子、皇孙读书处。例选翰林官分侍讲读，日有课程，教习国史、圣训、经籍、诗词及满、汉文字等，择大臣二至三人充总师傅，综领督学。

**官书局**　戊戌变法时期帝党主办

| | | |
|---|---|---|
| 1896 | 光绪二十二年 | 二月初七日，清廷设邮政局，隶属户部，由海关总税务司英国人赫德直接管理。 |
| 1896 | 光绪二十二年 | 二月初十日，中、英、德签订《**英德借款详细章程**》，清朝政府向英国汇丰银行、德国德华银行借款一千六百万英镑。 |
| 1896 | 光绪二十二年 | 二月初十日，清廷任命贵州按察使文海为驻藏大臣。 |
| 1896 | 光绪二十二年 | 二月十七日，清廷将翰林院侍读学士文廷式革职查办，逐回原籍，永不叙用。 |

的编译和教学机构。光绪二十二年（1896），清政府将被查封的强学书局改为官书局，隶属总理衙门，由孙家鼐管理。全局分学务、选书、局务、报务四门，曾译刻外国法规、商务、农务、制造、测算、武备、工程等书籍，并印行《官书局报》、《官书局汇报》。延请通晓中西学问之洋人为教习，教授各种西学。二十四年，归并京师大学堂管辖。

**英德借款详细章程**　中日甲午战争后，清政府为支付赔款于光绪二十二年二月初十日（1896年3月23日），与英德签订《英德借款合同》（即《英德借款详细章程》）。借款总额为一千六百万英镑，折银九千七百余万两，由汇丰银行和德华银行各摊一半，年利五厘，折扣九四，以中国海关收入为担保，分三十六年还清。合同还规定：此项借款起债后六个月内，清政府保证不向他国借款；又规定款未偿清前海关行政不得改变，这样保证英国人占据海关总税务司的位置。通过贷款，英国进一步获得控制中国海关行政的权力。

| | | |
|---|---|---|
| 1896 | 光绪二十二年 | 二月二十二日，湖南巡抚**陈宝箴**奏请设立湖南矿务总局，试行开矿。 |
| 1896 | 光绪二十二年 | 二月二十六日，盛宣怀奏请设立**南洋公学**（上海交通大学的前身）。 |
| 1896 | 光绪二十二年 | 三月十八日，直隶提督聂士成呈请从淮军中挑选精兵组成**武毅军**，仿德国军制，尝试新式练兵。 |
| 1896 | 光绪二十二年 | 三月二十一日，李鸿章与沙俄开始谈判。 |
| 1896 | 光绪二十二年 | 四月初一日，袁世凯在天津的新建陆军设德 |

**陈宝箴**（1831－1900） 江西义宁（今修水）人，字右铭。举人出身。历任浙江、湖北按察使，直隶布政使。光绪二十一年（1895）起，任湖南巡抚，积极赞助维新变法运动在湖南的开展。二十三年，在长沙创设时务学堂，并支持谭嗣同、唐才常等维新人士创办《湘学报》、《湘报》及南学会；又主持在湖南兴办电信、小轮船、枪弹厂，设立矿务局、官钱局、铸币局等新政，为清末地方督抚中推行新政最力者。二十四年闰三月，上折建议力行新政。“百日维新”期间，举荐杨锐、刘光第等参预新政，但反对维新派“民权平等”说及康有为的《孔子改制考》。戊戌政变后，被革职永不叙用。

**南洋公学** 光绪二十二年（1896）二月，盛宣怀创设于上海。经费来自电报、招商两局。分四院：师范院，即师范学堂；外院，即附属小学堂；中院，即二等学堂（中学堂）；上院，即头等学堂（大学堂）。二十九年，改名为

| | | |
|---|---|---|
| | | 文、炮、步、马四学堂，招学生二百八十余人。 |
| 1896 | 光绪二十二年 | 四月初二日，汉阳铁厂改为官督商办，张之洞委任盛宣怀为督办。 |
| 1896 | 光绪二十二年 | 四月十二日，总理衙门议定教案处分办法。 |
| 1896 | 光绪二十二年 | 四月二十一日，俄、法汉口租界地条约签字。 |
| 1896 | 光绪二十二年 | 四月二十二日，李鸿章与俄国签订《御敌互相援助条约》（即《**中俄密约**》）。 |

上海商务学堂；不久，又改名商务部高等实业学堂。三十二年，又改为邮传部上海高等实业学堂，设有铁路、电机等科。辛亥革命后，改为交通部上海工业专门学校。1921年（民国十年），与唐山工业专门学校、北京邮电学校、交通传习所等合并，改名为上海交通大学。

**武毅军**　清末将领聂士成编练之防军。光绪二十二年（1896），直隶提督聂士成于直隶驻防淮军内选练马步队三十营，仿德国营制操法编练，名为“武毅军”，驻防芦台。二十四年，“百日维新”期间，荣禄调聂士成率武毅军五千人驻天津，董福祥率甘军驻长辛店，与驻天津小站的袁世凯新建陆军相呼应，密谋政变。戊戌政变后，荣禄将北洋四军（甘军、武毅军、新建陆军、毅军）合编为武卫军，以武毅军为前军，驻芦台。二十六年，曾参加镇压义和团运动。八国联军进攻天津时，武毅军在聂士成率领下英勇抵抗。聂士成战死后，武

| | | |
|---|---|---|
| 1896 | 光绪二十二年 | 四月二十四日，护理山西巡抚张汝梅奏，创建格致实学书院。 |
| 1896 | 光绪二十二年 | 四月二十五日，调工部尚书**怀塔布**为礼部尚书，升户部侍郎刚毅为工部尚书。 |
| 1896 | 光绪二十二年 | 五月初八日，光绪帝生母叶赫那拉氏（慈禧太后之妹）病逝。 |

毅军大都溃散，余部并入毅军。

**中俄密约** 亦称中俄《御敌互相援助条约》、《防御同盟条约》。俄国强迫清政府签订的不平等条约。光绪二十二年（1896），清政府派李鸿章为特使“访问”欧美各国。三月二十一日（1896年5月3日），与俄财政大臣维特（Count Sergei Yul'yevich Witte, 1849—1915）、外交大臣罗拔诺夫开始秘密谈判。四月二十二日（1896年6月3日），俄国采取威逼、利诱、贿赂等手段，在莫斯科签订密约，共六款。主要内容有：（一）日本如侵占俄国远东领土、或中国、朝鲜领土，中、俄两国共同出兵，并互相接济军火、粮食；（二）战争期间，俄国军舰可驶入中国所有口岸；（三）中国允许俄国在黑龙江、吉林两省修筑铁路直达海参崴，由华俄道胜银行承办，详细合同另行商定。俄国以共同防日为幌子，将其势力伸入中国东北地区，清政府幻想联俄制日，实际上出卖了东北主权。

**怀塔布**（？—1900） 满洲正蓝旗人，叶赫那拉氏。咸丰三年（1853），以荫生补员外郎。光绪二十二年（1896），擢礼部尚书。二十四年，变法新政期间，因竭力阻挠群臣上书言事，被光绪帝革职。会同杨崇伊等赴天津与荣禄密议政变阴谋。后授左都

| | | |
|---|---|---|
| 1896 | 光绪二十二年 | 五月十六日，《**苏报**》在上海创刊，创办人胡璋（铁梅）。 |
| 1896 | 光绪二十二年 | 五月十八日，黄河在山东利津县决口。 |
| 1896 | 光绪二十二年 | 五月，江苏、山东大刀会起事。 |
| 1896 | 光绪二十二年 | 六月十一日，《**中日通商行船条约**》签订，日本取得领事裁判权和片面最惠国待遇。 |

御史兼内务府大臣，又迁理藩院尚书。

**苏报**　清末倾向革命的报纸。光绪二十二年五月十六日（1896年6月26日），创刊于上海。中国人胡璋（铁梅）的日籍妻子生驹悦担任“馆主”，在日驻沪领事馆注册，托名为日商报纸。二十六年，由陈范接办，宣传改良。二十八年（1902）冬，开始倾向革命，支持中国教育会和爱国学社的活动。二十九年，聘章士钊为主笔，章炳麟、蔡元培等为撰稿人，革命言论日趋激烈。同年闰五月十三日（1903年7月7日），被清政府勾结上海租界工部局查封。

**中日通商行船条约**　日本援《中日马关条约》有关条款，强迫清政府订立的不平等条约。光绪二十二年六月十一日（1896年7月21日），由总理衙门大臣、户部左侍郎张荫桓与日方代表林董签于北京。凡二十九款，另附双方往复照会六件。主要内容：（一）两国可互派公使驻京；（二）中国各通商口岸准日本设领事，准日人往来居住、从事工商业、赁买房屋、租地建造、雇役华人等事；（三）日本对华贸易援列强通例，免除厘金等一切杂派；（四）日本享领事裁判权和片面最惠国待遇。

**时务报**　戊戌变法运动期间维新

| | | |
|---|---|---|
| 1896 | 光绪二十二年 | 六月十八日，清廷谕命福州将军裕禄为船政大臣，负责整顿福州船政局。 |
| 1896 | 光绪二十二年 | 七月初一日，**《时务报》**在上海创刊，创办人为汪康年、黄遵宪、梁启超、吴德潇、邹凌瀚五人，主笔是梁启超。 |
| 1896 | 光绪二十二年 | 七月初九日，江西巡抚德寿奏准设立蚕桑局，以广开利源。 |

派重要报刊之一。黄遵宪、汪康年、梁启超发起，于光绪二十二年七月初一日（1896年8月9日），在上海创刊。旬刊。汪康年任经理，梁启超任主笔。以“变法图存”为宗旨。每期一册，二十余页，三四万字。梁启超在该报连续发表《变法通议》等著名论文，其它维新人士也纷纷撰稿，倡言变法图强，抨击封建顽固势力，颇受读者欢迎，数月之间，风靡海内，最多时营销一万七千余份，创当时国内报纸发行数字的最高纪录，成为维新派最有影响的报纸。张之洞以报中议论太新，频加干涉。二十四年六月，光绪帝准御史宋伯鲁之请，谕令改为官报，派康有为督办。康尚未及接办，汪康年擅改名《昌言报》继续出版。《时务报》于六月二十一日（1898年8月8日）终刊。共出六十九期。

**合办东省铁路公司合同章程**　又名《东省铁路公司合同章程》，光绪二十二年八月初二日（1896年9月8日），中国驻俄公使许景澄与华俄道胜银行总办罗启泰在柏林签订。共十二款。主要内容：（一）设立中国东省铁路公司，修筑和经营中东铁路，章程照俄国铁路公司成规；所有股票只准华俄商民购买；公司总办由

| | | |
|---|---|---|
| 1896 | 光绪二十二年 | 八月初二日，清政府与沙俄签订《**合办东省铁路公司合同章程**》。 |
| 1896 | 光绪二十二年 | 八月二十八日，追赠前陕甘总督杨岳斌太子太保衔。 |
| 1896 | 光绪二十二年 | 九月初四日，张之洞于湖北设立武备学堂。 |
| 1896 | 光绪二十二年 | 九月十三日，总理衙门与日本签订《**公立文凭**》。 |

中国政府选派；（二）合同批准之日起，十三个月内公司应将铁路开工，六年完成；（三）凡建造、经营、防护铁路及开采沙、石、石灰等项所需土地，官地则无偿征用，民地则按时价付钱。所需人力、车马，中国地方官应尽力满足；（四）俄国有权经此铁路运送军队、军械，唯不得借故中途逗留；货物经此路由俄入俄者免税厘，运入中国或中货运入俄国者，交进出口正税的三分之二；（五）自通车之日起凡十年内，铁路盈亏，公司自负，八十年后所有铁路及产业悉归中国，勿需给价。开车之日起三十六年后，中国政府有权给价收回，按所用本银并因此路欠债项及利息，照数偿还。

**公立文凭**　又称《通商公立文凭》或《通商口岸日本租界专条》，光绪二十二年九月十三日（1896年10月19日），总理衙门大臣荣禄、敬信、张荫桓与日本驻华公使林董在北京签订。凡四款：添设通商口岸，专为日本商民妥定租界，管理道路及稽查地面之权属日本领事；中国政府有权课日本机器制造货物以税饷；中国政府应允，一经日本政府咨请，即在上海、天津、厦门、汉口等处，设日本专管租界；日军

| | | |
|---|---|---|
| 1896 | 光绪二十二年 | 九月十四日，清政府设立铁路总公司。 |
| 1896 | 光绪二十二年 | 九月，孙中山先生在伦敦被清政府诱捕，史称“**孙中山伦敦被难**”。 |
| 1896 | 光绪二十二年 | 十月十六日，总理衙门奏定预筹朝鲜通商办法。 |
| 1896 | 光绪二十二年 | 十一月初二日，清政府准奏于京师、上海设立大学堂，各省设学堂。 |
| 1896 | 光绪二十二年 | 十一月初三日，翰林院侍读学士陈兆文奏请 |

在山东驻区四十华里以内，中国军队不得驻扎。

**孙中山伦敦被难**　孙中山被清驻英使馆囚禁事件。光绪二十一年（1895），广州起义失败后，孙中山逃亡国外，经横滨、檀香山开始了对北美、西欧一些国家的考察。二十二年八月二十五日（1896年10月1日），到达英国伦敦。九月初五日（1896年10月11日），被清朝驻英公使馆人员绑架，囚于馆内，准备解送回国，孙中山求得使馆英国仆人柯尔的帮助，暗中送信给曾在香港西医书院任教务长的康德黎（Sir James Cantlie, 1851—1926）。康邀集其它英国友人奔走营救，并将此事在报上披露。英政府慑于社会舆论的压力干预此事，清使馆被迫于十七日（1896年10月23日）释放了孙中山。经过这一事件，孙中山开始在国外享有声誉。

**商务印书馆**　清末创立的出版机构。光绪二十三年（1897），创办于上海。主要印刷商业簿册表报。后以出版学校教科书、古籍、科学、文艺、工具书、期刊等为主。1932年（民国二十一

| | | |
|---|---|---|
| | | 停止捐纳道府州县实官，以利于整顿吏治。 |
| 1897 | 光绪二十二年 | 十二月十五日，上海美商鸿源纱厂开工。 |
| 1897 | 光绪二十三年 | 正月初十日，夏瑞芳等创办**商务印书馆**，此为国人自办近代出版事业之始。 |
| 1897 | 光绪二十三年 | 正月初十日，康有为在广西创办**圣学会**，宣传维新。 |
| 1897 | 光绪二十三年 | 正月二十一日，《**知新报**》在澳门创刊，创办人有康有为、康广仁、何廷光。 |

年），“一二八”淞沪战役中，该馆一些主要设施被日军炸毁，后部分恢复。1954年5月迁北京。

**圣学会** 戊戌变法运动期间在广西成立的维新派团体。光绪二十二年（1896），北京、上海强学会被封，康有为回到南方。二十三年春，抵桂林讲学，与唐景崧、岑春煊、蔡希邠等发起成立“圣学会”。该会认为，“中国义理学术大道皆出于孔子”，西方各国借“圣教而势日以盛”，故以尊孔教、传圣道、育人才、救中国为宗旨。会章规定五项要务：（一）逢庚子日集会谈经；（二）广购图书仪器；（三）编辑报纸；（四）设立义塾；（五）开农、工、商三业学堂。参加者二百余人。并发行《广仁报》，宣传变法维新思想，主张废除八股文，鼓励学习时事新闻、科学技术，提倡男女平等。二十四年，戊戌政变后停止活动。

**知新报** 戊戌变法运动期间维新派的重要报刊之一。在康有为领导下，由何廷光、梁启超负责筹备，光绪二十三年正月二十一日（1897

| | | |
|---|---|---|
| 1897 | 光绪二十三年 | 正月二十二日，山东历城、章丘黄河因凌汛决口。 |
| 1897 | 光绪二十三年 | 正月，美国传教士**李佳白**在北京创办尚贤堂（英文名称为“中国国际学会”）。 |

年2月22日），创刊于澳门。何廷光、康广仁任经理，梁启超、何树龄、韩文举、徐勤等任撰述。初为五日刊，自第二十册起改为旬刊，第一百二十册起又改为半月刊。办报方针大体仿照上海《时务报》，宣传变法图存思想，发表变法新政条陈和维新言论，介绍新政推行情况等。与《时务报》相较，更加注意有关变法新政的报导。该报是戊戌变法失败后幸存的少数几家维新派报刊之一。停刊日期不详，今见至光绪二十六年十二月初一日（1901年1月20日）出版的第一百三十三册。

**李佳白**（Gilbert Reid，1857—1927）　美国传教士。大学毕业后矢志传教。光绪八年（1882），受美国长老会的派遣来华传教，在山东烟台、济南等地活动。十八年，返美休假。二十年，以独立教士身分再度来华。中日甲午战争时，任伦敦《泰晤士报》记者。二十三年，在北京发起组织“尚贤堂”，自封为院长，推行文化侵略。维新运动期间，会同李提摩太等传教士一起插手干预维新运动，发表了一系列文章。二十九年，又至上海组成尚贤堂董事会。后曾任伦敦《晨邮报》通讯员、英国使馆翻译、《北京晚报》社长。后死在上海。著有《中国排外骚乱的根源》、《中国一瞥》等书。

**赵三多**（1841—1902）　直隶威县（今属河北）人，又名洛珠，字祝盛，人称赵老祝。雇农出身，当过学徒，做过小生意。擅长梅

| | | |
|---|---|---|
| 1897 | 光绪二十三年 | 二月二十二日，义和拳拳民在山东冠县亮拳比武，首领是**赵三多**、阎书勤。 |
| 1897 | 光绪二十三年 | 三月二十一日，**《湘学新报》**（后改为《湘学报》）创刊。 |

花拳，是远近闻名的梅花拳教师。光绪二十二年（1896）三月，到山东冠县梨园屯设场练拳，广招拳众。二十四年九月初十日（1898年10月24日），第一次以义和拳的名义发动反洋教起义，公开打出“扶清灭洋”的旗帜，震动了直隶、山东两省，是为义和团运动的起点。起义遭清军镇压后，率部分骨干沿运河北上，在直隶南部地区活动。二十六年四月初四日（1900年5月2日），又在直隶枣强县卷子镇发动第二次起义，不但打击外国教会侵略势力，而且展开“均粮”斗争。八国联军攻占北京后，清政府残酷镇压义和团。他领导的义和团在冠县、威县交界地区遭到清军包围，伤亡惨重，后率部突围，转移到广宗一带。二十八年三月十六日（1902年4月23日），与景廷宾联合在直隶巨鹿县举行起义，建议竖“扫清灭洋”旗帜。起义失败后被捕；六月初二日（1902年7月6日），英勇就义。至此，义和团运动最后失败。义和团首领中历经运动之始终者，唯此一人。

**湘学新报**　戊戌变法运动期间维新派在湖南创办的报刊。湖南学政江标于光绪二十三年三月二十一日（1897年4月22日），在长沙创刊。半年后，自第二十一册起改为《湘学报》。旬刊。由江标、徐仁铸先后任督办，唐才常任主编，陈为镒、杨毓麟、易鼐等人任编撰。其宗旨为介绍新学，开民智，育人才，图富强。设有“掌故”、“史学”、“时

| | | |
|---|---|---|
| 1897 | 光绪二十三年 | 是年春，谭嗣同完成《仁学》。 |
| 1897 | 光绪二十三年 | 四月二十日，浙江巡抚廖寿丰于杭州创办**求是书院**，传授中西之学。 |
| 1897 | 光绪二十三年 | 四月二十六日，盛宣怀与比利时公司签订**芦汉铁路借款合同**。 |
| 1897 | 光绪二十三年 | 四月二十六日，**中国通商银行**在上海成立。 |

务”、“舆地”、“算学”、“商学”、“交涉”、“各报近事节要”等栏，介绍“中西有用诸学”，宣传维新派的变法主张。唐才常发表了一系列介绍西方资本主义国家政治经济制度、鼓吹变法图强的文章，在湖南知识界拥有广泛影响。二十四年六月二十一日（1898年8月8日）终刊，共出四十五册。

**求是书院** 又称浙江求是书院、杭州求是书院。清光绪二十三年（1897），浙江巡抚廖寿丰等在杭州普慈司寺设立。委派杭州知府林启为总办，聘西教习一人为正教习，教授各种西学；华教习二人副之，一授算学，一授西文，委监院一人管理院中一切事宜。由地方绅士保送年在二十岁以内之举贡生监，经总办考取复试合格者入院肄业，学以五年为限。除学西学西文外，还须泛览经史、国朝掌故及中外报纸，以期明体达用。二十七年，改为浙江大学堂；次年正月，开学。只设正斋，招生一百二十人；设中、西学教习，中教习课经史、政治等学，西教习课天文、算学、地舆、测绘、格致、方言、体操等学。劳乃宣任总理。后改为浙江高等学堂。

**芦汉铁路借款合同** 光绪二十三年四月二十六日（1897年5月27日），督办铁路总公司事务大

| | | |
|---|---|---|
| 1897 | 光绪二十三年 | 四月，**罗振玉**在上海创办农学会，发行《农学报》。 |
| 1897 | 光绪二十三年 | 六月二十五日，协办大学士、吏部尚书李鸿藻卒。 |
| 1897 | 光绪二十三年 | 六月二十八日，**大刀会**围攻江苏砀山县訾庄之教堂。 |

臣盛宣怀与比利时银团代表在武昌签订。凡十七款。主要内容：（一）借款四百五十万镑，九折实付，年息四厘；前十年不还本，自三十四年十二月十二日（1909年1月3日）起，分二十年还清；（二）以本铁路及其产业担保；（三）合同期内无论何事，此公司不得让他国商民管理干涉，并不能将此合同转与他国及他国之人。旋又签订正合同。

**中国通商银行** 中国最早设立的银行。光绪二十三年（1897）成立，总行设在上海。1935年（民国二十四年），改组为“官商合办”银行，为四大家族所控制。1949年后，“官股”由人民政府接管。1952年12月，与其它行庄合并组成公私合营银行。

**罗振玉**（1866－1940） 浙江上虞人，字叔言，号雪堂。光绪二十三年（1897），在上海创办《农学报》，后从事教育工作，创办东文学社，历任湖北农务学堂、江苏师范学堂和京师大学堂农科等校监督。思想守旧，反对改革。1924年（民国十三年），应清废帝所召，入值南书房，助溥仪逃入日本使馆，后经天津逃到东北，勾结日本建立了伪满洲国，任伪监察院院长。他长期从事甲骨文的收集与研究，经理清廷内阁大库档案和器物。有《殷墟书契前编》、《后编》、《殷

| | | |
|---|---|---|
| 1897 | 光绪二十三年 | 六月，上海成立不缠足会，反对封建礼教。 |
| 1897 | 光绪二十三年 | 七月初五日，《经世报》于杭州创刊。 |
| 1897 | 光绪二十三年 | 八月初一日，《实学报》在上海创刊，王仁俊主办。 |
| 1897 | 光绪二十三年 | 八月二十四日，授予甲午海战中英勇献身的邓世昌母亲一御匾，上书：教忠资训。 |
| 1897 | 光绪二十三年 | 九月初二日，四川总督鹿传霖因办理川省边 |

墟书契考释》和《流沙坠简考释》等。

**大刀会** 清末民间结社组织。本名金钟罩，又名铁布衫。乾隆年间已有活动，流传于华北、江淮地区，尤以鲁西南等地最盛行。成员多为贫苦农民和破产手工业者。设坛（场）授徒，传习金钟罩术（即硬气功，又称铁布衫法）的排刀、排枪、运气、画符念咒，以求“刀枪不入”。大刀会多有反清活动，故历遭镇压。随着外国教会侵略势力的猖獗，则成为反洋教斗争的重要力量。光绪二十年（1894），刘士瑞等在山东曹州（今曹县）、单县地区组织坎门大刀会，旋在鲁、豫、皖、苏四省交界地区开展反教会斗争，成为义和团运动之前驱。后被清廷镇压，曹、单大刀会遂改称红拳、义合、诀字、红门等会，并与直鲁交界地区的义和拳、神拳相融合，成为义和团运动的重要组成部分。

**国闻报** 戊戌变法运动期间维新派的重要报刊之一。光绪二十三年十月初一日（1897年10月26日），严复、夏曾佑、王修植、杭辛斋等创办于天津，严复主编。出版日报、旬刊两种。日报

| | | |
|---|---|---|
| | | 务不利调回北京。 |
| 1897 | 光绪二十三年 | 十月初一日，严复、夏曾佑、王曾植在天津创办《**国闻报**》。 |
| 1897 | 光绪二十三年 | 十月初，康广仁等在上海创办**大同译书局**。 |
| 1897 | 光绪二十三年 | 十月初七日，山东曹州巨野发生教案。 |
| 1897 | 光绪二十三年 | 十月二十日，德国强占胶州湾。 |
| 1897 | 光绪二十三年 | 十一月初六日，湖南**时务学堂**正式开学。 |

即《国闻报》，着重刊登国内外新闻，详于本国之事；旬刊称《国闻汇编》，以刊载重大消息及论说、译文为主，详于外国之事。办报宗旨“一曰通上下之情，一曰通中外之故”，和同时期其它报刊相比，该报在“通中外之故”方面最为突出。严复译《天演论》和《群学肄言》的部分译文即在该报旬刊上首次刊载。在维新运动中与上海《时务报》南北呼应，起了很大作用。旬刊仅出六期。日报则于二十四年七月十二日（1898年9月28日）停刊。后报权售与日人。

**大同译书局**　戊戌变法时期维新派主办的编译出版机构。光绪二十三年（1897）十月，由梁启超等集资创设于上海，康广仁任经理。规定译书以东文为主，辅以西文；以政学为先，次以艺学。首译各国变法之书，涉及宪法、章程、商务等，以备仿效。刊印之书影响较大者有《经世文新编》、《孔子改制考》、《新学伪经考》、《中西学门径》、《日本书目志》等。次年，戊戌政变后被迫停办。

**时务学堂**　戊戌变法运动期间，维新派在湖南创办的新式学校。

| | | |
|---|---|---|
| 1897 | 光绪二十三年 | 十一月二十一日，沙俄军舰强行驶入旅顺港。 |
| 1897 | 光绪二十三年 | 十一月，康有为第五次上书光绪帝。 |
| 1898 | 光绪二十三年 | 十二月十二日，德国驻华公使向总理衙门提出租借胶州湾的要求。 |
| 1898 | 光绪二十三年 | 十二月十三日，康有为于北京南海会馆创立粤学会。 |
| 1898 | 光绪二十三年 | 十二月二十三日，清廷因**巨野教案**惩处山东官员，并谕令各省保护教堂教士。 |
| 1898 | 光绪二十三年 | 十二月二十四日，清政府与德国就教案事件达成解决办法。 |

由谭嗣同等发起，得到湖南巡抚陈宝箴、按察使黄遵宪、学政江标的赞助，于光绪二十三年（1897）十月在长沙创办，十一月，正式开学。熊希龄任提调（校长），梁启超任中文总教习，欧榘甲、韩文举、唐才常等任分教习。利瓦伊格任西文总教习，王史为分教习。学生定额一百二十名，第一期四十名，学习期限五年。二十四年春，全堂师生达二百余人。教学内容包括经、史、诸子和资本主义国家的政治法律与自然科学。教习经常通过讲课和批改学生作业宣传维新变法思想，引起顽固守旧派的仇视。顽固士绅王先谦、叶德辉等攻击该学堂“不知忠孝节义为何事”，“误尽天下苍生”；还纠集党徒，阴谋捣毁学堂，因而被迫停办。戊戌政变后，改为求是书院。

**巨野教案**　又称“曹州教案”。

| | | |
|---|---|---|
| 1898 | 光绪二十三年 | 十二月二十五日，兵部尚书荣禄奏请设立武备特科。 |
| 1898 | 光绪二十三年 | 十二月二十五日，清政府决定在内地筹办制造局，并准备将上海制造局内迁。 |
| 1897 | 光绪二十三年 | 是年，湖南乡绅王先谦等创办两湖轮船公司。 |
| 1897 | 光绪二十三年 | 是年，梁启超主编《西政丛书》，介绍西方政治制度。 |
| 1898 | 光绪二十四年 | 正月初三日，李鸿章、翁同龢、荣禄、**廖寿恒**、张荫桓等大臣召见康有为。 |

光绪二十三年（1897），德国传教士在山东曹州（今菏泽）附近各县唆使教徒欺压人民，激起群众公愤。十月，巨野县农民杀死张家庄德国传教士二人。济宁、寿张、单县、武城各县群众和农民在大刀会号召下纷纷响应。事件发生后，德国借口传教士被杀，向清政府提出交涉，并把兵舰驶入胶州湾，强行登陆。清政府被迫与德国签订协议，有关处理巨野教案的要点规定：将山东巡抚李秉衡革职；偿银二十二万五千两；逮捕群众九人，其中二人被处死，三人被判徒刑。清政府降谕保护在华德国传教士。

**廖寿恒**（1839－1903） 江苏嘉定（今上海嘉定）人，字仲山，晚号抑斋。同治进士。历任翰林院侍读学士，内阁学士，兼兵、礼、吏、户等部侍郎及尚书等职。曾纂修同治实录。中法战争

| | | |
|---|---|---|
| 1898 | 光绪二十四年 | 正月初五日，清政府允许湖南、湖北、广东三省绅商自行承办粤汉铁路。 |
| 1898 | 光绪二十四年 | 正月初六日，诏令设立**经济特科**，考试内容为内政、外交、理财、军事、格物等实际学问。 |
| 1898 | 光绪二十四年 | 正月初十日，林旭、张铁君等创办闽学会于 |

时，附和李鸿章“先战而后和”的论调，以总理衙门大臣的身分和李鸿章共商中法条约的细则。光绪二十六年，因病退职。

**经济特科**　清末区别于八股取士的一种考试科目。光绪二十四年（1898），由贵州学政严修奏设。规定凡士人（不论有无功名）及五品以下京官、四品以下外官，经保选者均可应试。内容为内政、外交、理财、农桑及格致等专门之学，以选拔“通达中外时务”之人才。被录取者与正途出身同等待遇。戊戌政变起停开。二十七年，慈禧太后诏令各部、院官员及地方督抚、学政保荐士人应考。二十九年，举行考试，试策、论各一，取一等九人，二等十八人。录取人原有官职略加提升，举人、生员以知县、州佐任用。

**昭信股票**　中国最早发行的国家公债。光绪二十四年（1898）初，为偿付中日《马关条约》规定的第四期赔款，右中允黄思永建议仿外国公债例，发行自强股票，定名“昭信股票”，寓“以昭信守”之意。预定发行总额一亿两，面额分一百两、五百两、一千两三种。以田赋、盐税作担保。年息五厘，二十年本利付清。由户部设昭信局，各省设分局，办理公债发行及偿还事宜。债票准许抵押售卖，但须报局立

| | | |
|---|---|---|
| | | 京师福建会馆，宣传变法维新。 |
| 1898 | 光绪二十四年 | 正月十四日，户部奏准颁发**“昭信股票”**。 |
| 1898 | 光绪二十四年 | 正月二十一日，清政府覆照英国驻华公使**窦纳乐**，允许英国将长江流域划为其势力范围。 |
| 1898 | 光绪二十四年 | 二月初一日，长沙南学会开始讲学。 |

案。发行后流弊甚多，遭舆论谴责。同年七月，清廷被迫宣布除官员仍准请领、官民认定之款约二千万两照数呈交外，民间一概停办。

**窦纳乐**（Claude Maxwell MacDonald, 1852—1915） 英国外交官。陆军出身。1896至1900年（光绪二十二至二十六年），任驻华公使。1898年，列强在中国划分“势力范围”，抢占租借地，他强迫清政府宣布不将长江流域各省割让与他国，使之成为英国的“势力范围”；又强取威海卫（今威海市）和九龙半岛为英国的“租借”地。1900年，义和团运动在北京兴起后，各帝国主义驻华公使以“保护”使馆为名，派军封锁东交民巷一带，作为“占领区”，他被外交使团推为使馆区司令和与清政府交涉的主要代表。后调任驻日公使，1906年，升格为大使。

**南学会** 戊戌变法运动期间维新派在湖南创建的政治团体。由谭嗣同、皮锡瑞、唐才常等发起，于光绪二十四年二月初一日（1898年2月21日）在长沙成立。谭嗣同、皮锡瑞任学会长。长沙设总会，各县设分会。先后入会者达千余人。学会以“讲爱国之理，求救亡之法”为宗旨。每七天集会一次，主讲人有谭嗣同、皮锡瑞、黄遵宪、唐才常等。讲

| | | |
|---|---|---|
| 1898 | 光绪二十四年 | 二月初九日，总理衙门与英德签订第二次借款合同（《**英德续借款合同**》）。 |
| 1898 | 光绪二十四年 | 二月十四日，清政府与德国签订《**中德胶澳租借条约**》。 |
| 1898 | 光绪二十四年 | 二月十五日，《**湘报**》创刊。熊希龄创办，唐才常为主编。 |

学内容分学术、政教、天文、舆地四门，借以宣传新学和变法救亡主张。二月，创办《湘报》，作为该会机关报。由于学会受到以湖南巡抚陈宝箴为首的赞助变法的地方官吏的支持，曾与以王先谦、叶德辉为首的湖南守旧派展开激烈斗争，戊戌政变后被取缔。

**英德续借款合同** 中日甲午战争后，清政府为支付赔款向外国借债。光绪二十四年二月初九日（1898年3月1日），清政府与英、德签订《续借英德洋款合同》（即《英德续借款合同》），总额一千六百万英镑，折银一亿一千二百余万两，八三扣，年利四厘五，分四十五年还清，以海关税收，苏州、淞沪、九江、浙江厘金及宜昌、鄂岸、皖岸盐厘为担保。通过此项借款，英德获得监督、控制中国财政行政权，还取得一些地区的厘金抵押权。

**中德胶澳租借条约** 又称《德租胶澳专约》，德国强迫清政府签订的租地条约。光绪二十三年十月二十日（1897年11月14日），德国借口曹州教案占领胶州湾。二十四年二月十四日（1898年3月6日），德驻华公使海靖与清总理衙门大臣李鸿章在北京签订《胶澳租借条约》。主要内容有：（一）中国将胶州湾租给德国，租期九十九年；（二）允许德国在山东省境内修筑铁路，开采铁

| | | |
|---|---|---|
| 1898 | 光绪二十四年 | 二月十九日，总理衙门将康有为的上清帝第六书上呈光绪帝。 |
| 1898 | 光绪二十四年 | 二月二十八日，湖南周汉因反洋教被清政府逮捕。 |
| 1898 | 光绪二十四年 | 三月初六日，清政府与俄国签订《**旅大租借条约**》。 |

路沿线两旁各三十华里以内的矿产；（三）山东境内举办任何事业，如需外人、外资和器材，德国享有优先承办权；（四）德军在胶州湾沿岸一百华里内可自由通行。通过这一条约，山东成为德国的势力范围。1914年（民国三年），日本出兵攻占胶澳。1919年，巴黎和会上，日本要求将胶州湾无条件转交于己，遭到中国人民坚决反对。1921至1922年在华盛顿会议上，日允退胶州湾，由中国付巨款赎回。

**湘报** 戊戌变法运动期间维新派在湖南创办的报刊。光绪二十四年（1898）二月，由谭嗣同、唐才常等创刊于长沙，作为南学会的机关报。唐才常、熊希龄等主编，谭嗣同、梁启超、樊锥等任撰述，宣传维新变法。谭、唐、梁、樊等发表了大量宣传变法的文章，引起很大反响。湖南顽固派攻击该报为“中国之巨蠹”，并唆使党徒殴打该报主笔。戊戌政变后，于同年九月初一日（1898年10月15日）停刊，共出一百七十七期。

**旅大租借条约** 原称《中俄会订条约》，又称《中俄条约》。俄国强迫清政府订立的不平等条约。光绪二十四年三月初六日（1898年3月27日），总理衙门大臣李鸿章等与俄国驻华代办在北京签订。共九款。主要内

| | | |
|---|---|---|
| 1898 | 光绪二十四年 | 三月十四日，法国公使照会总理衙门，将云南、两广划为其势力范围。 |
| 1898 | 光绪二十四年 | 三月二十七日，**保国会**在北京粤东会馆召开第一次会议，康有为在会上慷慨陈辞。 |
| 1898 | 光绪二十四年 | 三月二十八日，张之洞奏请筹办江西萍乡煤矿。 |
| 1898 | 光绪二十四年 | 闰三月初二日，日本公使照会总理衙门，将福建划为其势力范围。 |

容：（一）俄国租借旅顺口、大连湾及其附近海面，租期二十五年，期满可商延期；（二）租地内军、政大权统归俄国，但不得有总督，巡抚名目；俄国有权在此建造各种设施，但中国不得在此驻军；（三）租地以北设“中立区”，行政由中国官吏主持，中国军队非经俄国同意，不得入内；（四）旅顺口为军港，独准华俄船只享用，大连湾除口内一港专为中俄兵舰使用外，其余地方作通商口岸；（五）允俄修铁路支线至旅顺、大连。同年四月十一日（1898年5月30日），本约在俄国首都圣彼得堡交换批准。后又续订条约详划租地范围。

**保国会**　戊戌变法运动期间维新派组织的全国性政治团体。光绪二十四年（1898）春，各省旅京人士纷纷成立以省为单位的学会，如闽学会、陕学会、蜀学会、关学会等。三月二十二日（1898年4月12日），由康有为发起，帝党官僚李盛铎出面，联合各省学会在北京成立保国会，列名入会者一百八十六人。拟定章程三十条，宣告以“保国、保种、保教”为宗旨；规定在北京、上海设总会，各省、府、县

| | | |
|---|---|---|
| 1898 | 光绪二十四年 | 闰三月，张之洞撰写《**劝学篇**》。 |
| 1898 | 光绪二十四年 | 闰三月，康有为等人再次发动公交车上书。 |
| 1898 | 光绪二十四年 | 四月初十日，恭亲王奕䜣卒。 |
| 1898 | 光绪二十四年 | 四月，梁启超等人上书请废八股。 |
| 1898 | 光绪二十四年 | 四月二十一日，中英签订《**展拓香港界址专条**》。 |

设分会；并对会议期限、领导机关、入会手续和会员权利等都作了明确规定，已具有近代政党的雏形。不久，顽固守旧派官僚纷纷上奏，攻击该会“包藏祸心”，“阴谋叛乱”；咒骂康有为“僭越妄为，非杀不可”。在这种形势下，不少会员纷纷退出，保国会无形瓦解。

**劝学篇**　书名，张之洞著。光绪二十四年（1898）闰三月出版，共二十四篇，四万多字。分“内篇”、“外篇”。序言谓：“内篇务本，以正人心，外篇务道，以开风气。”实际是宣扬“中学为体，西学为用”的观点，主张在维护封建专制制度的基础上，吸收西方资本主义的军事、经济技术，用以反对维新派“开议院，兴民权”的思想主张。是集中反映洋务派思想体系的代表作，曾被清政府颁行全国，但遭到维新派的严厉批判。

**展拓香港界址专条**　英国强迫清政府订立的租地条约。光绪二十四年四月二十一日（1898年6月9日），由清总理衙门大臣李鸿章与英驻华公使窦纳乐在北京签订。专条规定：英国“租借”深圳河以南、九龙半岛界限街以北

| | | |
|---|---|---|
| 1898 | 光绪二十四年 | 四月二十三日，光绪帝下“定国是诏”，宣布变法，**百日维新**开始。 |
| 1898 | 光绪二十四年 | 四月二十七日,户部尚书翁同龢奉旨开缺回籍。 |

及附近岛屿的中国领土，即所谓“新界”九百七十五点一平方公里，包括大鹏湾、深水湾水面，租期九十九年。连同道光二十二年（1842）《南京条约》割让给英国的香港岛七十五点六平方公里，以及咸丰十年（1860）《北京条约》割让给英国的九龙司（半岛界限街以南）十一点一平方公里，整个香港地区面积为一千零六十一点八平方公里。

**百日维新**　光绪二十四年四月二十三日（1898年6月11日），光绪帝采纳维新派康有为、梁启超等人的主张，颁布“明定国是”诏，宣布变法。从这一天起，到八月初六日（1898年9月21日），慈禧发动政变止，历时一百零三天，史称“百日维新”。在此期间，光绪开始引用维新人士，罢黜部分后党顽固派官僚，颁布一系列变法诏书，改革旧制，实行新政。经济方面：（一）保护及奖励农、工、商业，在北京设立农工商总局、铁路矿务总局，提倡实业，鼓励私人投资，各省、州、县设立农会（农业研究机关）、商会（商业公司）；（二）设中国银行，编制国家预、决算，按月公布；（三）举办新式邮政；（四）奖励科学著作和发明。政治方面：（一）裁撤詹事府、通政司、光禄寺等闲散衙门和重迭机构，裁汰冗官；（二）广开言路，允许官民上书言事，严禁官吏阻挠；并准许自由开设报馆、学会，报纸一律免税；（三）取消满人寄生特

| | | |
|---|---|---|
| 1898 | 光绪二十四年 | 四月二十八日，光绪帝召见康有为、**张元济**。 |
| 1898 | 光绪二十四年 | 四月，严复翻译的《**天演论**》正式出版。 |

权，准许其自谋生计。军事方面：（一）裁汰绿营、统勇，令八旗及各省军队一律改练洋操，采用西洋兵制；（二）筹办兵工厂，筹造兵轮，添练海军。思想文化方面：（一）废八股，改试策论；（二）设立学堂，首先筹办京师大学堂，各省书院、祠庙改设学堂；（三）设立译书局，编译书籍；（四）派人出国游历、游学等。八月初六日（1898年9月21日），慈禧太后发动政变，取消新政，恢复旧制。变法维新运动失败。

**张元济**（1867－1959） 浙江海盐人，字菊生。光绪进士。曾任清刑部主事、总理衙门章京，中日甲午战后，参加维新变法运动。光绪二十三年（1897），在上海创办通艺学堂，设英文、算学等课程，倡习西学；并参预梁启超、汪康年《时务报》事务。二十四年，“百日维新”期间，经由徐致靖举荐，受光绪帝召见；继而迭上新政奏议，请改官制，废跪拜礼仪，建议“设议政局以总变法之事”等。戊戌政变发生后，被革职永不叙用。后在上海致力于文化出版事业，主持商务印书馆，校印百衲本《二十四史》，影印《四部丛刊》。1949年后，参加中国人民政治协商会议，当选为全国人民代表大会代表。著有《校史随笔》、《涵芬楼烬余书录》等。

**天演论** 书名。天演即进化。英国生物学家赫胥黎（Thomas Henry Huxley, 1825－1895）《进化论与伦理学》序论与本论两篇

| | | |
|---|---|---|
| 1898 | 光绪二十四年 | 五月初一日，康有为进呈《**孔子改制考**》。 |
| 1898 | 光绪二十四年 | 五月初五日，清政府废八股改试**策论**。 |
| 1898 | 光绪二十四年 | 五月十三日，中英签订《**订租威海卫专条**》。 |

的中译本。严复译述，并附案语阐述已见。该书借“物竞天择，适者生存”、“优胜劣败”、“弱者先绝”的进化论观点，激励中国人民变法维新，“自强保种”。宣传“天道变化，不主故常”、“世道必进，后胜于今”的社会进步理论。乃近代比较系统、准确地向中国人介绍达尔文（Charles Robert Darwin, 1809—1882）生物进化论基本内容的著名译作，对思想界产生了强烈而深远的影响。

**孔子改制考**　书名。康有为关于变法维新的理论著作之一，共二十一卷。光绪二十四年（1898），在上海刊行。力证六经皆孔子为托古改制而作，所载尧、舜、文王之诰命典章和盛德大业，皆孔子理想寄托，并非史实。认为孔子改制精义在“通三统”、“张三世”，中国社会发展，必由据乱世（君主专制时代）而入升平世（君主立宪时代），最终达于太平世（民主共和时代）。断言中国欲由据乱世进入升平世，唯有变法维新。遭顽固派嫉视，曾两次焚版禁行。1920年（民国九年）重刊。该书在当时的思想界引起巨大反响，梁启超把它的刊行比作火山大喷火、大地震。

**策论**　清代科举考试的一种文体。策是策问，或从四书、五经、史书中，或从当时的政治经济问题中，提出一些问题，让应试者作文对答。论是议论文。清康熙年间，曾用以取士，不久废。戊戌变法期间，议废八股，改试策论，未果。光绪二十八年（1902），又规定凡乡试、会试

1898　光绪二十四年　五月十五日，军机大臣会同总理衙门王大臣会奏**京师大学堂**章程及筹办办法。

及生童岁科考试，均废八股，改试策论，不久又废。

**订租威海卫专条**　英国强迫清政府订立的关于租借威海卫的条约。光绪二十四年三月初七日（1898年3月28日），英国提出租借要求，五月十三日（1898年7月1日），英驻华公使窦纳乐与总理衙门大臣奕劻签订《订租威海卫专条》。主要内容有：（一）将威海卫、威海湾内之群岛以及全湾沿岸十英里以内地方租给英国；（二）租期二十五年，经双方同意仍可延长；（三）所租之地归英国管辖。1919年（民国八年），巴黎和会上，英代表巴尔福声明放弃租权。1922年2月1日，英国声明退还威海卫，但仍保留英舰队对刘公岛的使用权。1923年，租借期满，仍未退还。1930年4月18日，中英订立交收威海卫专约及协议，依旧保留刘公岛为英海军根据地。

**京师大学堂**　中国近代最早的大学。光绪二十四年（1898），创办于北京，为戊戌变法的“新政”措施之一，目的在于“广育人才，讲求时务”，“培非常之才以备他日特达之用”。课程设置强调“中西并重”，最初拟设道学、政学、农学、工学、商学等十科，招收官员、官僚子弟及各省中学堂毕业生入学。但因戊戌变法失败，在顽固派统治下，实际只办了诗、书、易、礼四堂及春秋二堂，每班不过十余人，性质仍与旧式书院相近。二十六年，八国联军进占北京，学校一度停办。二十八年，复校，增设预备科（政科、艺科）及速成科

| | | |
|---|---|---|
| 1898 | 光绪二十四年 | 五月十五日，四川**余栋臣**第二次反洋教起义爆发。 |
| 1898 | 光绪二十四年 | 六月初六日，《**女学报**》于上海创刊。 |
| 1898 | 光绪二十四年 | 六月初八日，清廷将《时务报》改为官办，派康有为督办。 |
| 1898 | 光绪二十四年 | 六月十五日，谕命设立矿务铁路总局。 |
| 1898 | 光绪二十四年 | 六月十八日，广西全州山洪暴发，淹死三百多人。 |
| 1898 | 光绪二十四年 | 七月十四日，清政府大力裁撤冗官冗员。 |

（仕学馆、师范馆）。二十九年，增设进士馆、译学馆及医学实业馆。宣统二年（1910），发展为经、法、文、格致、农、工、商七科。辛亥革命后改称北京大学。

**余栋臣**（1851－？） 四川大足县龙水镇人，又名腾良，别号余蛮子。以挑煤为业。光绪十二年（1886）、十三年，两次参加龙水镇捣毁教堂的斗争。十六年，为反对法国教会干涉中国内政和清政府护教抑民的行径，组织煤窑、纸厂工人和挑贩数百人举行武装起义。十八年，起义失败后，转入山区坚持斗争。二十四年，被清政府逮捕。经蒋赞臣等人营救，出狱。回到龙水镇后，集合群众六千多人再次举行起义。清政府派重兵围剿。二十五年，投降清军，起义失败。二十五年至民国成立以前，为清政府监禁。宣统三年（1911），辛亥革命爆发后，被释出狱，因附保皇党被处死。

**女学报** 中国近代最早的妇女报

| | | |
|---|---|---|
| 1898 | 光绪二十四年 | 七月十六日，农工商总局成立。 |
| 1898 | 光绪二十四年 | 七月二十九日，日本前首相伊藤博文访华。 |
| 1898 | 光绪二十四年 | 七月三十日，光绪帝托**杨锐**传出密诏。 |
| 1898 | 光绪二十四年 | 八月初一日，光绪帝召见袁世凯。 |
| 1898 | 光绪二十四年 | 八月初三日，慈禧太后取消光绪帝独立处理政事的权力。 |
| 1898 | 光绪二十四年 | 八月初四日，慈禧太后将光绪帝软禁于瀛台。 |

纸。光绪二十四年六月初六日（1898年7月24日），创刊于上海。康有为之女康同薇、梁启超夫人李蕙仙等任主笔。设论说、新闻、征文、告白等栏，鼓吹男女平权，施教劝学，提倡民主科学，主张兴办女学，以求妇女解放，国富民强。现见最后一期为光绪二十四年七月三十日（1898年9月15日）出版的第十二期。

**杨锐**（1857—1898） 四川绵竹人，字叔峤，又字钝叔。举人出身，张之洞弟子，光绪十五年（1889）起，任内阁中书，政治上与张之洞有密切联系。二十一年，参加强学会。二十四年二月，倡立蜀学会，不久又参加保国会。“百日维新”期间经湖南巡抚陈宝箴举荐，受光绪帝召见。七月，与谭嗣同、林旭、刘光第同授四品卿衔，任军机章京，参预新政。八月初六日（1898年9月21日），戊戌政变发生；初九日（1898年9月24日），被捕；十三日（1898年9月28日），与谭嗣同等同时遇害，为

| | | |
|---|---|---|
| 1898 | 光绪二十四年 | 八月初六日，慈禧太后发动戊戌政变，宣布垂帘听政。 |
| 1898 | 光绪二十四年 | 八月十三日，清廷在菜市口杀害“**戊戌六君子**”。 |
| 1898 | 光绪二十四年 | 八月十六日，汉口大火灾，延烧五千多户，死三百多人。 |
| 1898 | 光绪二十四年 | 八月二十一日，湖南巡抚陈宝箴被革职，另有相当支持变法的官员受到处分。 |

“戊戌六君子”之一。著有《说经堂诗草》。

**戊戌政变** 慈禧太后发动的推翻戊戌新政的宫廷政变。光绪二十四年（1898）的维新活动遭到以慈禧太后为首的顽固守旧势力的坚决反对，八月初六日（1898年9月21日），慈禧太后发动政变，又一次临朝“训政”。随即囚禁光绪帝，搜捕维新人士；十三日（1898年9月28日），杀谭嗣同、康广仁、杨深秀、杨锐、刘光第、林旭六人（史称“戊戌六君子”）；下令通缉康有为、梁启超（此时康、梁已逃往日本）；惩办支持维新变法的官员陈宝箴、江标、黄遵宪等数十人。废除新政诏令，戊戌变法失败。这次政变史称“戊戌政变”。

**戊戌六君子** 见“戊戌政变”条。

**关内外铁路借款合同** 光绪二十四年八月二十五日（1898年10月10日），清政府关内外铁路督办胡燏棻与英国中英公司在北京签订。共二十款。主要内容有：借款总额二百三十万英镑，年息五厘，九扣实付，四十五年还清；用于修筑自奉天（今辽宁沈阳）中后所至新民屯（今新民）的铁路及营口支线，备还津榆、津芦

| | | |
|---|---|---|
| 1898 | 光绪二十四年 | 八月二十五日，清政府与英国签订《关内外铁路借款合同》。 |
| 1898 | 光绪二十四年 | 九月二十六日，日照教案发生。 |
| 1898 | 光绪二十四年 | 十月初，赵三多率领**义和团**在山东冠县蒋家庄起义，打出“扶清灭洋”的口号。 |
| 1898 | 光绪二十四年 | 十月二十一日，清政府再次严厉处置翁同龢，即行革职，永不叙用。 |

路所欠款项；以北京至山海关铁路财产、收入和新筑的铁路收入作担保；总理衙门须向英国公使保证，本合同内所指各铁路永不让与他国。

**义和团**　清末民间武术团体与秘密教门的混合组织。由义和拳、梅花拳、大刀会等民间秘密结社互相结合、发展而成，为义和团运动的基本力量。最初流行于山东、直隶（今河北）等地，以设拳厂、练拳习武的方式组织群众。参加者大多数是农民、手工业者和其它劳动群众。中日甲午战争后，民族危机空前严重，义和拳等秘密结社遂汇合起来，以反对外国侵略、打击教会势力为主要斗争内容。光绪二十四年（1898），义和拳的斗争在山东冠县兴起，以后很快波及全省。二十五年下半年，义和拳等组织改称义和团。山东义和团首先提出“扶清灭洋”的口号，为各地义和团所接受，势力迅速扩展到华北、东北及内蒙古等广大地区，京、津一带声势尤为浩大。二十六年夏，八国联军进攻中国，义和团在廊坊、大沽、天津、北京等地英勇抗击。最后在八国联军和清政府的联合镇压

| | | |
|---|---|---|
| 1898 | 光绪二十四年 | 十一月十一日，梁启超在日本横滨创办《**清议报**》。 |
| 1898 | 光绪二十四年 | 十一月十九日，京师大学堂正式开学。 |
| 1899 | 光绪二十四年 | 十一月二十六日，安徽涡阳饥民起义。 |
| 1899 | 光绪二十四年 | 十二月初八日，余栋臣率部投降，四川反洋教运动终止。 |
| 1899 | 光绪二十四年 | 十二月十八日，按惯例授予班禅额尔德尼之弟扎喜汪结公爵职衔。 |
| 1899 | 光绪二十四年 | 十二月，刘坤一奏报于上海设立商务总局，选举丝茶各业巨商**严信厚**等为商务总董。 |

下，义和团运动失败。

**清议报** 清末改良派刊物。光绪二十四年十一月十一日（1898年12月23日），创刊于日本横滨。旬刊。发行兼编辑署“英人冯镜如”，实为梁启超主持。主旨是提倡保皇，抵制革命。因火灾于二十七年十一月十一日（1901年12月21日）停刊。共出一百期。

**严信厚**（1828—1906） 浙江慈溪人，字筱舫。幼年曾在宁波钱庄学徒。同治初，入李鸿章幕，后任河南盐务督销。光绪十一年（1885），署长芦盐务帮办。以盐务起家，从事商业，光绪十五年，积资巨富。陆续创设或投资上海源丰润银号、宁波通久源纱厂、锦州天一垦务公司、上海华兴水火保险公司、上海中英药房、四明商业银行等。曾任中国通商银行总董。二十八年，任上海商业会议会所总理。三十年，任上海商务总会首届总理。

| | | |
|---|---|---|
| 1899 | 光绪二十五年 | 二月初四日，清政府颁布地方官与教士往来事宜五条。 |
| 1899 | 光绪二十五年 | 二月十八日，德军占领日照并拘禁日照新任知县。 |
| 1899 | 光绪二十五年 | 三月十九日，英俄换文划分在中国的势力范围。 |
| 1899 | 光绪二十五年 | 三月十九日，日本强迫清政府在福州签订《**福州口租界条款**》。 |
| 1899 | 光绪二十五年 | 四月初九日，许景澄、张翼与英德银行签订《**津镇铁路借款草合同**》。 |

**福州口租界条款**　日本帝国主义强迫清政府签订的租地条约。光绪二十三至二十四年（1897—1898），日本领事向清福建布政司要求三乡洲一带为日租界。二十五年三月十九日（1899年4月28日），日本强迫清政府签订《福州口租界条款》，共十二款，附有《另约章程》。主要内容有：（一）自天主堂码头东界起，至尾墩村东方止，前部面沿闽江，后部包田地一带地方，为日本专管租界；（二）租期三十年，期满可以续租；（三）租界内行政、警察等权皆由日本管理；（四）所有外国租界和将来开拓之外国租界的优惠，日本租界一体享受。

**津镇铁路借款草合同**　津镇铁路自天津至镇江，光绪二十二年（1896），容闳请求修筑该路。二十五年四月初九日（1899年5月18日），清政府工部左侍郎许景澄与英德银团代表在北京签订

| | | |
|---|---|---|
| 1899 | 光绪二十五年 | 四月十二日，谕命刚毅南巡，考察地方财政税收，加强中央财政收入。 |
| 1899 | 光绪二十五年 | 四月十四日，张謇创办的大生纱厂试生产成功。 |
| 1899 | 光绪二十五年 | 五月十九日，山东日照教案议结，向德国赔款七万七千八百二十两。 |
| 1899 | 光绪二十五年 | 六月十三日，康有为在加拿大成立**保皇会**。 |
| 1899 | 光绪二十五年 | 六月二十三日，总理衙门与矿务铁路总局奏定《增订矿务章程》。 |

借款草合同，共三十五款。后要求自办，多次交涉未成。三十三年十二月，清政府代表与英德银团在北京签订《天津浦口铁路借款合同》。宣统二年（1910），在北京又签订《津浦铁路续借款合同》。英德借此长期控制津浦铁路，并加强其在华北的侵略势力。

**保皇会**　清末改良派的政治团体，亦称中国维新会。光绪二十五年六月十三日（1899年7月20日），建于加拿大。康有为任正会长，梁启超、徐勤任副会长。全称为保救大清皇帝会，简称保皇会。以保救光绪、实行君主立宪、反对革命为宗旨。总部设于澳门，并陆续在世界各地华侨中建立组织，共建立总会十一个，支会一百零三个。三十二年十一月十七日（1907年1月1日），改名为国民宪政会，旋正式定名为帝国宪政会。

**门户开放政策**　又叫“海约翰政策”。美国政府提出的侵略中国的政策。甲午战后，各国在中国争划势力范围。美国为了分

| | | |
|---|---|---|
| 1899 | 光绪二十五年 | 七月初九日，山东大刀会首领刘赞虞率众进入直隶境内活动。 |
| 1899 | 光绪二十五年 | 八月初二日，美国宣布对中国实现**门户开放政策**。 |
| 1899 | 光绪二十五年 | 八月初七日，中韩订立《和好通商条约》。 |
| 1899 | 光绪二十五年 | 八月十三日，山东平原县杠子李庄拳民李长水等与教民发生冲突。 |
| 1899 | 光绪二十五年 | 九月初七日，**朱红灯**率义和拳与官府发生冲突。 |

享各国在华侵略权益，于光绪二十五年（1899）八月至十月，由国务卿海约翰（John Milton Hay, 1835—1905）分别训令美国驻英、俄、德、日、意、法等国大使，向各驻在国政府提出“开放中国门户”的照会。主要内容是：（一）各国在中国的所谓“势力范围”或租借地内的任何投资事业或既得利益，他国不得干涉；（二）各国运往上述“势力范围”内各口岸的货物，均按中国现行关税税率由中国政府征收税款；（三）各国对进入自己“势力范围”内的他国船舶，不得征收高于本国船舶的港口税，在其“势力范围”内所建筑、控制或经营的铁路上运输他国的货物时，不得征收高于本国商品的运输费。门户开放政策是要列强开放在华势力范围和租借地，使它享有均等的贸易机会。

**朱红灯**（？—1899） 山东泗水人，原名逢明。游民出身，以卖药行医为业。光绪二十四年（1898），因避水灾来到长清

| | | |
|---|---|---|
| 1899 | 光绪二十五年 | 九月二十一日，四川总督奎俊奏准派道员、提督各一人赴日本考察学制兵制。 |
| 1899 | 光绪二十五年 | 十月十四日，清政府与法国签订**广州湾租借条约**。 |
| 1899 | 光绪二十五年 | 十月十九日，清政府突发上谕，要求各省督抚抵御外侮。 |
| 1899 | 光绪二十五年 | 十月十九日，义和拳首领朱红灯在山东茌平被捕。 |

（今齐河）县大李庄，在当地组织义和拳，并于当年率领拳众焚毁徐家楼、龟对教堂，受到群众拥护。此后在长清、茌平、高唐一带领导义和拳积极开展反对外国教会侵略势力的斗争，焚烧教堂多处，并与禹城义和拳首领心诚和尚联络，互为声援。二十五年九月，率众支援平原县杠子李庄义和拳的斗争，打退平原县令蒋楷所率捕役和马队，继而在平原与恩县之间的森罗殿地方击败袁世敦（袁世凯之兄）等率领的清军骑兵，影响及于附近各州县。后与心诚和尚同被山东巡抚毓贤诱捕，十一月二十二日（1899年12月24日），在济南遇害。

**广州湾租界条约** 法国强迫清政府订立的不平等条约。光绪二十四年十月初三日（1898年11月16日），广西提督苏元春与法海军军官礼睿在广州湾正式签订。主要内容：（一）广州湾及附近海面租给法国，租期九十九年；（二）租界内全归法国管理，并有权设防驻扎军队、征收船税；（三）允准法国修筑自广州湾赤坎至安铺的铁路。二十五年十二月二十七日（1900年1月27日），法将广州湾划归法越殖民总督管

| | | |
|---|---|---|
| 1899 | 光绪二十五年 | 十一月初四日，山东巡抚毓贤替义和团辩护，事后清政府以袁世凯代**毓贤**。 |
| 1899 | 光绪二十五年 | 十一月初五日，清政府加入保和会。 |
| 1899 | 光绪二十五年 | 十一月十七日，命李鸿章署理两广总督。 |
| 1899 | 光绪二十五年 | 十一月二十二日，毓贤离任前，下令处死义和团领袖朱红灯和**心诚和尚**。 |

辖。到1945年（民国三十四年）8月18日，中法签订《交收广州湾租借地专约》，本约废除。

**毓贤**（？－1901） 汉军正黄旗人，字佐臣。监生出身。光绪十六年（1890），为山东曹州（今菏泽）知府。二十二年，为山东按察使，任内镇压当地及江苏砀山（今属安徽）等处大刀会的反教会活动，屠杀会众数千人。二十五年，任山东巡抚。时山东义和团运动蓬勃兴起，他曾力图镇压，并于当年底诱捕义和团首领朱红灯和心诚和尚。但慑于义和团声势浩大，也建议清政府采取"抚"的策略，把山东义和团编入民间团练。后由美国公使康格（Edwin Hund Conger, 1843－1907）出面，迫使清政府将他撤职。次年，调任山西巡抚，杀外国传教士数十人。八国联军攻陷北京后，随慈禧太后西逃。清政府与联军议和后，被指为"祸首"之一。二十七年，在兰州被处死。

**心诚和尚**（？－1899） 山东高唐人，亦称本明和尚，出家前名杨照顺，一名杨顺天。自幼在禹城县丁家寺为僧，对于拳技刀枪无不精熟，遂设厂练拳习武，组织义和拳开展反对外国教会侵略

| | | |
|---|---|---|
| 1899 | 光绪二十五年 | 十一月二十五日，以户部尚书王文韶为协办大学士。 |
| 1900 | 光绪二十五年 | 十二月初二日，山东高密民众聚众阻挠德国修筑**胶济铁路**。 |
| 1900 | 光绪二十五年 | 十二月二十四日，慈禧太后立端郡王**载漪**之子溥儁为皇子，又称“大阿哥”。 |
| 1900 | 光绪二十五年 | 十二月二十五日，兴中会在香港创刊《**中国** |

势力的斗争，与朱红灯率领的义和拳互相声援，使禹城、长清、茌平、高唐等地的义和拳联成一片。后与朱红灯同被山东巡抚毓贤诱捕，光绪二十五年十一月二十二日（1899年12月24日），在济南遇害。

**胶济铁路** 从山东青岛经潍坊、张店（淄博市）到济南。长三百九十三公里。光绪二十五年（1899），开工修建；三十年，筑成。该路为德国控制。第一次世界大战期间又为日本所占。1922年（民国十一年），赎回。

**载漪**（1856—1922） 清末满洲贵族。爱新觉罗氏。惇亲王绵恺孙，后出继瑞郡王绵忻。妻慈禧太后侄女。光绪二十年（1894），进封端郡王。二十五年十二月，慈禧太后立其子溥儁为大阿哥（即皇位继承人），以图“徐篡大统”，废光绪帝位。五月，授总理衙门大臣，办理外交。时正值义和团运动高涨，八国联军侵华之际，他力主攻打外国公使馆，企图迫使各国公使承认废立计划。他率领下的虎神营士兵打死德国公使克林德（Klemens August Ketteler, 1853—1900）。七月，八国联军攻陷北京，随慈禧太后西逃。二十七年，《辛丑条约》签订，被指为

| | | |
|---|---|---|
| | | 日报》，陈少白任社长。 |
| 1900 | 光绪二十五年 | 十二月二十六日，上海电报局总办经元善联合知名人士章炳麟、唐才常等一千二百三十一人签名致电总理衙门，反对废黜光绪帝。 |
| 1899 | 光绪二十五年 | 是年，清国子监祭酒王懿荣发现甲骨文。 |
| 1899 | 光绪二十五年 | 是年，**林纾**翻译的《巴黎茶花女遗事》出版发行，乃国人较系统译介西洋文学之始。 |

“祸首”，夺爵，罢官，遣戍新疆；其子溥儁开去大阿哥名号。

**中国日报** 中国革命派最早的报纸。光绪二十五年十二月二十五日（1900年1月25日），创刊于香港。陈少白任社长兼总编辑。当时既是兴中会的机关报，又是革命党人的联络机关。日刊出版两个月后，又兼出旬刊。二十七年正月，旬刊移入日报，作为报纸的文学副刊。三十一年，成为同盟会的报纸。三十二年五月改组，冯自由任社长兼总编辑。辛亥革命后迁广州，成为国民党的宣传机关。1913年（民国二年）8月，被军阀龙济光查封。在辛亥革命准备时期，该报在革命宣传方面起了重要作用。

**林纾**（1852－1924） 福建闽县（今闽侯）人，原名群玉，字琴南，号畏庐，别署冷红生。举人出身。曾任教于京师大学堂。早年致力于桐城派古文，思想倾向维新。戊戌变法前作《新乐府五十首》，赞扬新学，批判科举制度。后靠懂西文的人口述，用古文翻译欧美等国小说一百七十余种，其中以小仲马《巴黎茶花女遗事》最为有名。所译小说适应当时维新运动的需要，增进了文化界对西方政治、社会及世情习俗的了解；并对二十世纪初至五

| | | |
|---|---|---|
| 1900 | 光绪二十六年 | 正月十二日，谕命两广总督李鸿章掘毁康有为、梁启超本籍祖坟，并于随后悬赏十万两捉拿康、梁二人。 |
| 1900 | 光绪二十六年 | 二月初二日，英、美、德、意四国公使和法国驻华代办要求清政府严厉取缔义和团和大刀会。 |
| 1900 | 光绪二十六年 | 三月十三日，英、美、法、俄四国舰队进逼大沽口，强迫清政府镇压义和团。 |
| 1900 | 光绪二十六年 | 四月二十三日，列强驻京外交公使团照会清政府，要求镇压义和团。 |
| 1900 | 光绪二十六年 | 四月二十四日，总理衙门大臣奕劻奏请保护 |

四运动以后中国文学的发展有一定影响。译笔颇流畅，但因他不懂西文，仅据他人口述，不免有许多错误。晚年反对五四新文化运动，是守旧派代表人物之一。能诗画，有《畏庐文集》、《畏庐诗存》及传奇、小说、笔记等多种。

**西摩尔**（Admiral Sir Edward Hobart Seymour, 1840—1929）

英国海军将领。1852年（咸丰二年），进英国海军，以少尉参加第二次鸦片战争。1862年（同治元年），在上海参与清政府镇压太平天国革命的战争。1900年（光绪二十六年），任英国东亚舰队总司令。6月，各国以“保护”使馆为名，由他率八国联军二千余人从天津进犯北京，沿途遭到义和团的堵截，在廊坊等地遭到义和团和董福祥所部清军痛击，狼狈逃回天津租界。著有

| | | |
|---|---|---|
| | | 使馆教堂，惩办拳民。 |
| 1900 | 光绪二十六年 | 四月二十八日，道士王圆箓整理敦煌石窟洞室时，发现敦煌经卷。 |
| 1900 | 光绪二十六年 | 五月十四日，英将**西摩尔**率八国联军由津赴京。 |
| 1900 | 光绪二十六年 | 五月十五日，义和团与八国联军在廊坊激战。 |
| 1900 | 光绪二十六年 | 五月十九日，义和团开始**攻打西什库教堂**，并焚烧其它教堂。 |
| 1900 | 光绪二十六年 | 五月二十日，慈禧太后召集第一次御前会议，此后连续三天召集四次御前会议，筹议应对义和团和八国联军。 |

《我的海军生涯及旅行纪事》。

**攻打西什库教堂** 北京西什库教堂是直隶（今河北）北部天主教总教堂，是外国对中国进行宗教侵略的一个重要据点。光绪二十六年（1900）五月间，北京地区义和团反帝斗争高涨，法国传教士、北京教区主教樊国梁（Pierre Marie Alphonse Favier，1837—1905，或译“法维埃”）以该教堂为据点，纠集中国教民二千余人，配备新式武器，修筑防御工事，进行顽抗；同时有从天津调集的侵略军四十余名帮助“守卫”。从五月十九日（1900年6月15日）开始，一直持续到七月二十日（1900年8月14日）北京陷落，上万名义和团战士和清军配合围攻该教堂，共毙伤侵略者二十余名，其中包括一名法国军官。但由于清政府一直企图妥协求和，对教堂采取“明攻暗保”

| | | |
|---|---|---|
| 1900 | 光绪二十六年 | 五月二十一日，八国联军攻陷大沽炮台。 |
| 1900 | 光绪二十六年 | 五月二十四日，德国公使**克林德**为清兵所杀。 |
| 1900 | 光绪二十六年 | 五月二十四日，清兵和义和团围攻东交民巷使馆。 |
| 1900 | 光绪二十六年 | 五月二十四日，八国联军从杨村撤退，义和团取得杨村大捷。 |
| 1900 | 光绪二十六年 | 五月二十五日，清廷发布正式宣战诏书。 |

策略，致使义和团和清军始终未能攻下。

**克林德**（Klemens August Ketteler, 1853—1900） 德国外交官。陆军出身。1881年（光绪七年）来华，为使馆翻译学生。1883年，任驻广州领事馆翻译。1885年，任使馆参赞。1889年，任代办。后来曾一度任驻墨西哥使馆参赞。1899年，再度来华任公使。1900年6月14日（光绪二十六年五月十八日），他带领一队德国水兵外出巡逻，命令士兵开枪打死路过使馆旁的义和团民约二十人。17日（二十一日），德军又打死清军士兵三人，引起义和团和中国军民的极大愤慨。20日（二十四日），当他乘轿到总理衙门行经东单时，被清军虎神营士兵击毙。

**余联沅**（？—1901） 湖北孝感人。光绪进士，历任监察御史、给事中、署福建按察使、布政使、江苏苏松太兵备道、浙江巡抚等职。光绪二十四年（1898），戊戌变法期间，弹劾康有为“非圣无法，心术不正”。二十六年，义和团运动高涨、八国联军

| | | |
|---|---|---|
| 1900 | 光绪二十六年 | 五月三十日，上海道**余联沅**与各国驻上海领事议定《东南保护约款》及《保护上海城厢内外章程》，史称“**东南互保**”。 |
| 1900 | 光绪二十六年 | 六月初七日，美国发布第二次“门户开放”照会。 |
| 1900 | 光绪二十六年 | 六月十三日，直隶提督聂士成力战殉国。 |
| 1900 | 光绪二十六年 | 六月十八日，清军退守北仓，天津失陷。 |

进攻北京期间，参与英、美策动的“东南互保”。同年五月三十日（1900年6月26日），与督办芦汉铁路大臣盛宣怀代表两江总督刘坤一和湖广总督张之洞与各国驻上海领事商定《东南保护约款》九条。二十七年底，病卒。

**东南互保** 义和团运动时期，英、美勾结我国东南各省督抚企图分裂中国的侵略活动。光绪二十六年，北方广大地区掀起的义和团反帝爱国斗争，影响及于全国。五月，英国驻上海代理总领事霍必澜（Sir Pelham Laird Warren, 1845—1923）策动督办芦汉铁路大臣盛宣怀从中牵线，联络两江总督刘坤一、湖广总督张之洞等，于三十日（1900年6月26日），由上海道余联沅出面，与驻沪各国领事商定《中外互保章程》（又称《东南保护条款》）和《保护上海城厢内外章程》，主要内容是：“上海租界归各国公同保护，长江及苏杭内地均归各督抚保护，两不相扰”；上海江南制造总局的军火，“专为防剿长江内地土匪，保护中外商民之用”。两广总督李鸿章、山

| | | |
|---|---|---|
| 1900 | 光绪二十六年 | 六月二十一日，沙俄军队在海兰泡大肆屠杀中国和平居民，史称“**海兰泡惨案**”。 |
| 1900 | 光绪二十六年 | 六月二十一日，沙俄军队又酿“**江东六十四屯惨案**”。 |

东巡抚袁世凯等亦加入“东南互保”。上述两个章程虽未正式签订，但有关条款在长江流域和东南沿海督抚方面已在实际中执行。

**海兰泡惨案**　俄军屠杀中国人民的大血案。海兰泡，地名，原名孟家屯，位于黑龙江省瑷珲县（今爱辉县）黑河镇对岸。第二次鸦片战争时，被沙俄侵占，并于咸丰八年（1858）更名布拉戈维申斯克，该地居民半数以上是中国人。光绪二十六年（1900），沙俄出兵占领我国东北，六月十九日（1900年7月15日），俄军突然封锁黑龙江，扣留了全部船只，不许中国居民过江。当晚俄军到处搜捕中国居民，并将他们驱往黑龙江边。二十一日（1900年7月17日），又出动大批步骑兵，将中国居民五千余人杀死或赶入江中淹死，只有八十人泅水过江，幸免于难。

**江东六十四屯惨案**　江东六十四屯位于黑龙江东岸，精奇里江（今俄罗斯结雅河）江口以南直至孙吴县霍尔莫勒津屯对岸，南北约一百四十里，东西约七八十里，是中国人民世代居住的地方，历史上曾有六十四个居民村屯，习惯上称为“江东六十四屯”。沙俄强迫清政府接受的《瑷珲条约》中规定：江东六十四屯由中国人“永远居住”，俄国“不得侵犯”。光绪二十六年（1900）六月，在制造海兰泡惨案的同时，又用火烧、刀砍、枪杀以及赶入黑龙江中溺死等残酷手段，杀死中国居民二千余人，

| 1900 | 光绪二十六年 | 七月初一日，**唐才常**等人在上海愚园成立中国议会。 |
|---|---|---|
| 1900 | 光绪二十六年 | 七月初五日，列强在天津成立“**天津都统衙门**”，作为暂时占领机构。 |

从此江东六十四屯被沙俄强占。

**唐才常**（1867—1900） 湖南浏阳人，字黻丞，一字伯平，号佛尘，自号洴澼子。贡生出身。先后肄业于长沙校经、岳麓及武昌两湖书院。光绪二十三年（1897），在长沙主编《湘学报》，任时务学堂教习。次年春，又与谭嗣同等发起创设南学会，创办《湘报》，并任主笔。曾发表大量宣传维新变法的政论文章。戊戌政变后流亡日本。二十五年冬，回国；次年，在上海成立正气会，后易名自立会。二十六年六月，在上海张园召开“国会”，宣布“保全中国自主之权，创造新自立国”；“清光绪帝复辟”等政纲；同时联络长江流域会党，组织自立军七军，拟在安徽、湖北、湖南同时起兵。七月二十八日（1900年8月22日），湖广总督张之洞勾结英国领事将其逮捕杀害。有《唐才常集》。

**天津都统衙门** 全称“暂行管理津郡城厢内外地方事务都统衙门”，八国联军占领天津后设立的殖民统治机构。光绪二十六年六月十八日（1900年7月14日），八国联军攻占天津；七月初五日（1900年7月30日），成立此机构。由联军司令部任命俄国沃加克上校、英国鲍尔中校和日本青木中佐组成三人委员会，均称都统。同年九月，又增加德、法、美军官各一名，扩大为六人委员会，下设八个部门和由九百名侵略军组成的“巡逻队”，对天津实行军事统治。天津城墙被全部

| | | |
|---|---|---|
| 1900 | 光绪二十六年 | 七月十五日，**秦力**山率自立军在安徽大通起义。 |
| 1900 | 光绪二十六年 | 七月十七日，清廷杀反对同列强开战的兵部尚书徐用仪、内阁学士联元、户部尚书立山。 |
| 1900 | 光绪二十六年 | 七月二十日，八国联军总攻北京，慈禧太后召集大臣议定出京暂避。 |
| 1900 | 光绪二十六年 | 七月二十一日凌晨，慈禧太后携光绪仓皇出逃，八国联军占领北京。 |
| 1900 | 光绪二十六年 | 七月二十三日，列强接受德国元帅**瓦德西**为 |

拆毁，由天津至大沽口及山海关的炮台、兵营均被削平。该机构直至二十八年七月才撤销，以清军只能在距天津二十里处驻兵为条件，将天津的行政、警察管理权交还直隶总督袁世凯。

**秦力山**（1877—1906） 湖南长沙人，初名鼎彝，字力三，又名邮，号俊杰，又号力山。光绪二十三年（1897），入时务学堂。戊戌变法失败后，留学日本。二十六年，回国，参加唐才常自立军，被推为安徽大通前军统领。自立军原定于是年七月十五日（1900年8月9日）在湖北、湖南、安徽各路同时起兵，因故延期。他因未得延期通知，按原计划在大通起兵，旋即失败，逃亡日本。到日本后，愤怒揭发康有为私扣募款的劣迹，并与保皇会绝交，投身民主革命。二十七年，在日本编《国民报》，是为留日学界最早宣传革命的报纸。三十一年，加入同盟会，被派回安徽，在安庆策划军队起义，事泄逃亡香港，又转赴缅甸仰光。三十二

| | | |
|---|---|---|
| | | 八国联军统帅。 |
| 1900 | 光绪二十六年 | 八月十四日，清廷谕令围剿义和团。 |
| 1900 | 光绪二十六年 | 闰八月初六日，俄军攻陷辽阳。 |
| 1900 | 光绪二十六年 | 闰八月初八日，俄军攻占盛京，至此俄军基本占领东北三省重要城市和交通线。 |
| 1900 | 光绪二十六年 | 闰八月十三日，兴中会会员**郑士良**在广东惠州发动起义失败。 |
| 1900 | 光绪二十六年 | 九月初四日，慈禧一行逃至西安。 |

年，到云南干崖一带少数民族地区从事革命活动，后病逝。

**瓦德西**（Count von Alfred Hein－rich Karl Ludwig Waldersee，1832－1904） 德国军官。历任陆军参谋总长、军团长、陆军元帅等职。光绪二十六年（1900）七月，八国联军攻占北京后，正式就任联军总司令；九月，到达北京，指挥联军扩大侵略，到处烧杀抢掠，残酷屠杀义和团。二十七年四月，回国。著有《回忆录》三卷，王光祈译中文节译本名《庚子联军统帅瓦德西拳乱笔记》。

**郑士良**（1863－1901） 广东归善（今惠阳）人，原名振华，字安医，参加革命后，改名士良，号弼臣。自幼与会党关系密切。青年时期，曾求学于广州博济医院附设南华医学校，与孙中山结交。光绪二十一年（1895），参加兴中会，参与筹划广州起义，负责联络会党。二十六年，领导惠州（今广东惠阳）三洲田起义，屡败清军。后因弹药不济，

| | | |
|---|---|---|
| 1900 | 光绪二十六年 | 九月十七日，沙俄强迫清政府地方官员签订非法的《**奉天交地暂且章程**》。 |
| 1900 | 光绪二十六年 | 九月二十七日，八国联军侵入张家口。 |
| 1900 | 光绪二十六年 | 十一月初三日，十一国公使将议和大纲草案交奕劻。 |
| 1900 | 光绪二十六年 | 十一月初六日，清廷允准**议和大纲**。 |

将起义军解散。次年，在香港被清奸细毒死。

**奉天交地暂且章程** 光绪二十六年（1900），沙俄强迫奉天（今辽宁）地方政府签订的章程。是年，沙俄占领我国东三省后，于九月十七日（1900年11月8日）强迫盛京（即奉天）将军增祺签订本章程，规定奉天交还中国的条件是：（一）俄国驻兵省城盛京（今沈阳）及其它各地；（二）驻在奉天省的中国军队“一律撤散，收缴军械”，军械库所存军装、枪炮统行交俄武官经理，炮台、营垒、火药库一律拆毁；（三）中国供给俄国奉天驻军住房和粮食；（四）俄国在盛京设总管一人，“预闻要公”（即沙俄总管有权预闻盛京将军办理的一切重要事件）等。按这个章程的内容，奉天省名存实亡，与沙俄殖民地无异。十一月，沙俄强迫增祺擅订《章程》事败露，清政府将增祺革职，宣布《章程》作废。

**议和大纲** 光绪二十六年（1900）七月，八国联军侵入北京；闰八月，法国政府向各国发出照会，主张以惩办祸首，禁止军火入口，赔款，使馆驻兵，拆除大沽炮台以及联军占领大沽至天津间的二三处地方等项要求作为

| | | |
|---|---|---|
| 1901 | 光绪二十六年 | 十一月十二日，授驻俄公使**杨儒**为全权大臣，与俄国谈判接收东三省事宜。 |
| 1901 | 光绪二十六年 | 十一月二十五日，奕劻、李鸿章在议和大纲上正式画押。 |
| 1901 | 光绪二十六年 | 十二月初十日，清政府在西安下诏变法，清末**新政**开始。 |
| 1901 | 光绪二十六年 | 十二月二十六日，清廷“颁自责之诏”。 |

与清政府议和的基础。照会为各国所接受，后又增补了各国的要求，即扩大惩办祸首名额和赔款数字，修订通商行船条约，中国地方官员有镇压群众排外之责，改革总理衙门等项，扩充成十二条，即“议和大纲”。十一月初一日（1900年12月22日），以英、俄、美、日、德、法、意、奥、比、西、荷十一国公使共同照会的形式交给清政府代表。清政府表示“所有十二条大纲，应即照允”。二十七年，正式签订的《辛丑条约》就是以“议和大纲”为基础拟定的。

**杨儒**（？—1902） 汉军正红旗人，字子通。举人出身。以监生纳资为员外郎。后历任江苏常镇通海道、浙江温处道、安徽徽宁池太广道。光绪十八年（1892），以四品卿衔任驻美国、西班牙和秘鲁三国公使。二十二年，转任驻俄、奥、荷三国公使。二十四年，晋升为工部右侍郎，仍驻俄。十一月，被任为全权大臣，与俄谈判交收东三省问题。在谈判中，沙俄提出囊括我国东三省的政权、军权、财权的侵略条款，并迫使他签字；他坚持拒绝签字。次年二月，在谈判归途中患中风跌伤。二十八年正月十二日（1902年2月19日），

| | | |
|---|---|---|
| 1901 | 光绪二十七年 | 正月二十五日，上海各界人士二百余人于张园集会，抗议沙俄侵略我国东北，主张坚拒俄约。 |
| 1901 | 光绪二十七年 | 二月初一日，美国教会所办**东吴大学**在苏州成立。 |
| 1901 | 光绪二十七年 | 二月初五日，俄国强迫全权大臣杨儒接受俄国单方面提出的条约，杨儒坚决拒绝。 |

病死于彼得堡任所。

**新政**　光绪二十六年底至三十一年（1901年1月－1905年），清政府为维护其统治而采取的措施。光绪二十六年十二月初十日（1901年1月29日），清廷颁布变法上谕。二十七年三月初三日（1901年4月21日），成立了以奕劻为首的督办政务处，总揽一切新政事宜。光绪二十六年底至三十一年，清政府颁布了一系列上谕，陆续推行新政。内容包括：改总理各国事务衙门为外务部；停止捐纳实官，裁汰各衙门胥吏差役；裁汰绿营防勇，编练常备、续备、巡警各军；废弃旧式武科，建立武备学堂，派遣留学生出洋，开经济特科，停止乡会试及各省岁考，广设学堂；奖励工商业，准满汉通婚等。而练兵筹饷则是新政的中心内容。推行新政，不仅未能加强清朝的统治，反而加剧了统治阶级和被统治阶级之间的矛盾，促进了民主革命的高涨。

**东吴大学**　光绪二十七年二月初一日（1901年3月20日），在苏州成立，由美国基督教监理会合并上海中西书院和苏州博习学院而成；次年，正式开学。著名传

| | | |
|---|---|---|
| 1901 | 光绪二十七年 | 三月初一日，各国列强提出赔款总额为银四万万五千万两。 |
| 1901 | 光绪二十七年 | 三月初三日，清政府设立**督办政务处**。 |
| 1901 | 光绪二十七年 | 三月二十二日，流亡日本之爱国志士和留学生创办《**国民报**》。 |
| 1901 | 光绪二十七年 | 四月二十一日，台湾苏澳附近发生六级地震。 |

教士林乐知为董事长。以“培养法科人才”为宗旨。先后在苏州设文理学院，在上海设法学院。法学院设宗教、法律等十三项课程，所用课本大部为美国大学法律系的教材。学生读两年大学，再入法科修业三年，毕业后授予法学士学位。1927年（民国十六年）后，始聘中国人杨永清为校长。抗日战争时期，文理学院迁曲江，法学院迁重庆。抗战胜利后，迁回上海。1951年，由人民政府接管。次年，全国高校院系调整后，分别并入他校。

**督办政务处**　清末官署名称。光绪二十七年三月初三日（1901年4月21日）设立。以奕劻、李鸿章、荣禄、昆冈、王文韶、鹿传霖为督办大臣，刘坤一、张之洞（后增袁世凯）为参予政务大臣。为主持推行“新政”的机构。三十二年，改为会议政务处。三十三年七月，并入内阁。宣统三年（1911）四月，撤销。

**国民报**　留日学生创办的革命刊物。光绪二十七年三月二十二日（1901年5月10日），创刊于东京。月刊。秦力山任总编辑。该刊系统介绍了自由、平等和人权学说，明确提出了反清革命思

| | | |
|---|---|---|
| 1901 | 光绪二十七年 | 四月二十五日，罗振玉创办的《教育世界》在上海发行。 |
| 1901 | 光绪二十七年 | 五月二十七日，醇亲王**载沣**起程赴德，为在义和团运动中遇难的德国公使克林德向德国政府道歉。 |
| 1901 | 光绪二十七年 | 五月，张謇创办的通海垦牧公司成立。 |
| 1901 | 光绪二十七年 | 六月初九日，清廷谕命改总理衙门为**外务部**，班列六部之前。 |
| 1901 | 光绪二十七年 | 六月中旬，两江总督刘坤一、湖广总督张之 |

想。二十七年六月二十六日（1901年8月10日）停刊。共出四期。

**载沣**（1883－1952） 爱新觉罗氏，宣统帝之父，袭醇亲王爵。光绪二十七年（1901），任专使，为德国驻华公使克林德被杀害事件赴德道歉。三十四年（1908），溥仪即位后任监国摄政王。宣统元年（1909），编练禁卫军，罢斥袁世凯，自封海陆军大元帅。三年四月，组织“皇族内阁”，表明“预备立宪”。武昌起义后，各省纷纷宣布独立，被迫辞职。后曾移居天津、东北。1952年（民国四十一年），病逝于北京。

**外务部** 光绪二十七年（1901）后，清朝中央政府外交机构。根据《辛丑条约》第十二款规定，清政府于光绪二十七年六月初九日（1901年7月24日），诏令将原外交机构——总理各国事务衙门改为外务部，班列六部之前。设总理一人，会办一人，尚书一人，左、右侍郎各一人。宣统三年（1911），去总理、会办职，

| | | |
|---|---|---|
| | | 洞联衔上呈《**江楚会奏变法三折**》，此三折被视为清末新政的指导性文献。 |
| 1901 | 光绪二十七年 | 七月初一日，清政府定于八月二十四日自西安回銮。 |
| 1901 | 光绪二十七年 | 七月初二日，清政府决定停征漕粮，一律改征折色（即将漕粮折合银价或钱价，改征银或钱）。 |
| 1901 | 光绪二十七年 | 七月十六日，清廷决定科举考试废除八股，改试策论。 |

改尚书为大臣，侍郎为副大臣，各一人。

**江楚会奏变法三折**　书名。清末著名奏折。光绪二十六年十二月（1901年1月），清政府谕令中外大员就变法事宜提出建议，两江总督刘坤一和湖广总督张之洞遂会衔连上三道奏折。二十七年五月二十七日（1901年7月12日）一折，就兴学育才提出四条建议：设文武学堂、酌改文科、停罢武科、奖劝游学。六月初四日（1901年7月19日）一折，就整顿中法提出十二条建议：崇节俭、破常格、停捐纳、课官重禄、去书吏、去差役、恤刑狱、改选法、筹八旗生计、裁屯卫、裁绿营、简文法。初五日（1901年7月20日）一折，就采用西法提出十一条建议：广派游历、练外国操、广军实、修农政、劝工艺、定矿律路律商律交涉刑律、用银元、行印花税、推行邮政、官收洋药、多译东西各国书。这些建议有不少为清政府采纳颁为新政。是年九月，两湖书院以《江

| | | |
|---|---|---|
| 1901 | 光绪二十七年 | 七月二十五日，《**辛丑条约**》签定。 |
| 1901 | 光绪二十七年 | 七月二十九日，清廷命各省建立武备学堂。 |
| 1901 | 光绪二十七年 | 八月初二日，谕命将各省书院一律改设学堂，此谕为清末新政中教育改革之正式开端。 |
| 1901 | 光绪二十七年 | 八月初四日，谕命各省选派学生出国留学，并鼓励自费留学，此谕为清末大批学生出国留学之开端。 |

楚会奏变法》书名刊印。

**辛丑条约** 八国联军攻占北京后，强迫清政府订立的不平等条约。光绪二十七年七月二十五日（1901年9月7日），由清政府全权代表奕劻、李鸿章与英、俄、美、德、日、法、奥、意、西、荷、比十一国代表在北京签订。共十二款，另有十九个附件。其主要内容为：（一）中国赔款海关银四亿五千万两，分三十九年还清，年息四厘，本息共计九亿八千多万两，以海关税、常关税和盐税作抵押。（二）将北京东交民巷划为外国使馆界，由各国驻兵管理，“中国民人，概不准在界内居住”。（三）拆毁大沽炮台及北京直到渤海一线的所有炮台，而外国有权在北京至山海关的十二个据点驻扎军队。（四）永远禁止中国人民成立或加入任何反帝组织，违者处死。清政府各级官吏对人民的反帝斗争，“必须立时弹压惩办”，否则革职永不叙用；并责成清政府须惩办“纵信”义和团而开罪外国侵略者的官员一百多人。（五）改总理各国事务衙门为外务部，班列六部之前。（六）清政府分派王大臣赴德、日两国“谢罪”，在德国公使克林德被杀地点建立牌坊，对被杀之日本

| | | |
|---|---|---|
| 1901 | 光绪二十七年 | 八月初五日，最后一批八国联军从北京撤退。 |
| 1901 | 光绪二十七年 | 八月十九日，谕命盛宣怀为办理商税事务大臣。 |
| 1901 | 光绪二十七年 | 八月，兴中会成员**谢缵泰**联络洪秀全侄子**洪全福**预谋在广东策划起义，建号“大明顺天国”。 |

使馆书记生杉山彬“须用优荣之典”。这个条约是中国近代丧权辱国最为严重的不平等条约，它表明清政府完全变为帝国主义统治中国的工具，成了名副其实的“洋人的朝廷”。

**谢缵泰**（1872－1937） 广东开平人，字圣安，号康如。出生于澳大利亚。光绪十三年（1887），随父归香港，肄业于皇仁书院。十八年，参加辅仁文社。二十一年，加入兴中会，负责对外交涉事务。二十八年，与洪全福等人预定在广州举义。事败后，任《南华早报》编辑，专在言论上鼓吹改革，不再与闻军事。晚年，经营矿业，但因缺乏资本无所进展。1937年（民国二十六年）4月1日，病逝于香港。著有《中华民国革命秘史》，对兴中会成立始末记录颇详。

**洪全福**（1836－1904） 广东花县人，原名春魁，字其元。洪秀全之侄。早年参加太平天国起义，被封为瑛王。太平天国失败后，逃亡香港，在外国轮船上当厨役。晚年，在香港行医。光绪二十八年（1902），与兴中会员谢缵泰、李纪堂等联合，准备在广州起义。二十九年初，起事计划泄露，化装逃往香港。翌年，病逝。

| | | |
|---|---|---|
| 1901 | 光绪二十七年 | 九月二十七日，李鸿章卒于北京，谥号“文忠”，追赠太傅。 |
| 1901 | 光绪二十七年 | 十月二十日，清廷谕令废除溥儁大阿哥名号，并命立即出宫。 |
| 1901 | 光绪二十七年 | 十月，袁世凯在山东创办**山东大学堂**（今山东大学前身）。 |
| 1901 | 光绪二十七年 | 十一月十四日，清政府为李鸿章在京师建立专祠，此为汉大臣在京师建专祠之第一人。 |
| 1902 | 光绪二十七年 | 十一月二十五日，《外交报》在上海创刊，创办人张元济。 |
| 1902 | 光绪二十七年 | 十一月二十九日，慈禧太后发布懿旨，追赠 |

**山东大学堂**　清光绪二十七年（1901），奏请在山东省城济南设立。山东巡抚袁世凯委任周学熙为总办，美国人赫士（Watson McMillen Hayes, 1857－？）任总教习。内分备斋、正斋、专斋。备斋习浅近各学，温习中国经史掌故，授以外国语言文字、史志、地舆、算术等，二年毕业，略如各州县之小学堂；正斋习普通学，分政学、艺学两门，政学为中国经学、中外史学、中外治法学，艺学为算学、天文学、地质学、测量学、格物学、化学、生物学、译学等，四年毕业，略如各府厅直隶州之中学堂；专斋习专门学，有中国经学、中外史学、中外政治学、方言学、商学、工学、矿学、农学、测绘学、医学等，二年至四年毕业。先办备斋、正斋，续办专斋。学堂还采集各家所译西文格言，及

| | | |
|---|---|---|
| | | 珍妃为贵妃。 |
| 1902 | 光绪二十七年 | 十二月初一日，清廷命**张百熙**为管学大臣，负责管理京师大学堂。 |
| 1902 | 光绪二十七年 | 十二月初二日，谕令将同文馆并入京师大学堂。 |
| 1902 | 光绪二十七年 | 十二月二十一日，第一次《英日同盟条约》签字。 |
| 1902 | 光绪二十七年 | 十二月二十三日，谕准满汉通婚，并提倡汉族妇女去除缠足陋习。 |
| 1901 | 光绪二十七年 | 是年，日本人在北京创办《**顺天时报**》，这是外国人在北京出版的第一份中文报纸。 |

科学理化之论，成《西学要领》一书，教授学生。后迁新校址，改名为高等学堂。

**张百熙**（1847－1907） 字埜秋，湖南长沙人。同治进士。曾任编修、侍读。甲午中日战起，疏劾李鸿章阳作战备、阴实主和之罪。光绪二十四年（1898），迁内阁学士，管理京师大学堂事务。戊戌政变起，因曾奏荐康有为而被革职留任。二十七年，疏请改官制、理财政、变科举、办学堂、设报馆。后历任工部、吏部、户部、邮传部尚书等职。

**顺天时报** 日本外务省在华出版的中文报纸。原名《燕京时报》，1901年（光绪二十七年）10月，创刊于北京，中岛真雄、龟井陆良等主编。标榜“以融合中日文化，民族亲善，经济提携，互尊互惠为宗旨”。刺探中国政局内幕，攻击中国人民反帝

| | | |
|---|---|---|
| 1902 | 光绪二十八年 | 正月初一日，梁启超在日本横滨创办《新民丛报》。 |
| 1902 | 光绪二十八年 | 正月初一日，梁启超的《新民说》和《新史学》在《新民丛报》首刊上发表。 |
| 1902 | 光绪二十八年 | 正月初十日，驻俄公使杨儒病逝于俄国。 |
| 1902 | 光绪二十八年 | 正月十五日，上海商业会议公所成立。 |
| 1902 | 光绪二十八年 | 正月十七日，裁撤河东河道总督。 |

爱国斗争，扶植亲日派军阀，为日本侵略政策服务。1930年（民国十九年）3月26日，停刊。

**新民丛报** 辛亥革命前改良派的重要刊物。光绪二十八年正月初一日（1902年2月8日），创刊于日本横滨。初定为半月刊，第二年后，多未按期出版。梁启超主编。宣传宗旨是保皇立宪，反对革命。光绪二十九年前，在介绍西学、抨击以西太后为首的清政府、剖析民族危亡的严重形势等方面，起了启发知识分子民族民主觉悟的作用。革命形势日益高涨后，矛头主要指向革命派。从三十一年起，与《民报》展开全面论战，遭到革命派的严正驳斥。三十三年冬，停刊，共出九十六期。有汇编本。

**景廷宾**（1861－1902） 直隶广宗东召村人，号尚卿。武进士出身。光绪二十七年（1901）春，曾领导广宗县人民抗拒外国教会勾结清朝官府勒索“摊派赔款”的斗争。二十八年正月，直隶总督袁世凯派兵袭击东召村，他率众奋起迎战。因寡不敌众，于二月转移至巨鹿，自称“龙团大元帅”，竖“官逼民反”、“扫清灭洋”大旗。队伍扩大到

| | | |
|---|---|---|
| 1902 | 光绪二十八年 | 正月二十四日，直隶广宗联庄会首**景廷宾**率众与官兵发生冲突。 |
| 1902 | 光绪二十八年 | 正月二十七日，清政府谕将**詹事府**并入翰林院，并裁撤通政司。 |
| 1902 | 光绪二十八年 | 二月初十日，清廷为直隶提督聂士成恢复名誉，并将其生平事迹交国史馆立传。 |
| 1902 | 光绪二十八年 | 三月初一日，清廷与俄国签订《**中俄交收东三省条约**》。 |

六万人。起义军以联庄会的农民群众为主，也包括部分义和团余部，从事抗拒清朝官府和外国教会侵略势力的斗争。曾围攻威县天主教堂，杀死法国神甫，直、鲁、豫三省二十四县人民纷起响应，声势浩大。四月，袁世凯派大队清军前往广宗镇压，并有德、日、法侵略军六千余人“助剿”。起义军作战失利，他率众突围被捕。六月，在威县就义。

**詹事府**　官署名。清初辅导东宫太子、管理太子宫内事务的机构。设满、汉詹事（詹事之意，即供给宫中之事）各一人，正三品，其汉员兼翰林院侍读学士衔；满、汉少詹事各一人，正四品，其汉员兼翰林院侍讲学士衔。其下有左右春坊及司经局。自康熙后，照例不立太子，詹事府就成为皇帝用以安置文学侍从、备翰林官员迁转的闲散机构。光绪二十八年（1902），以名实不副被撤销，其事务归翰林院。

**中俄交收东三省条约**　亦称《俄国撤兵条约》。光绪二十六年（1900），沙俄占领我国东北三省后，直至次年《辛丑条约》签订，仍不肯撤兵，激起中国人民的强烈反对。同时，由于利害冲

| 1902 | 光绪二十八年 | 三月十九日，**章炳麟**在日本东京组织“**支那亡国二百四十二年纪念会**”。 |
|---|---|---|
| 1902 | 光绪二十八年 | 三月二十日，**中国教育会**在上海成立，事务 |

突，英、美、日等国也出面要求俄国撤兵。沙俄不得已于光绪二十八年三月初一日（1902年4月8日），与清政府签订《撤兵条约》四款。主要内容：（一）东三省归还中国。（二）俄军在十八个月内分三期（六个月为一期）全部撤回。（三）俄军撤退前，清政府在东北“不另添练兵”；撤兵后，驻东北的军队人数如有增减，应随时知照俄国。（四）俄方交还山海关、营口、新民厅沿线铁路，但清政府应给予“赔偿”。但到二十九年三月第二期撤兵期满时，俄军又违约不撤，并向清政府提出七项新的侵略要求，从而激起中国人民的拒俄运动。

**章炳麟**（1869－1936） 字枚叔，号太炎。浙江余杭人。自幼熟读经史。光绪二十三年（1897），任《时务报》撰述。二十六年，与改良派决裂。二十八年，在日本发起“支那亡国二百四十二周年纪念会”。旋在上海与蔡元培等组织中国教育会和爱国学社。次年，发表《驳康有为论革命书》，驳斥保皇派的谬论，宣传革命。“苏报案”发，与邹容同被监禁。三十年，参与筹划成立光复会。三十二年，出狱后东渡日本，参加同盟会，主编《民报》。宣统二年（1910）正月，在东京重建光复会总部，任会长。三年，上海光复后回国，任孙中山总统府枢密顾问，同时与张謇等组织统一党。袁世凯篡政初期，公开拥袁集权。1913年（民国二年），发生“宋教仁案”，指责袁世凯，不久，在北京被软禁。1917年，任护法军

| | | 长为蔡元培。 |
|---|---|---|
| 1902 | 光绪二十八年 | 四月初六日，清廷着派沈家本、**伍廷芳**悉心考订、编纂现行律令。 |

政府秘书长。五四运动后，以讲学为业。1936年，在苏州病逝。主要著作收入《章氏丛书》。

**支那亡国二百四十二周年纪念会**

清末留日学生的革命活动。光绪二十八年（1902），是南明永历帝覆亡二百四十二周年；三月十九日（1902年4月26日），是明崇祯帝自缢纪念日。为了唤起人们的反清革命思想，由章炳麟、秦力山等十人发起，定于该日在东京举行纪念会。在章炳麟起草的《宣言书》中，号召人们学习二百多年以前的反清志士，同清朝封建统治者斗争。中国留日学生报名赴会者达数百人。但由于清驻日公使蔡钧和日本外务省勾结，阻止开会，大会未能按计划在东京举行。当天下午，孙中山等六十余人在横滨补行了纪念仪式。同一天，香港的爱国志士也举行了纪念仪式。

**中国教育会** 清末进步文化教育团体。光绪二十八年三月二十日（1902年4月27日），在上海成立。蔡元培为事务长（会长）。“以教育中国男女青年，开发其智识而增进其国家观念，以为他日恢复国权之基础为目的。”下设教育、出版、实业三个部。该会为收容南洋公学退学青年，曾设爱国学社，爱国女学校；组织张园演说，并经常为《苏报》撰稿，开展革命宣传活动。“苏报案”发生后，爱国学社被解散，该会也于光绪三十三年停止活动。

**伍廷芳**（1842－1922） 字文爵，号秩庸。广东新会人。同治十三年（1874），赴英留学，获法律博士学位。后在香港当律

| | | |
|---|---|---|
| 1902 | 光绪二十八年 | 四月十二日，以肃亲王善耆为步军统领。 |
| 1902 | 光绪二十八年 | 五月初二日，英国传教士**李提摩太**提议，将其议设的中西学堂并入晋省大学堂，作为西学专斋。 |
| 1902 | 光绪二十八年 | 五月初四日，实授袁世凯为直隶总督兼北洋大臣。 |
| 1902 | 光绪二十八年 | 五月十二日，满族人英华在天津创刊《**大公报**》。 |

师、法官兼立法局议员。光绪八年（1882），入李鸿章幕府，协助办理洋务和外交。二十八年，任法律大臣、会办商务大臣、外交部与刑部右侍郎。在此期间两度出任驻美国、西班牙、秘鲁等国公使。武昌起义爆发后，伍赞成共和，被推为光复各省临时外交代表与议和代表，参加南北和谈。1912年（民国元年），任南京临时政府司法总长，协助孙中山制订法制和法令。袁世凯窃权后，退居上海。1916年，出任段祺瑞内阁外交总长。1917年，任护法军政府外交总长。军政府改组后，任总裁兼外长和财长，旋即离去。后追随孙中山，恢复军政府，任外长兼财长，一度代行总统职务。1922年，又兼任广东省长。陈炯明叛变时，仍与孙中山合作。是年，病死于广州。

**李提摩太**（Timothy Richard，1845—1919）　英国浸礼会传教士。1870年（同治九年）来华，先后在山东、山西等地传教。1890年（光绪十六年），应直隶总督李鸿章之聘，在天津主编《时报》。1891年，到上海任同文书会（1906年，改名广学会）总干事，联合其它基督教团体从

| | | |
|---|---|---|
| 1902 | 光绪二十八年 | 六月十三日，驻京各使臣照会清廷同意裁撤“天津都统衙门”。 |
| 1902 | 光绪二十八年 | 六月二十三日，谕命张之洞充督办商务大臣。 |
| 1902 | 光绪二十八年 | 六月二十四日，东京留日学生与清廷驻日公使蔡钧发生冲突，事后学潮首领**吴稚晖**被日本警方驱逐出境。 |

事宗教文化侵略。与洋务派官员李鸿章、张之洞来往密切，和维新派亦有联系。1895年，曾参加强学会，企图插手维新运动；并著《新政策》，建议清政府设立“新政部”，由英、美籍西人主管，企图囊括中国主权，变中国为殖民地。1901年，义和团运动失败后，向山西地方当局勒索赔款，办山西大学堂。辛亥革命后回国。此人在中国从事宗教文化侵略活动达四十五年，被英国誉为“国外布道英雄”，著有《留华四十五年记》等。

**大公报** 光绪二十八年五月十二日（1902年6月17日），创刊于天津租界。日报。英华主办，刘孟扬、王瀛孙等主编。由天主教资本家柴天宠、朱志尧和法国驻华公使鲍渥（Paul Jean Baptiste Beau, 1857—1927）、主教樊国梁等集股而成。以“开风气，牖民智”、“通上下之情，作四民之气”、“兴利除弊，力图富强”为宗旨。鼓吹保皇，诋毁革命。1916年（民国五年），转让给皖系政客王郅隆，由胡政之任经理、总编辑。1926年，吴鼎昌、张季鸾等接办，曾先后增出上海、汉口、重庆、香港、桂林等

| | | |
|---|---|---|
| 1902 | 光绪二十八年 | 七月初五日，袁世凯奏设京师师范学堂（今北京师范大学前身）。 |
| 1902 | 光绪二十八年 | 七月十二日，张百熙奏学堂章程，候旨颁行，此即**钦定学堂章程**。 |
| 1902 | 光绪二十八年 | 七月十二日，湖南辰州发生教案。 |
| 1902 | 光绪二十八年 | 八月初四日，盛宣怀与英国签订《马凯条约》。 |
| 1902 | 光绪二十八年 | 八月，湖南邵阳**贺金声起义**，未遂。 |

版。中华人民共和国成立后，由人民政府接管续办，1966年9月10日终刊。香港版于1948年复刊，持续至今。

**吴稚晖**（1865－1953） 江苏武进人，名朓，后改敬恒。清光绪举人。早年执教于津沪，后留学日本。光绪二十八年（1902），参加上海爱国学社，任《苏报》撰述，抨击清廷。“苏报案”发，走伦敦。三十一年，加入同盟会。三十三年，与张静江、李石曾在巴黎创办《新世纪》，宣传无政府主义。民国成立后，回国，参与国语统一会和留法勤工俭学活动，并创办《中华新报》。1924年（民国十三年）起，任国民党中央监察委员、国民政府委员等职。1927年4月，提出“清党案”，反对中国共产党。后病逝于台北。有《吴稚晖先生全集》。

**钦定学堂章程** 又称“壬寅学制”。清末第一个系统的学制文件，由管学大臣张百熙拟订，光绪二十八年（1902，壬寅年），钦定颁行。包括京师大学堂章程并考选入学章程、高等学堂、中

| | | |
|---|---|---|
| 1902 | 光绪二十八年 | 九月初五日，两江总督刘坤一卒。 |
| 1902 | 光绪二十八年 | 九月十四日，督办铁路总公司大臣盛宣怀与俄国华俄银行签订《正太铁路借款详细合同》。 |
| 1902 | 光绪二十八年 | 十月初五日，政务处大臣奕劻奏请特设商部，以振兴商务。 |
| 1902 | 光绪二十八年 | 十月十七日，上海南洋公学退学学生受中国教育会资助，成立**爱国学社**。 |

学堂、小学堂及蒙学堂章程各一份。分学校为七级：蒙学堂四年，寻常小学堂三年，高等小学堂三年，中学堂四年，高等学堂或大学预科三年，大学堂三年，大学院无定期。另有各级实业学堂、师范学堂并行。因不够完备，并未实施。

**贺金声起义**　清末中国人民的反教斗争。光绪二十八年（1902）八月，湖南邵阳人民为反对外国教会的压迫，在贺金声的领导下发动起义，自称“大汉灭洋军”。十一日（1902年9月12日），占领邵阳县城。最后贺被湖南巡抚俞廉三诱捕，于二十六日（1902年9月27日）遇难。起义失败。

**爱国学社**　清末中国教育会创办的学校。光绪二十八年（1902）十月，上海南洋公学第五班学生反对学校当局压制言论自由，掀起退学风潮，要求中国教育会办学相助。中国教育会遂于十七日（1902年11月16日），在泥城桥福源里设立爱国学社。蔡元培任总理，吴稚晖任学监，黄炎培、章炳麟、蒋维乔等任义务教员。学务则由学生联合会自治。学社

| | | |
|---|---|---|
| 1902 | 光绪二十八年 | 十月，梁启超在日本创办《**新小说**》月刊。 |
| 1902 | 光绪二十八年 | 十一月十三日，清政府谕将电信收归国有。 |
| 1903 | 光绪二十八年 | 十二月，洪全福起义失败。 |
| 1902 | 光绪二十八年 | 是年，康有为完成《**大同书**》。 |
| 1902 | 光绪二十八年 | 是年，严复所译《原富》出版。 |

学生分寻常、高等两级，均以两年为毕业期限。次年，南京陆师学堂退学青年亦来沪加入。总计学社共收学生一百三十余人，全部加入中国教育会。该社编刊《学生世界》，组织张园集会演说，为《苏报》撰稿，宣传革命。二十九年闰五月，“苏报案”发，章炳麟、邹容被捕，蔡元培逃离上海，学社被迫解散。

**新小说**　光绪二十八年（1902）十月，创刊于东京，为文艺月刊，倡言“小说界革命”。梁启超主编；次年，改在上海出版。以发表小说为主，兼及诗歌、戏曲。多涉及时局及社会问题，政治上倾向改良。三十一年十一月，停刊。共出二十四期。

**大同书**　书名。康有为著。光绪十一年（1885年。另说1884至1887年），写成《人类公理》一书。以后陆续修改、补充，二十七至二十八年最后成书，更名为《大同书》。共十卷。1913年（民国二年），在《不忍》杂志上发表两卷，全书于1935年由中华书局出版。康有为在书中把中国古代公羊派的“三世说”、《礼记·礼运》中的大同思想、佛家慈悲平等思想与西方自由、平等、博爱思想以及片段接触的空想社会主义思想杂揉在一起，

| | | |
|---|---|---|
| 1903 | 光绪二十九年 | 正月初一日，留日湖北学生创办《**湖北学生界**》，后改名《汉声》。 |
| 1903 | 光绪二十九年 | 正月二十日，浙江留日学生创办《**浙江潮**》。 |
| 1903 | 光绪二十九年 | 二月二十二日，袁世凯拟筹建北洋陆军武备学堂。 |

运用自己丰富的想象力，描绘了人类理想社会——大同社会的美好图景。康有为大同理想的主流是建立在“天赋人权”、“自由、平等、博爱”学说基础之上，批判封建制度，把西方资本主义制度理想化，代表着从封建主义的束缚中解放出来的知识分子对资本主义制度的向往；同时也批判了资本主义制度的某些弊病，带有空想社会主义色彩。但康有为没有也不可能找到实现大同理想的科学道路。

**湖北学生界**　湖北留日同乡会主办的革命刊物。光绪二十九年正月初一日（1903年1月29日），创刊于日本东京。自第六期起改名《汉声》。月刊。尹援一、窦燕石等为发行人，刘成禺、蓝天蔚等为编辑。以“输入东西学说，唤起国民精神”为宗旨。是中国留日学生主办的革命刊物中以省区命名最早的一种。光绪二十九年八月初一日（1903年9月21日），停刊，共出八期。

**浙江潮**　浙江留日同乡会主办的革命刊物。光绪二十九年正月二十日（1903年2月17日），创刊于东京。撰述人有孙翼中、蒋方震、蒋智由等。宣传反清革命思想。对“拒俄运动”有较多报导。并附有留学界记事调查录、

| | | |
|---|---|---|
| 1903 | 光绪二十九年 | 三月十四日，大学士、军机大臣荣禄卒，予谥文忠。 |
| 1903 | 光绪二十九年 | 三月二十一日，以锡良署四川总督；以李兴锐署闽浙总督。 |
| 1903 | 光绪二十九年 | 三月二十一日，俄军从中国第二次撤军期限已过，但俄军拒不撤退，反提出七项要求。 |
| 1903 | 光绪二十九年 | 四月初一日，张謇创办的南通师范学堂开学。 |

明末《浙江文献录》等重要史料。三十年初，停刊，共出十二期。

**张园拒俄会议** 清光绪二十九年（1903），沙俄拒不按约从中国东北撤兵，反而提出七项新要求，企图永久霸占东北。四月初一日（1903年4月27日），汪康年等发起，上海绅商学各界千余人集会张园，数十人即席演说，并致电清政府外务部和各国外交部，谴责沙俄侵略罪行。

**拒俄义勇队** 留日学生建立的爱国军事组织。四月初三日（1903年4月29日），东京留日中国学生举行拒俄大会，决定成立拒俄义勇队。两天后，义勇队改名为学生军，参加者有一百二十二人，另有部分女学生做随军看护，推蓝天蔚为队长。学生军组成后即向清政府要求开赴东北前线与沙俄侵略军作战，并派代表赴天津请求北洋大臣袁世凯主战。清政府密令逮捕回国代表，并联合日本政府解散义勇队。四月十五日（1903年5月11日），拒俄义勇队改为军国民教育会。

**蓝天蔚**（1878－1922） 字秀豪，湖北黄陂人。日本士官学校

| | | |
|---|---|---|
| 1903 | 光绪二十九年 | 四月初一日，上海各界绅商、民众千余人集会于张园，抗议沙俄侵略，史称“**张园拒俄会议**”。 |
| 1903 | 光绪二十九年 | 四月初三日，留日学生在东京锦辉馆召开大会，成立**拒俄义勇队**，**蓝天蔚**为队长。 |
| 1903 | 光绪二十九年 | 四月初四日，京师大学堂学生开会拒俄。 |
| 1903 | 光绪二十九年 | 四月，**邹容**《革命军》在上海出版。 |

毕业。曾参加留日学生拒俄义勇队，被推为队长。归国后，赴武昌为新军统带。后任协领，驻防关外。武昌起义后，密谋在关外响应，未成，去上海，被东北党人推为关东革命军大都督。孙中山复任其为北伐军第二军总司令，至烟台督率海陆军，欲谋取东北。袁世凯窃权后，辞职南下。护法运动时，暗助南方护法军政府。因参加反军阀斗争，1922年（民国十一年），为孙传芳所败。后在重庆遇害。

**邹容**（1885—1905） 原名绍陶，字蔚丹，又名威丹。四川巴县人。光绪二十八年（1902）春，自费留学日本，投身民主革命运动。次年三月，回到上海，参加爱国学社，发表宣传民主革命的著作《革命军》，提出结束中国君主专制制度、建立“中华共和国”的主张。苏报案发生后，被英租界当局无理判处徒刑二年，与章炳麟一起囚于上海租界监狱。三十一年二月，死于狱中。1912年（民国元年）2月，被南京临时政府追赠为大将军。

**驳康有为论革命书** 文章名。

| | | |
|---|---|---|
| 1903 | 光绪二十九年 | 四月，章炳麟撰成**《驳康有为论革命书》**。 |
| 1903 | 光绪二十九年 | 四月，袁世凯重建**天津中西学堂校舍**，改名北洋大学。 |
| 1903 | 光绪二十九年 | 五月初五日，以王文韶为武英殿大学士；昆冈为文渊阁大学士；崇礼为东阁大学士。 |
| 1903 | 光绪二十九年 | 五月初九日，清廷命铁良会同袁世凯办理京 |

章炳麟著。写成于光绪二十九年（1903）四月。初刊入《黄帝魂》，后出单行本，又在《苏报》上以《康有为与觉罗君之关系》为题节录发表。全文八千余字。全面系统地批判了康有为在《与南北美洲诸华商书》中所散布的保皇立宪、反对革命的谬论。指出：清政府为了维持其种族压迫，决不会放弃政权，实行立宪；只有通过流血革命，实行民主共和，才能使中国免为欧美之奴隶。同时通过具体事实说明："公理之未明，即以革命明之。旧俗之俱在，即以革命去之。革命非天雄大黄之猛剂，而实补泻兼备之良药。"直斥保皇派奉为"圣明之主"的光绪帝为"载湉小丑，未辨菽麦"。在当时革命派同改良派的斗争中，这篇文章产生了巨大影响。

**天津中西学堂** 亦称"天津西学学堂"，或称"北洋西学堂"。光绪二十一年（1895），盛宣怀创办于天津。分头等学堂和二等学堂两级，学习各四年。二等学堂属预科性质。头等学堂普通学科有英文、数学、制图、物理、化学、天文、地学、万国公法、理财学等，专门学科有工程学、电学、矿务学、机器学、律例学等。毕业后，"或派赴外洋分途历练，或酌量委派洋务职事"。此学堂于二十六年为帝国主义侵

| | | 旗练兵事宜。 |
|---|---|---|
| 1903 | 光绪二十九年 | 闰五月初五日，**“苏报案”**发生。 |
| 1903 | 光绪二十九年 | 闰五月初六日，章炳麟被捕；龙泽厚自动投案。 |
| 1903 | 光绪二十九年 | 闰五月十五日，盛宣怀与英国中英公司签订**《沪宁铁路借款合同》**。 |

略军所毁。再建后，二十九年，改为北洋大学。辛亥革命后，校名屡变。1946年（民国三十五年）后，又恢复北洋大学校名。1949年后，改称天津大学。

**苏报案**　清末著名的政治案件。光绪二十九年（1903），民主革命宣传家邹容、章炳麟相继发表《革命军》和《驳康有为论革命书》。与中国教育会和爱国学社有联系的上海《苏报》连续报导各地学生的爱国运动，发表、推荐邹容和章炳麟的文章，使革命思想得到广泛传播。为此，清政府勾结上海公共租界工部局于闰五月逮捕了章炳麟。邹容激于义愤，于七日（1903年7月1日），自动投案。十三日（1903年7月7日），《苏报》被查封。次年四月初七日（1904年5月21日），章、邹分别被判处监禁三年和二年。三十一年，邹容被折磨致死。三十二年，章炳麟刑满释放。这一事件促使更多的人走上革命道路。

**沪宁铁路借款合同**　光绪二十九年闰五月十五日（1903年7月9日），订于上海。清政府向英国银公司借款三百二十五万英镑筑沪宁铁路，九折实付，年息五厘，五十年为期，以铁路产业作抵；由银公司代为建造沪宁全路及行驶火车，订约后十二个月不兴工，则此约作废；中国若未满二十五年之前取赎，则加息二厘半。

| | | |
|---|---|---|
| 1903 | 光绪二十九年 | 闰五月二十日，沙俄修建的东三省铁路竣工通车。 |
| 1903 | 光绪二十九年 | 六月初五日，日俄就中国东北和朝鲜问题举行谈判。 |
| 1903 | 光绪二十九年 | 七月十六日，清政府设立**商部**，以载振为尚书，班列外交部之次。 |
| 1903 | 光绪二十九年 | 七月二十九日，中法战争名将冯子材卒。 |
| 1903 | 光绪二十九年 | 八月初六日，准商部奏议各省设立路矿农务 |

**商部**　官署名。光绪二十九年（1903），设立。掌管全国工商事务，包括农务、蚕桑、畜牧，以及工艺、路矿等。置尚书及左、右侍郎各一员，下辖保惠、平均、通艺、会计四司和司务厅。附设律学馆、商务学堂、工艺局、注册局、京师劝工陈列所等，兼辖铁路、矿务、农务、工艺各项公司。三十年九月，以工部并入，改为农工商部。

**华兴会**　清末革命团体。光绪二十九年九月十六日（1903年11月4日），在长沙建立。黄兴为会长，宋教仁、刘揆一为副会长。以“驱除鞑虏，复兴中华”为宗旨，以“雄踞一省与各省纷起”、进而推翻清政府为战略方针。会后，设立“华兴公司”作为总机关，设黄汉会以联络军界，设同仇会以联络会党，扩大革命力量。为了“雄踞一省”，决定二十八日（1903年11月16日），在长沙举行起义，并派人往武昌、江西、四川、上海联络党人，以图同时并举。事泄，黄兴等逃亡日本。次年，与兴中会联合，在日本东京建立中国同盟会。

| | | |
|---|---|---|
| | | 工艺各项公司。 |
| 1903 | 光绪二十九年 | 八月，袁世凯创办直隶工艺局，委周学熙为总办。 |
| 1903 | 光绪二十九年 | 八月，王锡彤率浙江海宁民众焚烧教堂。 |
| 1903 | 光绪二十九年 | 九月十六日，**华兴会**在长沙成立，**黄兴**为会长。 |
| 1903 | 光绪二十九年 | 十月十四日，清廷准商部订铁路简明章程二十四条。 |

**黄兴**（1874—1916）　原名轸，字廑午，又字克强。湖南善化（今长沙）人。光绪二十八年（1902）初，赴日本留学，和杨笃生等创办《游学译编》，组织“湖南编辑社”，介绍西方的科学文化。二十九年，参加拒俄运动及军国民教育会。同年夏，回国进行革命活动。三十年正月，在长沙组成华兴会，任会长。随后策划长沙起义未成，经上海去日本。三十一年，与孙中山等人建立中国同盟会，任执行部庶务，居协理地位。三十三年起，先后参与或指挥钦廉防城起义、镇南关（今友谊关）起义、钦廉上思起义、云南河口起义、广州新军起义和黄花岗之役。武昌起义后，被推为革命军总司令，率领民军在汉口、汉阳对清军作战。1912年（民国元年），任南京临时政府陆军总长。临时政府北迁，任南京留守府留守。1913年7月，任江苏讨袁军总司令；失败后，流亡日本。1914年夏，离日本去美国养病。1916年，在袁世凯死后回国。同年10月31日，因病在上海逝世。

| | | |
|---|---|---|
| 1903 | 光绪二十九年 | 十月十六日，清政府设**练兵处**，以奕劻为练兵大臣。 |
| 1903 | 光绪二十九年 | 十月二十七日，蔡元培组织“对俄同志会”。 |
| 1903 | 光绪二十九年 | 十一月初一日，《**中国白话报**》在上海创刊。 |
| 1903 | 光绪二十九年 | 是年，**陈天华**的《猛回头》、《警世钟》相继出版。 |
| 1903 | 光绪二十九年 | 是年，李宝嘉的《官场现形记》出版。 |
| 1903 | 光绪二十九年 | 是年，吴沃尧的《二十年目睹之怪现状》出版。 |

**练兵处**　清末官署名。光绪二十九年十月十六日（1903年12月4日），在北京成立。以奕劻总理练兵事务，袁世凯为会办练兵大臣，铁良襄同办理。该机构是全国编练新军的参谋部。在其主持下，制订了一系列练兵的规章和法令，在各省设立督练公所，仿照西方资本主义国家的军制，编练新军。

**中国白话报**　清末革命刊物。光绪二十九年十一月初一日（1903年12月19日），创刊于上海。初为半月刊。第十三期以后，改为旬刊。主编人林獬。用白话文宣传反满革命思想、民主思想和团结御侮的爱国思想。三十年八月二十九日（1904年10月8日），停刊，共出二十四期。

**陈天华**（1875—1905）　原名显宿，字星台、过庭，别号思黄。湖南新化人。光绪二十九年（1903）初，官费留学日本，参与编辑《游学译编》、《新湖

| | | |
|---|---|---|
| 1903 | 光绪二十九年 | 是年，刘鹗的《老残游记》出版。 |
| 1903 | 光绪二十九年 | 是年，曾朴的《孽海花》出版，谴责小说盛极一时。 |
| 1903 | 光绪二十九年 | 是年年底，英军自印度大举入侵我西藏。 |
| 1904 | 光绪二十九年 | 十一月二十六日，张之洞、张百熙上奏学堂章程，由清政府颁布施行，是为中国首次施行正规学制。 |
| 1904 | 光绪二十九年 | 十二月，《**女子世界**》在上海创刊。 |

南》等书刊，发表宣传革命的著作《猛回头》、《警世钟》。三十年，与黄兴等在长沙创立华兴会，参与策划长沙起义，未成，逃亡日本。三十一年，协助孙中山组织中国同盟会，任书记和《民报》编辑。十月，日本政府颁布取缔留学生规则，留日中国学生群起抗议。他为激励大家"共讲爱国"，写下绝命书，于十一月十二日（1905年12月8日），在东京大森海湾蹈海自尽。辑有《陈天华集》。

**女子世界**　清末革命妇女刊物。光绪二十九年十二月（1904年1月），创刊于上海。初由丁初我主编。第六期起，改由陈志群主编。鼓吹"政治之革命"和"家庭之革命"并举，号召妇女和男子一道"演驱逐异族光复河山推倒旧政府建设新中国之活剧"。三十二年初，停刊，共出十八期。是当时以妇女为对象的刊物中历时最长、影响最大的一种。

| | | |
|---|---|---|
| 1904 | 光绪二十九年 | 十二月二十三日，日俄战争爆发。 |
| 1904 | 光绪二十九年 | 十二月二十七日，清政府宣布对日俄战争守局外中立，并公布局外中立条规。 |
| 1904 | 光绪三十年 | 正月二十四日，“上海万国红十字会”成立。 |
| 1904 | 光绪三十年 | 正月二十五日，《**东方杂志**》在上海创刊。 |
| 1904 | 光绪三十年 | 正月二十八日，奕劻等奏请设立户部银行。 |
| 1904 | 光绪三十年 | 二月初一日，商部奏，拟订《矿务暂行章程》三十八条。 |
| 1904 | 光绪三十年 | 二月二十六日，日军侵占西藏江孜，大肆屠杀我藏胞。 |
| 1904 | 光绪三十年 | 二月，北洋已练成新军三镇，各镇翼长分别为王英楷、吴长纯、段祺瑞。 |

**东方杂志**　光绪三十年正月二十五日（1904年3月11日），创刊于上海，由商务印刷馆出版，编辑有徐珂、孟森、杜亚泉等社会名流。刊物下设谕旨、社说、内务、军事、外交、教育、实业、宗教、记载等栏目，涉及社会生活的各个方面。其记载栏中的中国大事记、中国时事汇录颇有特色，鼓吹立宪，在当时亦很有影响。该刊一直发行到1949年，是近代中国颇有影响且发行时间较长的刊物之一。

**马福益**（1865—1905）　湖南哥老会首领。又名干，湖南醴陵人。早年，曾在江南当营勇，参

| | | |
|---|---|---|
| 1904 | 光绪三十年 | 三月初一日，谕以张謇为商部头等顾问官，加三品卿衔。 |
| 1904 | 光绪三十年 | 三月初十日，清政府批准加入国际红十字会条约和荷兰保和会公约。 |
| 1904 | 光绪三十年 | 三月十六日，日军第一军渡鸭绿江攻占九连城，日俄战争转入中国境内。 |
| 1904 | 光绪三十年 | 三月十八日，日军第三次沉船封堵旅顺军港，俄海军无法出海，日本获制海权。 |
| 1904 | 光绪三十年 | 是年春，黄兴会见会党首领**马福益**，商议起义计划。 |
| 1904 | 光绪三十年 | 是年春，湖北、湖南两省分别设立图书馆。 |
| 1904 | 光绪三十年 | 四月初一日，沈家本、伍廷芳所设的法律馆开馆。 |

加哥老会。回乡后，在醴陵渌口（今株洲市）地方开堂放票，招收党徒，势力逐渐遍于长沙、衡阳、永州三府城乡，徒众达万人之多。光绪三十年（1904），接受华兴会的革命宗旨，与黄兴等组织同仇会，任少将，负责组织训练会众，俟十月初十日（1904年11月16日），西太后七十寿辰时，率会党分五路向长沙进军。但因事机败露，未及发动而失败。马福益改名陈右衡，逃至广西，不久返回湘西，准备以洪江为根据地，重新部署起义。不幸在湘乡境内被清军逮捕。三十一年三月，被害于长沙。

| | | |
|---|---|---|
| 1904 | 光绪三十年 | 四月初四日，清廷以“倡言革命，刊布逆诗”为由，斥革陕西三原县举人于伯循（即**于右任**）。 |
| 1904 | 光绪三十年 | 四月初七日，上海租界当局判章炳麟监禁三年，邹容二年，期满逐出租界，“苏报案”完结。 |
| 1904 | 光绪三十年 | 四月二十九日，《时报》于上海创刊。 |
| 1904 | 光绪三十年 | 五月二十日，**吕大森**、刘静庵等在武昌成立 |

**于右任**（1879－1964）　陕西三原人，原籍泾阳，本名伯循，以字行，晚号太平老人。清光绪举人。光绪三十年（1904），出版《半哭半笑楼诗草》，因讥刺时政，遭通缉，遂走上海，入震旦学院。次年，参与创办复旦公学、中国公学。三十二年，赴日本募款办报，访孙中山，入同盟会。宣统元年（1909）起，先后创刊《民呼日报》、《民吁日报》、《民立报》，鼓吹革命。1912年（民国元年），任南京临时政府交通次长。宋教仁案发生后，致力讨袁斗争。1922年，与邵力子等创办上海大学，任校长。1924年，当选为国民党中央执行委员，拥护孙中山的三大政策。1928年起，历任国民党中央常务委员、审计院院长、监察院院长等职。后在台湾病逝。工草书，擅写诗。著有《右任诗存》、《右任文存》等。

**吕大森**（1881－1930）　湖北建始人，字槐庭。曾在湖北武备学堂学习时参加拒俄运动。清光绪三十年（1904）夏，创科学补习所于武昌，任所长。是年，谋响应华兴会长沙起义，事泄，避往恩施山中数年。“二次革

| | | |
|---|---|---|
| | | 反清革命团体**科学补习所**。 |
| 1904 | 光绪三十年 | 五月二十日，翁同龢卒。 |
| 1904 | 光绪三十年 | 六月初一日,胶济铁路青岛至济南干线竣工。 |
| 1904 | 光绪三十年 | 六月，**协和医学堂**创办。 |
| 1904 | 光绪三十年 | 六月二十二日，英军侵占西藏拉萨，达赖喇嘛外逃。 |

命”时，在上海参加讨袁，被捕下狱。1920年（民国九年），因加入靖国军，再次下狱。1922年，复以驱逐湖北督军王占元下狱。1930年，至杭州，投奔浙江省政府主席张难先，不得志。旋病死。

**科学补习所**　清末革命团体。光绪三十年五月二十日（1904年7月3日），在湖北武昌成立。吕大森为所长，胡瑛为总干事，曹埃布尔任宣传，时功璧任财政，宋教仁任文书，康建唐任庶务，军营和学堂都设干事。以“革命排满”为宗旨。借研究科学之名，在学校和新军中进行革命活动。后因准备策应华兴会长沙起义，湖广总督张之洞下令搜捕，补习所被迫停止活动。

**协和医学堂**　由英国会施医院的医生科龄创办，地址在北京东单牌楼双旗杆。医学堂的宗旨是“教训中国之子弟，拯救中国之人民，以求中国之振兴”。医院的创办得到了英国公使和清政府以及欧洲驻华各界人士的大力支持。该学堂1915年（民国四年）改由美国洛克菲勒基金会接办，并改名为协和医科大学，系旧中国著名高等学府之一。

**中国问题的真解决**　文章名。孙

| | | |
|---|---|---|
| 1904 | 光绪三十年 | 七月十六日，清廷电谕暂行革去达赖喇嘛名号，惩罚其畏敌脱逃。 |
| 1904 | 光绪三十年 | 七月十六日，商部奏准授予耀徐玻璃公司专利十年，并请地方官员实力保护。 |
| 1904 | 光绪三十年 | 七月二十一日，孙中山先生用英文撰成《**中国问题的真解决**》。 |
| 1904 | 光绪三十年 | 七月二十五日，日俄辽阳会战俄军开始败退。 |
| 1904 | 光绪三十年 | 七月二十八日，英国强迫西藏地方官员签订《拉萨条约》（又称《**西藏条约**》）。 |
| 1904 | 光绪三十年 | 九月初三日，张之洞奏准扩建湖北枪炮厂，并改名为“湖北兵工厂”。 |
| 1904 | 光绪三十年 | 九月初八日，严修、张伯苓创办敬业中学堂， |

中山著。光绪三十年七月二十一日（1904年8月31日），作于美国。原文为英文。标题又译作“支那问题真解”。该文向世界各国人士阐明了中国革命的必然性、正义性及其国际意义。指出中国问题的真解决，关键在于“把过时的满清君主政体改变为‘中华民国’”。劝说西方各国放弃支持清政府的政策，呼吁欧美人民对中国革命在道义上与物质上给以同情和支援。今收入《孙中山全集》。

**拉萨条约** 光绪三十年七月二十八日（1904年9月7日），侵藏英军强迫西藏地方官员非法签订。规定：非经英政府照允，不得将西藏土地利权让与他国；开江

| | | |
|---|---|---|
| | | 后改名南开中学。 |
| 1904 | 光绪三十年 | 九月十六日，华兴会起义计划泄密，清吏搜捕黄兴，起义未发而败。 |
| 1904 | 光绪三十年 | 九月二十三日，署两江总督李兴锐卒，以山东巡抚周馥署两江总督。 |
| 1904 | 光绪三十年 | 九月二十七日，清外交部宣布：英军强迫西藏地方当局签订的《拉萨条约》无效。 |
| 1904 | 光绪三十年 | 九月二十九日，台湾嘉义地震，死亡一百四十五人，伤一百五十八人。台湾全岛均有震感。 |
| 1904 | 光绪三十年 | 九月，陈去病、柳亚子在上海创办《**二十世纪大舞台**》，为中国最早之戏剧杂志。 |

孜、噶大克、亚东为商埠；拆除印度边界至江孜、拉萨的炮台和山寨；赔偿英国五十万英镑。条约严重损害中国主权，清政府不予承认，派代表与英国交涉，重订本约。

**二十世纪大舞台**　杂志名，光绪三十年（1904）九月，在上海创刊。半月刊。陈去病、汪笑侬主编。柳亚子撰《创刊词》。以“改革恶俗，开通民智，提倡民主主义，唤起国家思想”为宗旨。主张改良戏剧，鼓吹组成“梨园革命军”。所载以剧本、小说为主，兼刊论著。内容紧扣现实，为“建独立之旗，撞自由之钟”编演壮剧、快剧，宣传反清革命。出版两期，被查封。

| | | |
|---|---|---|
| 1904 | 光绪三十年 | 十月初五日，签订《**中葡通商条约**》，随后又签《**中葡广澳铁路合同**》。 |
| 1904 | 光绪三十年 | 十月十三日，万福华于上海租界刺杀主张联俄抗日的广西巡抚王之春未遂，被捕。 |
| 1905 | 光绪三十年 | 十一月二十六日，日俄旅顺之战，俄军投降。 |

**中葡通商条约**　光绪三十年十月初五日（1904年11月11日），订于上海。凡二十款。规定：葡萄牙人可在华开办工商制造、采矿各业，亦可与华人合股经营或合办贸易公司；葡船可至西江及广州附近内港航行；中国尽免进出口货物厘金，准葡国在通商、纳税等方面享受最惠国待遇。此约仅签字，未互换。

**中葡广澳铁路合同**　光绪三十年十月初五日（1904年11月11日），订于上海。凡三十一条。中葡商人合股之中葡广澳铁路公司取得修筑广（州）澳（门）铁路特权，五十年后，中国才能收归国有。

**万福华**（1865—1919）　字绍武。安徽合肥人。清候补知县。光绪三十年（1904）夏，与吴旸谷等在南京组织暗杀团，谋刺铁良未果。十月十三日（1904年11月19日），在上海英租界四马路、湖北路口金谷香西餐馆枪击前广西巡抚王之春，因不谙枪法，功败垂成，被会审公廨判处十年徒刑。1912年（民国元年），获释。次年，至北京，拒绝袁世凯利诱，后离京。1916年，被黎元洪招至北京，主张兴办实业。1919年，病逝。

**光复会**　清末革命团体。光绪三十年（1904）冬，在上海成立。蔡元培任会长。以入会誓词“光复汉族，还我山河，以身许国，

| | | |
|---|---|---|
| 1905 | 光绪三十年 | 十二月十八日，直隶总督袁世凯奏准于直隶试办公债。 |
| 1905 | 光绪三十年 | 十二月，户部奏请严禁鸦片烟。 |
| 1905 | 光绪三十年 | 是年冬，**光复会**在上海成立。 |
| 1905 | 光绪三十一年 | 正月初九日，授予实业家**张振勋**头品顶戴。 |

功成身退”为宗旨。光绪三十一年后，多数成员加入同盟会，部分会员独立活动。宣统二年（1910），章炳麟、陶成章与同盟会分裂，在东京成立光复会总部，李燮和在南洋组织光复会南洋总部，代行东京总部职权，并在浙江、上海等地组织光复军。三年，武昌起义后，光复军在汕头、浙江、上海、镇江等地响应。1912年（民国元年）3月，陶成章在上海被陈其美刺杀，该会解体。

**张振勋**（1841—1916）　广东大浦人，字弼士，号肇燮。咸丰八年（1858），只身赴南洋，先在荷属印度尼西亚巴城（雅加达）当杂工，后开酒行，结交荷兰殖民当局，获准办饷垦荒。同治五年（1866）起，先后创办垦殖公司、矿务公司、万裕兴轮船公司，还经营药材批发。历经三十年，成为南洋华侨首屈一指的巨富。光绪十八年（1892），被清政府任命为驻槟榔屿领事，二十年，升驻新加坡总领事。二十四年，应召回国后，负责督办粤汉、佛山铁路。三十年，清政府赏赐一品顶戴。光绪二十年以后，在国内先后投资创办烟台张裕酿酒公司、广厦铁路公司等企业。宣统元年（1909），任广东总商会公会总理。辛亥革命后，任袁世凯总统府顾问。一生热心

| | | |
|---|---|---|
| 1905 | 光绪三十一年 | 正月十二日，清廷谕命达赖喇嘛回藏，并希望其“善抚众生，毋负德意”。 |
| 1905 | 光绪三十一年 | 正月十二日，**《国粹学报》**于上海创刊。 |
| 1905 | 光绪三十一年 | 正月二十六日，张翼在英国伦敦高等法院诉讼开平矿权一事，获得胜诉。 |
| 1905 | 光绪三十一年 | 二月初五日，日俄战争日军占领奉天，俄军惨败。 |
| 1905 | 光绪三十一年 | 二月二十三日，黄遵宪卒。 |
| 1905 | 光绪三十一年 | 二月二十九日，山海关内外铁路竣工，**詹天佑**因筑路有功而受到嘉奖。 |

慈善事业，经常捐资助学。1916年（民国五年）9月12日，病逝于印度尼西亚巴城。

**国粹学报** 清末反清革命刊物。光绪三十一年正月十二日（1905年2月15日），创刊于上海。月刊。革命学术团体国学保存会的机关刊物。邓实主编。以“发明国学，保存国粹”，“爱国保种，存学救世”为宗旨，尤着重于“辨夷夏主义”。宣统三年（1911），停刊，共出八十二期。

**詹天佑**（1861—1919） 近代爱国工程师。字眷诚，原籍江西婺源县，生于广东南海。同治十一年（1872），考取幼童出洋预备班，官费留学美国。光绪七年（1881），毕业于耶鲁大学。回国后，曾任教于福州船政局、广东博学馆、广东海图水陆师学堂，任潮汕铁路工程师。三十一年二月，任京张铁路总工程师兼会办。詹天佑和中国工程技术人员克服重重困难，终于在宣统元

| | | |
|---|---|---|
| 1905 | 光绪三十一年 | 二月二十九日，邹容病逝于上海租界中。 |
| 1905 | 光绪三十一年 | 二月，张謇、**汤寿潜**、许鼎霖等创设上海大达轮步股份有限公司。 |
| 1905 | 光绪三十一年 | 三月二十日，伍廷芳奏请于京师设立法律学堂；并奏请废除凌迟、枭首、戮尸及其它苛酷刑罚。 |
| 1905 | 光绪三十一年 | 三月二十二日，御史黄昌年奏请将各衙门折件刊布晓示，以广传布，开近代文件公开之先河。 |
| 1905 | 光绪三十一年 | 三月，川藏交界巴塘地区喇嘛寺及土司暴动，杀驻藏帮办凤全及其随从人员百余人。 |

年（1909）七月，比原计划提前两年完成了全部工程，并培养了我国第一批铁路工程师。后任汉粤川铁路督办。1919年（民国八年）4月，在汉口逝世。

**汤寿潜**（1857—1917） 浙江山阴天乐乡人，原名震，字蛰仙。光绪进士，曾任安徽青阳知县。光绪十六年（1890），撰写《危言》四卷，主张设立议院，裁汰冗员，鼓励商人开矿筑路。二十六年，劝说刘坤一、张之洞与英美签订《东南互保章程》。三十一年六月，浙江全省铁路公司成立，被推为经理。次年，与张謇组织预备立宪公会，任副会长。三十三年，参与浙江乡绅杀害秋瑾事件。宣统三年（1911）十月，杭州光复，被举为军政府都督。次年，南京国民政府成立，被聘为交通总长，未就职。1917年（民国六年）6月，病故。遗嘱以银二十万元捐助浙江教育事业。

| | | |
|---|---|---|
| 1905 | 光绪三十一年 | 四月初五日，吕海寰奏请博采欧美律例，以收回治外法权。 |
| 1905 | 光绪三十一年 | 四月初七日，上海总商会开会，讨论美国排斥华工的对策，会后一致决定**总商会抵制美货**。 |
| 1905 | 光绪三十一年 | 五月初四日，盛宣怀奏芦汉铁路南北干线告成，黄河大桥亦告竣工。 |
| 1905 | 光绪三十一年 | 五月二十二日，《**二十世纪之支那**》在日本出版，日后成为同盟会的机关报。 |
| 1905 | 光绪三十一年 | 五月，张之洞、袁世凯、周馥联衔奏请于十二年后实现立宪政体。 |

**总商会抵制美货**　光绪二十年（1894），清政府与美国签订限制华工之条约，限制华工。至光绪三十年，是约到期。中方欲改约，美方欲续约。事情为上海绅商所知，乃议对待之法。会上董曾铸提议，以两月为期，如美方仍不允改约，则抵制美货。会后由董曾铸领衔致电外务部请拒美约，又电各省商会、商务局，请一致行动。抵制美货运动由此开始，在中国近代史上具有深远的意义。

**二十世纪之支那**　杂志名。光绪三十一年（1905），由中国留日学生创办于日本东京。宋教仁主持，黄兴、田桐、陈天华等革命党人任编辑。“以提倡国民精神，输入文明学说”，“使我二十世纪之支那，进而为世界第一强国”为宗旨。设论说、学说、政法、历史、军事、理科、实

| | | |
|---|---|---|
| 1905 | 光绪三十一年 | 六月初三日，谕命张之洞督办粤汉铁路。 |
| 1905 | 光绪三十一年 | 六月十四日，派载泽等大臣出洋考察政治。 |
| 1905 | 光绪三十一年 | 六月十七日，孙中山先生抵达日本，与革命党人商议成立革命政党事宜。 |
| 1905 | 光绪三十一年 | 六月十八日，上海总商会召集各帮商董会议，决定将抵制美货扩大到全国三十五个商埠。 |
| 1905 | 光绪三十一年 | 六月二十八日，爱国志士召开**同盟会筹备会议**。 |
| 1905 | 光绪三十一年 | 七月初九日，经美国调停，日俄双方于美国朴茨茅斯议和。 |

业、丛录、文苑、时评等栏目。七月二十日（1905年8月20日），中国同盟会成立后，因该刊创办人和编辑大多加入同盟会，而成为同盟会的机关报。后不久因登文批评日本侵华政策，而被日本政府查禁。

**同盟会筹备会议**　光绪三十一年六月二十八日（1905年7月30日），黄兴、宋教仁等分头召集留日学生在东京召开会议。会议首先由孙中山先生演说，讲述革命理由、革命形式和革命方法，主张必须合组新团体，进行排满革命。接着黄兴演说，申明今日会议之目的就是筹备新的革命组织，并号召大家签名。会上众人商定新的革命组织定名为“中国同盟会”；孙中山提议同盟会宗旨为“驱除鞑虏，恢复中华，创立民国，平均地权”；并且推选黄兴、陈天华、汪精卫起草章程。

| | | |
|---|---|---|
| 1905 | 光绪三十一年 | 七月二十日，**中国同盟会**召开正式成立大会。 |
| 1905 | 光绪三十一年 | 八月初四日，清政府决定自明年起废除科举。 |
| 1905 | 光绪三十一年 | 八月初六日，**马相伯**创设的复旦公学（即今复旦大学）开学。 |
| 1905 | 光绪三十一年 | 八月初七日，日俄签订《**朴茨茅斯和约**》，俄国竟然将我东北的权益转让给日本。 |

**中国同盟会** 光绪三十一年七月二十日（1905年8月20日），在孙中山倡导下，于日本东京成立，以兴中会、华兴会为基础，联合光复会组成。推孙中山为总理。领导机构按“三权分立”原则，下设执行、评议、司法三部。确定革命纲领。创办《民报》为机关报，确立“民族、民权、民生”的三大主义。在国内设九个支部，在国外设四个支部，广泛发动群众，争取支持。同盟会成立后，先后发动萍浏醴起义、潮州黄冈起义、钦廉防城起义、镇南关起义、云南河口起义、广州新军起义和黄花岗起义，直至辛亥革命。不久，本部由东京先后迁到上海、南京。1912年（民国元年）8月，改组为国民党。

**马相伯**（1840－1939） 江苏丹阳人，原名建长，改名良，以字行。同治元年（1862），入上海徐家汇天主教耶稣会小修院，受“神修”训练。十一年，任上海徐家汇公学校长。光绪七年（1881），出任驻日使馆参赞。二十九年，办震丹学院。三十一年，创办复旦公学，任校长。1913年（民国二年），曾一度代理北京大学校长。1932年，加入中国民权保障同盟。1937年，被委任为国民政府委员。1939年，

| | | |
|---|---|---|
| 1905 | 光绪三十一年 | 八月二十六日，出洋五大臣于出京时在火车站遇袭击，载泽、绍英受伤。组织者是反对立宪，主张革命排满的革命党人**吴樾**。 |
| 1905 | 光绪三十一年 | 八月二十九日，外务部与十一国驻华公使签订《**修浚黄浦河道条款**》，稍后清政府任命**辜鸿铭**为总办。 |

病逝于越南谅山。

**朴茨茅斯和约**　日俄双方在美国的斡旋下签订的停火条约。此条约实际上是日俄双方对远东地区的重新瓜分。条约规定：俄国政府承认日本在朝鲜的殖民统治地位；将俄国先前取得的旅顺口、大连湾的租借权转让给日本；将长春至旅顺的铁路及其附属权益转让给日本。中国民众对此条约非常愤慨。清政府也不认同该条约，并进行了积极的外交交涉。

**吴樾**（1878－1905）　安徽桐城人，原名蒙霞，改孟侠。光绪二十八年（1902），入保定高等师范学堂。次年，组织军国民教育会保定支部，并创两江公学，办《直隶白话报》，宣传革命。三十年，两次图谋狙击满洲贵族铁良，未成。次年八月二十六日（1905年9月24日），为揭露清政府假立宪阴谋，在北京站谋炸出洋考察宪政五大臣，炸弹突然引发，清廷大臣仅绍英、载泽受轻伤，本人殉难。

**修浚黄浦河道条款**　光绪二十七年（1901）的《辛丑条约》规定，成立一个机构修浚上海黄浦江，以改善西方驻华人士的生活环境，费用由中外分摊，但须由外国人进行管理。根据此条约精神成立浚浦局，但改由中国人自

| | | |
|---|---|---|
| 1905 | 光绪三十一年 | 九月初十日，清政府谕设警部，以徐世昌为**巡警部**尚书。 |
| 1905 | 光绪三十一年 | 九月十七日，清政府拟派员赴日考察律例。 |
| 1905 | 光绪三十一年 | 九月，北洋军队于直隶河间举行秋操（即大规模军事演习），清政府军队改革初见成效。 |
| 1905 | 光绪三十一年 | 十月初六日，日本文部省颁布《关于准许清国人入学之公私立学校之规程》，即一般所称的**“取缔清国留日学生规则”**。 |

办，经费也由中国承担。稍后清政府任命辜鸿铭为总办。

**辜鸿铭**（1857－1928） 福建同安人，名汤生，以字行，自号汉滨读易者。早年，官费留学英国，继游历法、德、意等国，精通数国语言。回国后，曾充张之洞幕僚。辛亥革命后，任教于北京大学。思想守旧，笃信孔孟学说。以英文翻译《中庸》、《论语》，著《春秋大义》等，流传欧美，为西方学者所瞩目。

**巡警部** 官署名。光绪三十一年（1905），清政府为兴办巡警而设，由原工巡总局改易而成，置尚书、侍郎等官职。分警政、警法、警保、警学、警务五司。掌管京城内外工巡事务，并督办各省巡警。三十二年，改归民政部。

**取缔清国留日学生规则** 又称《关于准许清国人入学之公私立学校之规程》。光绪三十一年（1905），日本文部省颁布。共十五条。规定中国留日学生不论入公立还是私立学校均需找官厅作保，由清驻日公使出具证明；在入学志愿书上必须写明本人入

| | | |
|---|---|---|
| 1905 | 光绪三十一年 | 十月十二日，班禅额尔德尼在英军挟持下赴印谈判，但班禅并没有丧失民族立场，及时向当局报告相应动态。 |
| 1905 | 光绪三十一年 | 十月二十一日，中日东三省善后事宜谈判开始。 |
| 1905 | 光绪三十一年 | 十月二十九日，清政府设立考察政治馆。 |
| 1905 | 光绪三十一年 | 十月三十日，同盟会机关报《**民报**》发刊，孙中山先生在发刊词上正式提出“民族、民权、民生”的**三民主义**。 |

学前的履历、介绍入学的官厅名称；学生无论在校寄宿还是在外租住旅馆，须经日本政府审查批准，由日本文部大臣派专人负责监督；学生在校言行要随时载入学籍簿中；凡因参与政治活动指令退学者不得复入学。并制订所谓的“校外监督”方法，对中国留学生强行进行书信检查。该规则遭到全体中国留日学生的坚决反对。在同盟会的领导下，东京八千余名中国留日学生罢课抗议，其中一部分愤然退学回国。

**民报**　中国同盟会机关报。光绪三十一年十月三十日（1905年11月26日），创刊于日本东京。胡汉民、张继、章炳麟、陶成章、汪精卫先后任主编，主要撰稿人有陈天华、朱执信、廖仲恺、宋教仁等。以宣传民族主义、民权主义、民生主义为宗旨。系当时销量最大、影响最广的一份革命杂志。三十四年，出至二十四期被日本当局停刊。宣统元年十二月二十二日（1910年2月1日）复刊，出两期后终刊。

**三民主义**　孙中山先生提出的中国民主革命的纲领，即民族主

| | | |
|---|---|---|
| 1905 | 光绪三十一年 | 十一月初三日，谕命奕劻选派宗室出洋学习武备。 |
| 1905 | 光绪三十一年 | 十一月十二日，陈天华于东京大森海湾蹈海自杀。 |
| 1905 | 光绪三十一年 | 十一月二十六日，中日签订《**会议东三省事宜条约**》及附约十二款。 |
| 1906 | 光绪三十一年 | 十二月三十日，两广总督发布示谕自明年正月开始，两广官员一律免除跪拜礼，见面用长揖。 |
| 1905 | 光绪三十一年 | 是年，张謇创办**南通博物苑**。 |
| 1905 | 光绪三十一年 | 是年，北洋六镇新军全部练成。 |

义、民权主义、民生主义。光绪三十一年（1905）十月，孙中山在《民报》发刊词中将中国同盟会规定的“驱除鞑虏，恢复中华，创立民国，平均地权”的宗旨，概括为“民族、民权、民生”三大主义。三十二年十月，孙中山先生强调“我们革命的目的是为众生谋幸福，因不愿少数满洲人专利，故要民族革命；不愿君主一人专利，故要政治革命；不愿少数富人专利，故要社会革命”。主张同时进行民族革命、政治革命和社会革命，推翻清朝封建专制统治，建立欧美式的民主共和国。

**会议东三省事宜条约**　清政府在日本政府的威逼利诱下签订的不平等条约。该条约在事实上接受了日俄双方在《朴茨茅斯和约》

| | | |
|---|---|---|
| 1905 | 光绪三十一年 | 是年，简氏兄弟（简照南、简玉阶）于香港创办“广东南洋烟草公司”。 |
| 1906 | 光绪三十二年 | 正月初一日，梁启超于《新民丛报》发表《开明专制论》。 |
| 1906 | 光绪三十二年 | 正月初四日，日本政治家伊藤博文会见考察日本律例的载泽等出洋大臣。 |
| 1906 | 光绪三十二年 | 正月初十日，以日本在韩国设立总监（即吞并韩国）为由，英美法等国驻韩使臣撤离。 |
| 1906 | 光绪三十二年 | 正月二十九日，江西南昌知县江召棠被传教士逼迫自杀。 |
| 1906 | 光绪三十二年 | 正月，刘静庵等在武汉创立反清革命团体**日知会**。 |

里对我国东北的安排。此外还签订了一个十二款的附约，进一步扩大了日本的侵略特权。附约规定清政府承诺在日俄双方军队撤退后，在相应的地区增开商埠；并允许日本在我国东北开设中日木植公司，用来采伐鸭绿江右岸的树木。

**南通博物苑**　近代中国第一个博物馆。光绪三十一年（1905），由张謇在江苏通州创设。目的在使学生“睹器而识其名，考文而知其物”。筹备数十年，才正式开馆。占地四十亩，分自然、历史、美术、教育四馆，收集物品、标本二千九百七十三件。1938年（民国二十七年），毁于抗日战争。1951年，重建，改名为南通博物馆。

**日知会**　原为美国基督教中国圣

| | | |
|---|---|---|
| 1906 | 光绪三十二年 | 二月初三日，因江召棠被逼自刎一事激起众怒，南昌数万民众烧毁教堂三所，打死外国人九人。此即轰动一时的**南昌教案**。 |
| 1906 | 光绪三十二年 | 二月初六日，考察大臣载泽抵美考察。 |
| 1906 | 光绪三十二年 | 二月十三日，考察政治大臣戴鸿慈、端方抵达德国首都柏林，开始在德之考察。 |
| 1906 | 光绪三十二年 | 三月初八日，芦汉铁路正式通车，改称京汉铁路。 |
| 1906 | 光绪三十二年 | 四月初二日，商部会同修订法律大臣制订“破产律”，颁布实施。 |
| 1906 | 光绪三十二年 | 四月初二日，沈家本拟就刑事诉讼法和民事 |

公会在武昌设立的阅览室。科学补习所被清政府破坏后，刘静庵入圣公会，且借此联系原科学补习所会员，进行反清革命活动。至此乃成立团体，为躲避清廷耳目，仍以日知会为名。日知会以刘静庵为总干事，李东亚、辜天保为干事，会员遍及军、学、新闻、宗教各界，而以军界为最多，为以后武昌首义奠定了基础。

**南昌教案** 先是南昌知县江召棠与法国传教士王安之在处理民教纠纷上意见不一，王安之迫使江召棠在其拟好的文本上签字。江坚拒不签，被逼自刎。江召堂的被逼自刎激起众怒，南昌民众聚集数万，烧毁教堂三所，法文学堂一所；毙王安之；另毙法籍教习五人、英教士夫妇及子女共九人。此教案在当时轰动一时，并引起列强强烈的外交交涉。

**续定藏印条约** 此前，英国勾

| | | |
|---|---|---|
| | | 诉讼法。 |
| 1906 | 光绪三十二年 | 四月初四日，中英签订**《续定藏印条约》**，清政府有条件承认《英藏条约》。 |
| 1906 | 光绪三十二年 | 四月十四日，日本明治天皇谕命设立**南满洲铁路株式会社**，简称满铁，专门负责在我东三省筑路。 |
| 1906 | 光绪三十二年 | 四月二十五日，戴鸿慈、端方乘火车到达俄国，开始在俄国的考察。 |
| 1906 | 光绪三十二年 | 闰四月初七日，**禹之谟**等率湖南学生公葬陈天华、姚宏业于岳麓山。 |

结西藏地方当局签订《拉萨条约》，遭到清政府的抵制。英国被迫同清政府进行谈判，最后双方签订此约。条约中，英国承认清政府对西藏地区享有主权，反对列强染指西藏。但另一方面清政府也被迫同意英国在西藏享有经济方面的特权，实际上，将西藏划为英国的势力范围。

**南满洲铁路株式会社** 经日本天皇批准设立，总部设在大连，支社设在东京。名义上是股份公司，主要业务是经营中国东北三省的铁路，实际上是日本侵略中国东北的大本营。这可由其长官看出，会社的委员长初为日本参谋总长儿玉源太郎，儿玉卒，又以陆军大臣寺内正毅继任。

**禹之谟**（1867－1907） 湖南湘乡青书坪人，字稽亭。早年曾入营幕，与各地帮会头目有联系。光绪二十六年（1900），参加自

| | | |
|---|---|---|
| 1906 | 光绪三十二年 | 闰四月二十九日，袁世凯奏请设立**保定军官学堂**。 |
| 1906 | 光绪三十二年 | 五月初八日，章太炎刑满出狱，同盟会派人到沪，将其迎至日本，日本留学生二千余人开会欢迎。 |
| 1906 | 光绪三十二年 | 六月初七日，袁世凯奏北洋创办无线电报。 |
| 1906 | 光绪三十二年 | 六月十一日，日本于我国东北设“**关东都督府**”，作为日本侵华的大本营。 |
| 1906 | 光绪三十二年 | 六月二十一日，清政府抓捕禹之谟，后将其 |

立军起事，事败流亡日本。三十年，加入华兴会。三十一年，负责同盟会湖南分会，参加抵制美货运动。三十二年，被选为湖南教育会会长和商会会长。同年，湖南籍革命志士陈天华、姚宏业先后自杀，二人之尸同时归梓湖南。禹之谟主张应公葬于岳麓山，当地政府大员严禁此事。陈、姚之棺到日，禹之谟率全城学生身穿制服行丧礼，岳麓山全山缟素。禹之谟以此获罪清廷，于六月二十一日（1906年8月10日）被捕，遭到严刑酷打，于十二月二十四日（1907年2月6日）被绞杀。民国建立后，由湖南省公葬之于岳麓山。

**保定军官学堂**　初名“保定东关大学堂”。清末民初军事学校。光绪三十二年（1906）闰四月，直隶总督兼北洋大臣袁世凯奏请设于保定。以段祺瑞为督办。分速成、深造两级，学制分别为一年半和三年。后设步、马、炮、工、辎重等兵种。共毕业九期。蒋介石、陈诚、张治中、蒋

| | | |
|---|---|---|
| | | 绞杀。 |
| 1906 | 光绪三十二年 | 六月，端方、戴鸿慈、载泽等考察大臣纷纷上奏，请求立宪变法。 |
| 1906 | 光绪三十二年 | 七月十三日，清廷宣布“**预备仿行立宪**”，预备立宪开始。 |
| 1906 | 光绪三十二年 | 八月初三日，谕令十年内将鸦片禁绝，清末新一轮禁烟开始。 |
| 1906 | 光绪三十二年 | 八月二十一日，御史赵炳麟奏请先设责任内阁。 |

光鼐、蔡廷锴、傅作义等将军均为该校毕业生。1920年（民国九年），因国内混战而停办。

**关东都督府**　日本政府设立，其第一任都督为陆军大将大岛义昌，是日本继满铁之后又一侵华的大本营。都督府条例规定：“关东都督府”置关东都督，都督管辖关东州，兼掌保护监督南满铁路沿线，并监督南满铁道株式会社之业务；都督为保持所辖区域内安宁秩序，及警护铁道线路，必要时得使用兵力。由此可观“关东都督府”的地位和性质。

**预备仿行立宪**　迫于内外交困的形势，清政府宣布预备立宪。首先改革官制，明定责任；次定更张，并将各项法律详慎厘定；而又广兴教育，清理财政，整饬武备，普设巡警，使绅民明悉国政，以预备立宪之基础。从表面上看，是清政府顺应时代之潮流和变革之趋势，实际上，只不过是清政府掩人耳目，以延续其反动统治而已。从以后成立的皇家内阁可以看出，这只是清政府设

| | | |
|---|---|---|
| 1906 | 光绪三十二年 | 九月初一日，日本东亚同文会于奉天创办《盛京时报》。 |
| 1906 | 光绪三十二年 | 九月初六日，前考察政治大臣戴鸿慈、端方进呈所编《欧美政治要义》。 |
| 1906 | 光绪三十二年 | 九月十六日，庆亲王奕劻等将所核定之新官制进呈，设责任内阁，裁撤军机处和原内阁。 |
| 1906 | 光绪三十二年 | 九月二十日，清政府宣布**改革官制**。 |
| 1906 | 光绪三十二年 | 九月二十日，在改制中宣布组建**度支部**。 |

计的又一次骗局。

**改革官制**　为适应预备立宪的要求，清政府宣布改革官制。这次官制改革变化之剧，在清朝是前所未有的。内容有：外务部、吏部和学部仍旧；巡警为民政之一部分，着改为民政部；户部着改为度支部，将财政处并入；太常、光禄、鸿胪三寺并入礼部；兵部着改为陆军部，后增设海军部和军谘府；刑部着改为法部，专任司法；大理寺着改为大理院，专任审判；工部着并入商部，改为农工商部；轮船、铁路、电线、邮政应设专司，著名为邮传部。是清朝中央行政体制的一次大变革。

**度支部**　官署名。光绪三十二年（1906），由户部改易而成，系清末中央政府最高财政机关。分承政、参议两厅，田赋、军饷、制用、廉俸、漕仓、税课等十司和一金银库，总理全国财政。并设有宝泉局、崇文门税关、大清银行、造币总厂等附属机构。辛亥革命后，又改设财政部。

| | | |
|---|---|---|
| 1906 | 光绪三十二年 | 九月二十日，清政府预筹地方自治。 |
| 1906 | 光绪三十二年 | 秋冬间，同盟会领袖在东京制订《**革命方略**》。 |
| 1906 | 光绪三十二年 | 十月初五日，直隶总督袁世凯奏请开去各项兼差。 |
| 1906 | 光绪三十二年 | 十月十九日，**萍浏醴起义**爆发。 |
| 1906 | 光绪三十二年 | 十一月初一日，上海及江浙商绅成立**预备立宪公会**。 |

**革命方略**　由同盟会首领孙中山、黄兴、宋教仁等在东京制订。最初有十三个文件，后增添到十五个文件。其中最主要的是《军政府宣言》，宣言中详细阐述了同盟会的十六字纲领（即驱除鞑虏，恢复中华，建立民国，平均地权）和三个建国程序论（即军法之治、约法之治和宪法之治）。这一系列文件是清末革命党人的纲领性文件。

**萍浏醴起义**　处于湘赣交界的萍浏醴地区多会党。同盟会成立后，派刘道一、蔡绍南等回湖南活动。刘驻长沙掌全局，蔡前往萍乡发动会党。经过精心酝酿，萍乡、浏阳、醴陵的革命党人先后起义。这次起义声势浩大，坚持了一个多月，壮大了革命军的声势，沉重打击了清政府的统治。

**预备立宪公会**　由上海和浙江乡绅组织成立。会长为郑孝胥，副会长有张謇、汤寿潜等社会名流。该公会为准政党性质的政治结社，且为当时国内最大的立宪团体。为推动立宪，普及宪政知

| | | |
|---|---|---|
| 1906 | 光绪三十二年 | 十一月初二日，直隶总督袁世凯创办滦州煤矿。 |
| 1906 | 光绪三十二年 | 十一月十六日，同盟会会员**刘道一**被害。 |
| 1907 | 光绪三十二年 | 十一月二十五日，湖北日知会策应萍浏醴起义失败，**刘静庵**被捕遇害。 |

识，该会出版了《预备立宪公报》，并印行多种宣传宪政的书籍。在当时产生了很大的影响。

**刘道一**（1884—1906）　湖南衡山人，字炳生，号锄非。光绪三十年（1904），参加华兴会及长沙起义，旋留学日本，与秋瑾等人组织十人会。次年，加入同盟会，任书记、干事等职。三十二年，奉命回国，策动湘军与会党武装起义。萍浏醴起义爆发后，在长沙准备响应，不幸于十一月十六日（1906年12月31日）事泄被捕，英勇就义。

**刘静庵**（1875—1911）　湖北潜江人，原名贞一，一名大雄，字敬庵、静安。早年，入新军。光绪三十年（1904），发起组织科学补习所。因图谋响应长沙起义，事泄被逐。次年，任教会阅报室“日知会”司理，购置新书，组织演讲，发展会员，宣传革命，并将其改造成革命团体。三十二年，准备响应萍浏醴起义，旋被奸人指为湖北全省哥老会首领，被捕入狱，严刑逼供；宣统三年（1911），瘐死狱中。

**中国女报**　光绪三十二年十二月（1907年1月），创刊于上海。秋瑾主编兼发行，陈平伯编辑。以“开通风气，提倡女学，联感情，结团体，并为他日创设中国妇人协会之基础”为宗旨。杂志下设社说、论说、演坛、译编、

| | | |
|---|---|---|
| 1907 | 光绪三十二年 | 十二月初一日，秋瑾等在上海创办《**中国女报**》。 |
| 1907 | 光绪三十二年 | 十二月初七日，**杨度**于日本东京创办《中国新报》，宣传立宪。 |
| 1907 | 光绪三十三年 | 正月初一日，康有为改保皇会为**帝国宪政会**。 |

小说、文苑、新闻、调查等栏。争取男女平等，反对封建礼教，主张妇女解放和反清革命相结合。共出二期，三十三年二月，因经费支绌而停刊。

**杨度**（1875－1931）　湖南湘潭人。字皙子，号虎工。光绪二十八年（1902），留学日本，参与创刊《游学译编》杂志，后为清政府出洋考察宪政五大臣起草报告，任宪政编查馆提调。三十三年，创办《中国新报》月刊，主张实行君主立宪，召开国会以定国是。宣统三年（1911），武昌起义后，与汪精卫组织国事共济会。1914年（民国三年），组织筹安会，帮助袁世凯复辟。1922年后，倾向革命，曾追随孙中山先生，奔走南北。1929年，加入中国共产党。1931年9月17日，病逝于上海。

**帝国宪政会**　清末保皇派转化来的立宪团体。康有为为支持清廷预备立宪，于光绪三十三年旧历元旦（1907年2月13日），将保皇派定名为帝国宪政会，并在美国纽约召开成立大会。申明以君主立宪为宗旨，宣称必以“君民共治，满汉不分”，方能“救中国之沦丧”。三十四年，康有为联合亚、美、欧、非、澳五洲二百埠会员上书请愿召开国会。宣统二年（1910）底，改为帝国统一党，向清政府民政部申请注册，

| | | |
|---|---|---|
| 1907 | 光绪三十三年 | 正月二十三日，外务部与英国中英有限公司签订《广九铁路借款合同》。 |
| 1907 | 光绪三十三年 | 二月初六日，两江总督端方奏准筹建南洋大学。 |
| 1907 | 光绪三十三年 | 二月二十日，于右任、杨毓麟于上海创办《神州日报》。 |
| 1907 | 光绪三十三年 | 二月，袁世凯在**天津试办独立审判**。 |

未被承认。

**天津试办独立审判**　光绪三十三年（1907）二月起，袁世凯在天津试办独立审判。试办之地是天津府，天津府中又于天津县先行试办。天津府设高等审判分厅，天津县设地方审判厅，又于天津城乡设乡谳局四处。审判人员从平时对法律素有研究者、日本法政学校毕业者及原有府县发审各员中择优录取。此为我国试办独立审判之始。

**黄冈起义**　又称“潮州黄冈起义”、“丁未黄冈之役”。光绪三十三年（1907），同盟会会员许雪湫联络会党首领余丑、陈涌波等筹划起义。四月，陈聚众七百余人在潮州黄冈城外誓师发难，攻入都司衙门，发布文告，宣称“除暴安良”，队伍发展至五、六千人。十四日（1907年5月25日），向汫洲港清军出击时，伤亡甚多，起义军败散。余丑等人逃亡香港。

**斯坦因**（Sir Mark Aurel Stein, 1862—1943）　匈牙利人，受英印政府派遣来华，于1907年（光绪三十三年）3月，抵达敦煌；

| | | |
|---|---|---|
| 1907 | 光绪三十三年 | 三月初八日，清廷改盛京将军为东三省总督。 |
| 1907 | 光绪三十三年 | 四月十一日，同盟会发动**黄冈起义**失败。 |
| 1907 | 光绪三十三年 | 四月，**斯坦因**窃取敦煌石室宝贵文物。 |
| 1907 | 光绪三十三年 | 四月二十二日，同盟会于广东惠州府归善县发动**七女湖起义**，再败。 |
| 1907 | 光绪三十三年 | 四月三十日，**刘师培**在日本创办《**天义报**》。 |

5月，携带二十九箱珍贵文物而归。回英后，将文物献给大英博物馆。自此敦煌文物为世人所瞩目，敦煌学从此兴起。

**七女湖起义** 光绪三十三年（1907），孙中山派邓子瑜赴广东惠州联络会党，拟与黄冈起义相呼应。四月二十二日（1907年6月2日），邓子瑜和陈纯率众在惠州城外七女湖发难，劫夺清军防营枪械。转战泰尾、杨村、柏塘等地，曾屡挫清军。后因军械不继，埋枪解散。

**刘师培**（1884—1919） 江苏仪征人，一名光汉，字申叔。光绪三十年（1904），任《警钟日报》主笔。三十三年，赴日本，参加同盟会；和何震创办《天义报》、《衡报》。宣统元年（1909），因出卖浙江革命党人武装起事的机密，入两江总督端方幕。三年，随端方入川镇压保路运动。1914年（民国三年），参加筹安会，为袁世凯复辟制造舆论。1917年，应蔡元培之邀，任北京大学教授。1919年，任《国故月刊》总编辑，反对新文化运动。是年11月20日，病逝于

| 1907 | 光绪三十三年 | 春夏间，**宪政讲习所**于东京成立。 |
|---|---|---|
| 1907 | 光绪三十三年 | 五月初九日，京奉铁路全线通车。 |
| 1907 | 光绪三十三年 | 五月十二日，**张静江**、吴稚晖、李石曾在巴黎创办《**新世纪**》，宣传无政府主义。 |

北京。一生著述颇丰，精于经学、小学。

**天义报** 由刘师培、何震等创办。创刊于日本，是女子复权会的机关刊物，同时又是当时中国最早的无政府主义刊物，后还曾刊登过《共产党宣言》（部分）等马克思（Karl Heinrich Marx, 1818—1883）、恩格斯（Engels Friedrich, 1820—1895）的著作。

**宪政讲习所** 会长为熊范舆，而实际上核心人物是杨度。杨度原拟与梁启超同创一立宪团体，后因意见不和，乃自创该团体。宪政讲习所虽成立于日本，但后来主要在国内发展并最先向清廷请愿，求开国会。后更名为宪政公会。

**张静江**（1877—1950） 浙江吴兴人。原名增澄，一名人杰，以字行。光绪二十七年（1901），充驻法公使商务随员，在巴黎设通运公司，资助孙中山先生革命活动。后参与组织世界社，刊行《新世纪》周刊。1924年（民国十三年），国民党改组后，当选中央执行委员。次年，任广州革命政府常务委员。1926年，当选国民党中央监察委员。北伐时，曾代理中执委主席。南京国民政府成立后，历任国民党中央政治会议浙江分会主席、中华民国建设委员会委员长、浙江省政府主席。1937年冬，出国；1939年起，因病定居美国。1945年，双目失明。1950年9月3日，在纽约病故。

**新世纪** 近代中国无政府主义刊物之一。光绪三十三年五月十二

| | | |
|---|---|---|
| 1907 | 光绪三十三年 | 五月二十六日，徐锡麟率安徽巡警学堂学生于**安庆起义**，刺杀安徽巡抚**恩铭**。 |
| 1907 | 光绪三十三年 | 五月二十七日，清政府试行新编地方官制。 |
| 1907 | 光绪三十三年 | 六月初四日，女革命家**秋瑾**被捕。 |

日（1907年6月22日），由中国留法学生创刊于法国巴黎。同盟会会员张静江、李石曾等人发起。以反对一切政府和“颠覆一切强权”为宗旨。介绍蒲鲁东（Pierre Joseph Proudhon, 1809－1865）等人的无政府主义学说；揭露列强的侵略活动；抨击清廷的腐朽统治；批判立宪派及其发动的国会请愿活动；主张“尊今薄古”，提倡“祖宗革命”，“行孔丘革命，以破支那人之迷信”。共出刊物一百二十期，宣统二年四月十三日（1910年5月21日）停刊。

**安庆起义**　由光复会会员徐锡麟组织发动。原定计划于光绪三十三年五月二十六日（1907年7月6日）同秋瑾一起发动起义。不料有会党先行起义，走漏风声，徐锡麟遂变计于巡警学堂学生行毕业式时行动。至时，安徽巡抚恩铭等到场，徐锡麟突然拔出手枪向恩铭射击，率学生仓促起义。恩铭被刺身亡，徐锡麟也被俘，并于次日被害，起义失败。

**恩铭**（？－1907）　满洲镶白旗人。于库里氏，字新甫。曾任按察使、布政使等职。光绪三十二年（1906），升安徽巡抚，派兵镇压红莲会教徒起事。三十三年，奉旨推行新政。整顿巡警学堂，开办警察处。同年五月，在安庆检阅巡警学堂时，被警察处会办、光复会会员徐锡麟开枪杀死。

**秋瑾**（1875－1907）　号竞雄，又号鉴湖女侠，浙江绍兴人。光绪三十年（1904），冲破封建枷

| | | |
|---|---|---|
| 1907 | 光绪三十三年 | 六月二十一日，《**日俄密约**》签订。 |
| 1907 | 光绪三十三年 | 七月初十日，天津县议事会成立，为试办地方自治之始。 |
| 1907 | 光绪三十三年 | 七月二十三日，英俄签订《英俄协定》。其中的《**西藏专约**》承认中国对西藏的“宗主权”。 |
| 1907 | 光绪三十三年 | 七月，革命团体**共进会**成立。 |
| 1907 | 光绪三十三年 | 七月二十四日，同盟会发动广东**钦廉防城** |

锁赴日留学。同年，创办《白话报》，鼓吹推翻清政府，提倡男女平等；参加洪门天地会，受封为“白纸扇”。次年，加入光复会和同盟会。三十二年，为抗议日本取缔中国留学生而回国。十二月，创办《中国女报》，并积极从事革命活动，联合徐锡麟在浙皖同时举事，起义失败被捕。六月初六日（1907年7月15日），在绍兴轩亭口英勇就义。

**日俄密约**　日俄双方对远东殖民统治秩序的再次确立。条约中规定：中国东北南部为日本的势力范围，北部则为俄国的势力范围；俄国承认日本对朝鲜的占领，日本则承认俄国在外蒙古的特殊利益。

**西藏专约**　《英俄协定》中的一部。内容有：承认清政府在西藏的“宗主权”，除通过中国政府外，不与西藏直接交涉。在一定程度上有利于维护西藏的主权。

**共进会**　清末革命团体。光绪三十三年（1907）七月，由焦达峰、刘公、邓文辉、孙武等人于日本东京成立。推同盟会会员张百祥为总理。以“推翻满清政

| | | |
|---|---|---|
| | | **起义**。 |
| 1907 | 光绪三十三年 | 八月十三日，谕命设立**资政院**。 |
| 1907 | 光绪三十三年 | 八月十八日，都察院都御史陆宝忠等奏请改都察院为“国议会”，作为将来设立的议院基础。 |
| 1907 | 光绪三十三年 | 九月初四日，谕命重申严禁官员吸食鸦片。 |
| 1907 | 光绪三十三年 | 九月十一日，梁启超在日本东京组织**政闻社**。 |

权，光复旧物”为目的。改同盟会誓约“平均地权”为“平均人权”，制订三等九级军制。后派孙武、焦达峰回国内两湖地区活动，于宣统元年（1909），在湖北武昌建立总部，在湖南长沙建立组织，在江西南昌设立分部。以“中华山”为名统一长江流域会党。宣统三年八月，与文学社联合发动武昌起义，后无形解散。

**钦廉防城起义**　首先，钦、廉两府发生抗捐风潮并演化成暴动，同盟会乃乘机起义。光绪三十三年七月二十八日（1907年9月5日），同盟会会员、会党首领王和顺率领义军攻占防城，之后进攻钦州未果，王和顺败走越南，余部退入山区。

**资政院**　清廷谕命设立。懿旨中称“立宪政体取决公论，上下议院实为行政之本。中国上下议院一时未能成立。亟宜设资政院以立议院基础”。从中可以看出，设立资政院的目的在于为将来设立议院做准备。清廷着派溥伦、孙家鼐任该院总裁，职责是会同军机大臣制订资政院的详细章程。

| | | |
|---|---|---|
| 1907 | 光绪三十三年 | 九月十三日，慈禧太后懿旨命设**咨议局**。 |
| 1907 | 光绪三十三年 | 九月二十日，**宪政编查馆**负责编纂的《政治官报》刊行。 |
| 1907 | 光绪三十三年 | 十月十四日，广东粤商自治会成立。 |
| 1907 | 光绪三十三年 | 十月二十七日，同盟会**镇南关起义**爆发。 |

**政闻社**　由梁启超在日本东京组织。但由于康有为、梁启超不便出面当社长，乃推举马良（相伯）为总务员。政闻社之宗旨为推动立宪在中国实现，近期之目标在于促进召开国会。发行月刊《政论》。其奉行的主义在《政闻社宣言书》中阐明有：实行国会制度建设责任政府；厘定法律巩固司法权之独立；确立地方自治正中央地方之权限；慎重外交保持对等权利。次年，清廷以其“内多悖逆要犯……托名研究时务，阴图煽乱，扰害治安”为名，将其查禁。

**咨议局**　清末预备立宪中设置的地方咨议机构。光绪三十三年（1907），清廷诏令各省督抚在省会筹设。次年，谕准《各省咨议局章程》和《咨议局议员选举章程》，规定该局“为各省采取舆论之地，以指陈通省利病，筹计地方治安为宗旨”。宣统元年（1909）八月，在各省宣告成立，并开始召集议会。因资格限制，当选议员皆地方官僚、地主和上层知识分子。但咨议局议员没有实权，最后的裁夺施行之权仍操于本省督抚之手。宣统三年武昌起义后，不少省份的咨议局议员附从革命形势策动督抚脱离清廷，宣布独立，加速了清王朝统治的瓦解。

**宪政编查馆**　由考察政治馆改易

| | | |
|---|---|---|
| 1907 | 光绪三十三年 | 十月二十七日，修订法律馆开馆。 |
| 1907 | 光绪三十三年 | 十一月初四日，邮传部奏请设**交通银行**获准。 |
| 1907 | 光绪三十三年 | 十一月初五日，京师诉讼厅成立。 |
| 1907 | 光绪三十三年 | 十一月十八日，派**梁士诒**为邮传部铁路总局局长。 |

而来。直属军机处，设提调二人综理馆中事宜。分编制、统计二局和庶务、译书、图书三处。职责为调查各国宪法、编定宪法草案、编制法规、统计政要、翻译书籍等。供清政府预备立宪之用。宣统三年（1911），裁撤。

**镇南关起义** 光绪三十三年十月二十七日（1907年12月2日），孙中山先生委派镇南关都督黄明堂率乡勇袭击镇南关炮台。次日，孙中山、黄兴、胡汉民等革命党领袖自越南赴镇南关参战。孙中山亲自发炮击敌，以鼓舞士气。战斗十分激烈，起义军血战七昼夜。清军援军纷纷到来，义军被迫撤退。孙中山也因清政府的交涉，被越南当局驱除出境，起义陷入低潮。

**交通银行** 由邮传部奏请设立。该行系官商合办，初始股本银五百万两，其中邮传部认股四成，其余六成招募商股。交通银行的一切经营活动悉照各国普通商业银行办法，与中央银行性质截然不同。创立的目的是将轮、路、电、邮各局存款，改由该行统一经理，以提高资金利用效率。该行的第一任行总为山西道员周克昌。

**梁士诒**（1869－1933） 广东三水人。字翼夫，号燕孙。光绪进士。光绪二十九年（1903），被袁世凯聘为“北洋编书局”总

| | | |
|---|---|---|
| 1908 | 光绪三十三年 | 十二月二十四日，海关总税务司赫德退休，清廷授予尚书衔。 |
| 1908 | 光绪三十三年 | 是年，**荣德生**、**荣宗敬**创办振新纱厂，此为荣氏兄弟投资纺纱业之始。 |
| 1908 | 光绪三十三年 | 十二月，盛宣怀将汉阳铁厂、大冶铁矿、萍乡煤矿合为汉冶公司。 |
| 1908 | 光绪三十四年 | 二月二十五日，黄兴亲率革命军发动**钦州起** |

办。三十三年，任交通银行帮理、铁路总局局长。宣统三年（1911）武昌起义后，任袁世凯内阁邮传部大臣。次年，任袁总统府秘书长、交通银行总理，世称“二总统”。1916年（民国五年），袁世凯下台后，被北洋军阀政府通缉，避往香港。1921年，经张作霖推荐，出任国务总理。次年，奉军战败，逃亡日本。1925年，再次出任交通银行总理。1928年，被国民政府通缉，再次逃亡香港。1933年4月9日，死于上海。

**荣德生**（1875—1952）　江苏无锡人。又名宗铨。早年从事钱庄业。光绪二十八年（1902），与兄宗敬先后在无锡、上海、汉口、济南等地创设面粉厂和纱厂。1918至1921年（民国七至十年），先后当选江苏省议员、北洋政府国会议员。抗战时期，拒绝日寇提出的合办企业的要求。1949年后，曾任政协全国委员会委员。1952年，在无锡病逝。

**荣宗敬**（1873—1938）　浙江无锡人，又名宗锦。光绪二十八年（1902），与弟德生及友人在无锡建成宝兴面粉厂。次年，独立经营，更名茂新。三十三年，建设振新、申新纱厂。1914年（民国三年）起，在上海、武汉、济南

| | | |
|---|---|---|
| | | 义，后因寡不敌众退守越南。 |
| 1908 | 光绪三十四年 | 三月初一日，沪宁铁路通车，自上海至南京下关，全长三百一十一公里。 |
| 1908 | 光绪三十四年 | 三月二十八日，**农工商部**奏请设立京师自来水公司。 |
| 1908 | 光绪三十四年 | 四月初一日，同盟会发动**云南河口起义**。 |

等地设立分厂。形成了拥有资本一千余万的荣氏企业体系。五卅运动中，提倡国货宣言，参加罢市。在国民政府中，先后担任工商部参议、中央银行理事、全国经济委员会委员等职。1937年，抗日战争爆发后，避居香港。1938年2月10日，在香港病故。

**钦州起义**　黄兴率革命党人自越南进入钦州，张贴“中华国民军南军”告示，于光绪三十四年二月二十五日（1908年3月27日）发动起义。义军作战十分顽强，接连以少胜多，连克清军，攻占了马笃山。此后黄兴率义军二百余人转战钦、廉、上思一带四十余天，屡获胜利。后因弹尽粮绝，被迫撤回越南。这次起义坚持时间之长是前所未有的，极大地鼓舞了革命党人的斗志。

**农工商部**　官署名。光绪三十二年（1906），由工部和商部归并而成。设尚书、侍郎为主官。分农务、工务、商务、庶务四司。掌管全国农工商政和农工商各公司、局、厂等事务。宣统三年（1911），改主官为大臣、副大臣。北洋政府期间，分设农林、工商二部。

**云南河口起义**　同盟会会员黄明堂、王和顺、关仁甫于光绪三十四年四月初一日（1908年4

| | | |
|---|---|---|
| 1908 | 光绪三十四年 | 四月初三日，理藩部带领朝贡的廓尔喀使臣觐见光绪帝。 |
| 1908 | 光绪三十四年 | 五月初八日，光绪病重，命各地官员精选良医，来京会诊。 |
| 1908 | 光绪三十四年 | 五月十九日，**邮传部**决定将电报收归官办，由官出资将商股买收。 |
| 1908 | 光绪三十四年 | 六月十五日，美国驻华公使照会清政府外务部，告知美国已决定将庚子赔款部分返还中国,并主张**庚款办学**,资助中国学生出国留学。 |
| 1908 | 光绪三十四年 | 六月二十一日，清廷准达赖喇嘛来京陛见。 |

月30日）发动。黄、王、关率领从镇南关撤出的革命军又自越南返回，在清军防营的响应下，攻占了河口。起义军继续北上，但由于队伍中多清军降卒，纪律涣散，指挥不一，行动迟缓，延误了战机。初八日（1908年5月7日），黄兴抵达河口，亲自指挥，仍未奏效。黄兴在河内不幸被法警兵所拘，强行送往新加坡。随后又有相当数量的起义军被法国越南当局缴械，送往新加坡，起义再次失败。

**邮传部**　官署名。光绪三十二年（1906）设立。置尚书、侍郎为主官。分承政、参议两厅和船政、路政、邮政、电政、庶务五司。统辖全国轮船、铁路、电报、邮政事务，改变了原船政、招商局隶属北洋大臣，内地商船隶属工部，邮政隶属总税务司，铁路、电政另派大臣管理的分散局面。宣统三年（1911），改主官为大臣、副大臣。北洋政府时，改设

| | | |
|---|---|---|
| 1908 | 光绪三十四年 | 六月二十四日，清廷颁布《各省咨议局章程》和《咨议局议员选举章程》。 |
| 1908 | 光绪三十四年 | 六月，法国人伯希和（Paul Pelliot, 1878－1945）盗走敦煌经卷六千余卷。 |
| 1908 | 光绪三十四年 | 七月初三日，内阁学士文海、载昌因烟瘾未除而被革职。 |
| 1908 | 光绪三十四年 | 七月十七日，清廷谕命查禁政闻社。 |
| 1908 | 光绪三十四年 | 八月初一日，清廷颁布《**宪法大纲**》，同时宣布立宪筹办清单，定九年后召开国会。 |

交通部，主官为总长、次长。

**庚款办学** 光绪三十二年（1906），美国伊利诺大学校长詹姆斯（James）向总统罗斯福（Theodore Roosevelt, 1858－1919）建议，把中国留学生引向美国，以便更好地在精神上、知识上得心应手地支配未来的中国领袖。同年二月，美国传教士明恩溥（Arthur Henderson Smith, 1845－1932）觐见罗斯福，力陈以庚款办学，培植中国留学生。三十四年，美国国会通过总统咨文。旋即声明，退还庚款半数（一千一百六十余万美元）作为中国选派学生赴美留学之用，并在北京开设预备学校（即清华大学）。1923年（民国十二年）起，英、法、意、比、荷等国相继效仿，利用退还庚款在中国举办各类学校。

**宪法大纲** 由宪政编查馆、资政院拟订。主要内容有：首列“君上大权”，皇帝权力仍然至高无

| | | |
|---|---|---|
| 1908 | 光绪三十四年 | 九月初二日，将明末清初的大儒顾炎武、王夫之、黄宗羲从祀孔子庙。 |
| 1908 | 光绪三十四年 | 九月初十日，立宪团体贵州自治学社成立。 |
| 1908 | 光绪三十四年 | 九月二十日，达赖喇嘛觐见慈禧太后和光绪帝。 |
| 1908 | 光绪三十四年 | 九月二十五日，日本政府禁止《民报》第二十四号发行，《民报》停刊。 |
| 1908 | 光绪三十四年 | 十月二十一日，光绪帝去世，在位三十四年，终年三十七岁。 |
| 1908 | 光绪三十四年 | 十月二十一日，摄政王载沣之子溥仪，着入承大统为嗣皇帝。 |

上，神圣不可侵犯，和专制政权没有太大差别；次列“附臣民权利义务”，规定公民在宪法和法律的范围内享有言论、著作、集会、结社的权利以及人身、财产的不受侵犯。义务方面有纳税、服兵役等；三列“附议院法要领”，规定议院只有建议之权，并无行政之责，只是一个咨询机构，没有实权。

# 附录

1. 光绪皇帝后妃表
2. 年代对照表
3. 辞条索引
4. 译名对照表

## 光绪皇帝后妃表

| 位号 | 姓氏 | 父 | 备注 |
|---|---|---|---|
| 孝定景皇后 | 叶赫那拉氏 | 桂祥 | 同治七年正月初十日生。<br>孝钦显皇后侄女。<br>光绪十四年十月初五日皇太后懿旨立为后。<br>光绪十五年正月二十六日册封为皇后。<br>光绪三十四年十月二十一日宣统帝入承大统，称兼祧母后，尊为隆裕皇太后。<br>宣统三年十二月二十五日率同皇帝下诏逊国。<br>宣统五年正月十七日丑刻崩，享年46岁，合葬崇陵。 |
| 瑾妃 | 他他拉氏 | 长叙 | 同治十三年八月二十日生。<br>光绪十四年十月初五日选为瑾嫔。<br>光绪十五年二月十八日册封瑾嫔。<br>光绪二十年正月初一日晋为瑾妃。<br>光绪二十年十月二十九日降为贵人。<br>光绪二十一年十一月十二日复瑾妃封号。<br>光绪三十四年宣统帝即位，尊为皇考瑾贵妃。<br>逊国后，尊为端康皇贵妃。<br>宣统十六年九月二十二日薨逝，享年51岁。 |
| 珍妃 | 他他拉氏 | 长叙 | 光绪二年生。<br>瑾妃妹。<br>光绪十四年十月初五日选为珍嫔。<br>光绪十五年二月十八日册封珍嫔。<br>光绪二十年正月初一日晋为珍妃。<br>光绪二十年十月二十九日降为贵人。<br>光绪二十一年十一月十二日复珍妃封号。<br>光绪二十六年七月京师陷殉难，享年25岁。<br>光绪二十七年十一月，追赠为珍贵妃。<br>逊国后，移其棺祔葬崇陵。<br>宣统十二年三月，追赠为恪顺皇贵妃。 |

## 年代对照表（光绪朝）

| 公历 | 清（光绪） | 干支 | 生肖 |
|---|---|---|---|
| 1875年2月6日 | 元年正月初一日 | 乙亥 | 猪 |
| 1876年1月1日 | 元年十二月初五日 | 乙亥 | 猪 |
| 1876年1月26日 | 二年正月初一日 | 丙子 | 鼠 |
| 1877年1月1日 | 二年十一月十七日 | 丙子 | 鼠 |
| 1877年2月13日 | 三年正月初一日 | 丁丑 | 牛 |
| 1878年1月1日 | 三年十一月二十八日 | 丁丑 | 牛 |
| 1878年2月2日 | 四年正月初一日 | 戊寅 | 虎 |
| 1879年1月1日 | 四年十二月初九日 | 戊寅 | 虎 |
| 1879年1月22日 | 五年正月初一日 | 己卯 | 兔 |
| 1880年1月1日 | 五年十一月二十日 | 己卯 | 兔 |
| 1880年2月10日 | 六年正月初一日 | 庚辰 | 龙 |
| 1881年1月1日 | 六年十二月初二日 | 庚辰 | 龙 |
| 1881年1月30日 | 七年正月初一日 | 辛巳 | 蛇 |
| 1882年1月1日 | 七年十一月十二日 | 辛巳 | 蛇 |
| 1882年2月18日 | 八年正月初一日 | 壬午 | 马 |
| 1883年1月1日 | 八年十一月二十三日 | 壬午 | 马 |
| 1883年2月8日 | 九年正月初一日 | 癸未 | 羊 |
| 1884年1月1日 | 九年十二月初四日 | 癸未 | 羊 |
| 1884年1月28日 | 十年正月初一日 | 甲申 | 猴 |
| 1885年1月1日 | 十年十一月十六日 | 甲申 | 猴 |
| 1885年2月15日 | 十一年正月初一日 | 乙酉 | 鸡 |
| 1886年1月1日 | 十一年十一月二十七日 | 乙酉 | 鸡 |
| 1886年2月4日 | 十二年正月初一日 | 丙戌 | 狗 |
| 1887年1月1日 | 十二年十二月初八日 | 丙戌 | 狗 |
| 1887年1月24日 | 十三年正月初一日 | 丁亥 | 猪 |
| 1888年1月1日 | 十三年十一月十八日 | 丁亥 | 猪 |
| 1888年2月12日 | 十四年正月初一日 | 戊子 | 鼠 |
| 1889年1月1日 | 十四年十一月三十日 | 戊子 | 鼠 |
| 1889年1月31日 | 十五年正月初一日 | 己丑 | 牛 |
| 1890年1月1日 | 十五年十二月十一日 | 己丑 | 牛 |

| | | | |
|---|---|---|---|
| 1890年1月21日 | 十六年正月初一日 | 庚寅 | 虎 |
| 1891年1月1日 | 十六年十一月二十一日 | 庚寅 | 虎 |
| 1891年2月9日 | 十七年正月初一日 | 辛卯 | 兔 |
| 1892年1月1日 | 十七年十二月初二日 | 辛卯 | 兔 |
| 1892年1月30日 | 十八年正月初一日 | 壬辰 | 龙 |
| 1893年1月1日 | 十八年十一月十四日 | 壬辰 | 龙 |
| 1893年2月17日 | 十九年正月初一日 | 癸巳 | 蛇 |
| 1894年1月1日 | 十九年十一月二十五日 | 癸巳 | 蛇 |
| 1894年2月6日 | 二十年正月初一日 | 甲午 | 马 |
| 1895年1月1日 | 二十年十二月初六日 | 甲午 | 马 |
| 1895年1月26日 | 二十一年正月初一日 | 乙未 | 羊 |
| 1896年1月1日 | 二十一年十一月十七日 | 乙未 | 羊 |
| 1896年2月13日 | 二十二年正月初一日 | 丙申 | 猴 |
| 1897年1月1日 | 二十二年十一月二十八日 | 丙申 | 猴 |
| 1897年2月2日 | 二十三年正月初一日 | 丁酉 | 鸡 |
| 1898年1月1日 | 二十三年十二月初九日 | 丁酉 | 鸡 |
| 1898年1月22日 | 二十四年正月初一日 | 戊戌 | 狗 |
| 1899年1月1日 | 二十四年十一月二十日 | 戊戌 | 狗 |
| 1899年2月10日 | 二十五年正月初一日 | 己亥 | 猪 |
| 1900年1月1日 | 二十五年十二月初一日 | 己亥 | 猪 |
| 1900年1月31日 | 二十六年正月初一日 | 庚子 | 鼠 |
| 1901年1月1日 | 二十六年十一月十一日 | 庚子 | 鼠 |
| 1901年2月19日 | 二十七年正月初一日 | 辛丑 | 牛 |
| 1902年1月1日 | 二十七年十一月二十二日 | 辛丑 | 牛 |
| 1902年2月8日 | 二十八年正月初一日 | 壬寅 | 虎 |
| 1903年1月1日 | 二十八年十二月初三日 | 壬寅 | 虎 |
| 1903年1月29日 | 二十九年正月初一日 | 癸卯 | 兔 |
| 1904年1月1日 | 二十九年十一月十四日 | 癸卯 | 兔 |
| 1904年2月16日 | 三十年正月初一日 | 甲辰 | 龙 |
| 1905年1月1日 | 三十年十一月二十六日 | 甲辰 | 龙 |
| 1905年2月4日 | 三十一年正月初一日 | 乙巳 | 蛇 |
| 1906年1月1日 | 三十一年十二月初七日 | 乙巳 | 蛇 |
| 1906年1月25日 | 三十二年正月初一日 | 丙午 | 马 |

| | | | |
|---|---|---|---|
| 1907年1月1日 | 三十二年十一月十七日 | 丙午 | 马 |
| 1907年2月13日 | 三十三年正月初一日 | 丁未 | 羊 |
| 1908年1月1日 | 三十三年十一月二十八日 | 丁未 | 羊 |
| 1908年2月2日 | 三十四年正月初一日 | 戊申 | 猴 |
| 1909年1月1日 | 三十四年十二月十日 | 戊申 | 猴 |

## 辞条索引

【五画】

【六画】

【七画】

【八画】

【九画】

【十画】

## 译名对照表

*本表依中文译名笔画顺序排列

丁韪良（William Alexander Parsons Martin, 1827－1916）

马克思（Karl Heinrich Marx, 1818－1883）

马根济（玛申斯）（John Kenneth Mackenzie, ？ －1888）

马嘉理（Augustus Raymond Margary, 1846－1875）

韦廉臣（Alexander Williamson, 1829－1890）

戈可当（Georges Cogordan, 1849－1904）

戈登（Charles George Gordon, 1833－1885）

瓦德西（Count von Alfred Heinrich Karl Ludwig Waldersee, 1832－1904）

帅腓德（John F. Swift, 1829－1891）

丹福士（A. W. Danforth）

巴荣讷（Bayonne）

巴德诺（巴特纳）（Jules Patenôtre, 1845－1925）

巴兰德（Maximilian August Scipiovon Brandt, 1835－1920）

艾约瑟（Joseph Edkins, 1823－1905）

卢眉（Le Myre de Vilers）

汇丰银行（Hongkong & Shanghai Banking Corporation）

汉纳根（Constantin von Hanaken, 1855－1925）

兰斯顿（Henry Charles Keith Lansdowne）

尼古拉二世（Nicholas Ⅱ, 1868－1918）

西摩尔（Admiral Sir Edward Hobart Seymour, 1840－1929）

刚必达（Leon Gambetta）

伟烈亚力（Alexander Wylie, 1815－1887）

伊巴理（Cárlos Antonio de España, ？ －1880）

华尔（Frederick Townsend Ward, 1831－1862）

安吉立（James Burrill Angell, 1829－1916）

达尔文（Charles Robert Darwin, 1809－1882）

毕乐（Billot）

杜森尼（Dugenne）

李佳白（Gilbert Reid, 1857－1927）

李提摩太（Timothy Richard, 1845－1919）

克拉哈玛（Graham）

克林德（Klemens August Ketteler, 1853－1900）

利士比（Sébastien Nicolas Joachim Lespés, 1828－1897）

利瓦伊业（Henri Laurent Revière）

伯希和（Paul Pelliot, 1878－1945）

狄亚士（Diaz）

林乐知（Young John Allen, 1836－1907）

欧士敦（Anderew Lrwin）

怡和洋行（渣甸洋行）（Jardine, Matheson & Co., Ltd.）

明恩溥（Arthur Henderson Smith, 1845－1932）

罗根（Logan）

罗斯福（Theodore Roosevelt, 1858－1919）

波士顿（Boston）

宝海（Frédéric-Albert Bourée, 1836－1914）

孤拔（古尔贝）（Amédée Anatole Prosper Courbet, 1827－1885）

柏郎（Colonel Horace Albert Browne, 1832－1914）

茹费理（费理）（Jules Francçois Camille Ferry, 1832－1893）

威妥玛（Sir Thomas Francis Wade, 1818－1895）

哈巴（Andrew Patton Happer, 1818－1894）

洛士丙冷（Rock Springs）

美查（Ernest Major）

美查兄弟公司（美查洋行）（Major Brothers & Co.）

格尔思（Michail Nikolajevitch de Giers, 1856－1924）

格兰特（Ulysses Simpson Grant, 1822－1885）

恩格斯（Engels Friedrich, 1820－1895）

海约翰（John Milton Hay, 1835－1905）

海淑德（Laura Askew Haygood, 1845－1900）

琅威理（Captain William M. Lang, ？－1906）

梅生（Charles Welsh Mason,

1866－？）

梅辉立（William Frederick Mayers, 1831－1878）

商犀（Chanzy）

康格（Edwin Hund Conger, 1843－1907）

康德黎（Sir James Cantlie, 1851－1926）

谢满禄（Vicomte de Marie Joseph Claude Edouard Robert Semallé）

维特（Count Sergei Yul'yevich Witte, 1849－1915）

喀西尼（Arthur Pavlovitch Cassini, 1835－？）

喀拉多（Eduardo Callado）

斯坦因（Sir Mark Aurel Stein, 1862－1943）

瑟堡（Cherbourg）

蒲安臣（Anson Burlingame, 1820－1870）

蒲鲁东（Pierre-Joseph Proudhon, 1809－1865）

詹姆斯（James）

鲍渥（Paul Jean Baptiste Beau, 1857－1927）

窦纳乐（Claude Maxwell MacDonald, 1852－1915）

福开森（John Calvin Ferguson, 1866－1945）

福禄诺（Captain François Ernest Fournier, 1842－1934）

静乐林（Lawrence Ching）

赫士（Watson McMillen Hayes, 1857－？）

赫胥黎（Thomas Henry Huxley, 1825－1895）

赫德（Sir Robert Hart, 1835－1911）

旗昌洋行（Russell & Co.）

樊国梁（法维埃）（Pierre Marie Alphonse Favier, 1837－1905）

德理固（脱利古）（Arthur Tricou, 1837－？）

德璀琳（Gustav von Detring, 1842－1913）

霍必澜（Sir Pelham Laird Warren, 1845－1923）

清史事典笔记

清史事典笔记

清史事典笔记

**图书在版编目（CIP）数据**

光绪事典 / 刘耿生编著. —北京：紫禁城出版社，2010.7

（清史事典 / 陈捷先主编）

ISBN 978-7-5134-0026-8

Ⅰ. ①光… Ⅱ. ①刘… Ⅲ. 光绪帝—生平事迹 Ⅳ. ①K827=52

中国版本图书馆CIP数据核字（2010）第134386号

**光绪事典**

主　　编：陈捷先

编　　著：刘耿生

责任编辑：刘　玮

装帧设计：李　猛

出版发行：紫禁城出版社

地址：北京东城区景山前街4号　邮编：100009

电话：010-85007808　010-85007816　传真：010-65129479

网址：www.culturefc.cn　邮箱：gugongwenhua@yahoo.cn

印　　刷：保定市中画美凯印刷有限公司

开　　本：787×1092毫米　1/16

印　　张：25.5

字　　数：319千字

版　　次：2010年7月第1版

2010年7月第1次印刷

印　　数：1~3,000册

书　　号：ISBN 978-7-5134-0026-8

定　　价：45.00元